Montgomery
Orbec
Bernay
Beaumont le Roger
Neufbourg
Louuiers
Escouy
les Planches
Eureux
P. Cocheret
Vernon
S. Quentin
Lyre
Seez
Eschaufour
Rugle
Maubrisson
Breteuil
l'Aigle
Conche
XXXIII
Passy
Yuri
Rocheguyon
Danuille
Rilly
Dommartin
Aspre
Verneud
Iliers
Anet
Gaspres
Tilliere
Molins
But
S. Lubin
Crusle
Chenebrun
Escorpain
Ferté au Vidame
Marolle
Houdan
Mortaigne
les maisons Rouges
Dreux
Beauche
Touroude
S. Maurice
Brezolles
Montfort
Belesme
Verrieres
Poste
ChaNeuf
Nogent le Roy
Preaux
Peage
Nogent le Bernard
Nogent le Rotrou
la Cloche
les Forges
Champron
Courville
Eure
Ferté Benard
S. Luperche
le Gué de Lore
Montreaux
Ceaux
les Autels
Tuboeuf
CHARTRES
Coudray
Tinas
Auneau
Bron
Illiers
BEAUCE
Aluye
Danne Marie
S. Calais
Braye
Mont Doubleau
Bois de Fugere
la Maladerie d'Orgere
Bonneual
Claye
Cormenon
Nautonuille
Marboue

Jacqueline Cantaloube

2000 ans d'histoire sur les chemins de randonnée

Éditions Ouest-France

on ne voit bien

© Armand Le Bloas

L'ouvrage dont nous régale Jacqueline Cantaloube illustre un singulier phénomène de société. Depuis à peine plus d'un siècle, l'homme a déployé des prodiges d'ingéniosité pour inventer des moyens de locomotion de plus en plus élaborés pour s'éviter de marcher. A tel point que d'humoristes disciples de Darwin prédisaient pour l'espèce humaine une progressive atrophie des membres inférieurs.

Et voilà que, par un brusque revirement comme l'Histoire, facétieuse, en ménage parfois, l'homme redécouvre le procédé le plus naturel pratiqué dès le jardin d'Éden par ses lointains ancêtres, et s'aperçoit, en prime, que ses pieds lui ouvrent les yeux sur le monde qui l'entoure et qu'il ne voyait plus. Selon de récentes enquêtes, 30 millions de Français – plus de la moitié de la population valide – se déclarent adeptes de la promenade et de la randonnée pédestres.

Beau sujet de réflexion pour les sociologues. Car non seulement nous voulons marcher, mais à l'inverse de presque tous nos ancêtres, nous voulons le faire pour le plaisir et non plus par nécessité.

Qui l'eût cru, à part quelques esprits originaux qui en eurent comme la prescience dès le milieu du XIXe siècle ? Ils se nommaient Stendhal, Lamartine, Gautier, Dumas, Mérimée, Hugo, Stevenson… A pied (ou à cheval, ce qui n'est pas très différent) ils parcouraient la France et l'Europe, curieux de tout, avides de « pittoresque », en bons romantiques, et ils passionnaient leurs lecteurs par des descriptions hyperboliques de leurs découvertes. (« Ces monts affreux, ces monts sublimes. »)

Avant eux pourtant, d'autres curieux les avaient précédés. Il est d'usage de citer Jean-Jacques Rousseau, le « promeneur solitaire », qui cherchait dans ses excursions un remède à sa mélancolie, mais leur assignait aussi de plus larges desseins. On en trouve la trace dans l'« Emile[1] », et plus tard dans les « Confessions[2] ».

On sait moins qu'il ne faisait que reprendre au XVIIIe siècle, dans un style déjà préromantique, ce que deux siècles plus tôt, le seigneur de Montaigne exprimait dans une langue plus dépouillée. La seule différence est que Montaigne allait plutôt à cheval, ce qui lui permit de découvrir l'Europe[3].

Et, pour en finir avec la littérature, on ne peut manquer de citer, en ce même XVIe siècle, la parution du premier lointain précurseur des topo-guides et du présent ouvrage : le « Guide des chemins de France » de Charles Estienne et du même humaniste imprimeur, le « Voyage de France dressé pour l'instruction et la commodité tant des Français que des étrangers » (1589).

L'ouvrage de Jacqueline Cantaloube s'inscrit dans la tradition de ces illustres précurseurs, après les Joanne et les Baedeker qui ont marqué la fin du XIXe siècle et la première moitié du XXe siècle, avant les topo-guides du Comité national des sentiers de grande randonnée et de la Fédération française de la randonnée pédestre.

Il nous entraîne sur les traces laissées dans nos paysages par tant de marcheurs à pied, ou à la rigueur à cheval, en une sorte de découverte archéologique du patrimoine des randonneurs de tous les temps.

Il nous invite (plus que cela : il nous incite) à découvrir des itinéraires insolites, oubliés, ou tombés en désuétude, et à les parcourir à pied, par plaisir, à l'inverse de ceux qui les parcouraient pour des raisons utilitaires, sentimentales, ou religieuses.

C'est une leçon d'histoire et de géographie

qu'avec ses pieds…

illustrée, apparentée à l'imagerie des anciens manuels de nos écoles élémentaires, à celle aussi des images d'Epinal. On s'attend, au détour d'une voie romaine, à rencontrer Astérix, ou sur l'un des chemins de Compostelle, un porteur de bourdon… ou un détrousseur de pèlerins !

Ces pèlerins, justement, dont la curiosité ne s'est jamais éteinte même s'ils ont changé de motivation, depuis 2 000 ans, ou presque, que la dépouille du saint apôtre s'est échouée miraculeusement sur une plage de la Galice… Légende ou pas, mais si tenace que l'UNESCO vient de lui donner un statut international (il était temps, après deux millénaires !) en inscrivant les itinéraires menant à Compostelle au patrimoine de l'humanité.

Tous les cheminements proposés ne sont pas aussi prestigieux, ni aussi fréquentés. Il en est de plus humbles mais tout aussi traditionnels qui valent le détour et constituent aussi un patrimoine original.

Et n'est-ce pas par une coïncidence voulue et malicieuse que, parmi les itinéraires décrits, se trouve celui de Bertrand Du Guesclin, ce Breton, qui après avoir guerroyé aux quatre coins de la France trouva une mort glorieuse dans les Cévennes, en un lieu nommé Châteauneuf-de-Randon, si bien nommé, puisque Littré, pour illustrer les substantifs « randon » et « randonnée » (termes vieillis, dit-il) cite justement : « XIVe siècle : Bertrand Du Guesclin s'en va de randonnée, par-dessus la jument qui était déferrée. »

Les vieux mots, comme les vieux chemins, comme les vieilles églises et les vieux monuments civils, peuvent trouver une nouvelle jeunesse. Ils font partie de ce patrimoine inaltérable qui ne consent pas à vieillir, et André Malraux, s'il en avait eu le loisir, les eût certainement intégrés à son gigantesque Inventaire.

Merci à Jacqueline Cantaloube et à son éditeur de contribuer à les faire revivre avec ce bouquet, que dis-je, cette gerbe, d'itinéraires de découverte qu'il faut, impérativement, parcourir à pied.

Henri Viaux
Président d'honneur de la
Fédération française de la randonnée pédestre

1. « *Combien de plaisirs différents on rassemble dans cette agréable manière de voyager, sans compter la santé qui s'affermit, l'humeur qui s'égaie. J'ai toujours vu ceux qui voyageaient dans de bonnes voitures bien douces, rêveurs, tristes, grondants ou souffrants ; et les piétons toujours gais et contents de tout… Quand on ne veut qu'arriver on peut courir la poste ; mais quand on veut voyager il faut aller à pied.* » (« *Emile.* »)

2. « *… Jamais je n'ai tant pensé, tant existé, tant vécu, tant été moi, que dans ceux (mes voyages) que j'ai faits seul et à pied…* » (« *Confessions.* »)

3. « *Le voyage me semble un exercice profitable. L'âme y a un continuel embesognement à remarquer les choses incognues et nouvelles, et je ne sache pas meilleure école à former la vie que de lui proposer incessamment la diversité de tant d'autres vies et lui faire goûter une si perpétuelle variété de formes de toute nature. Le corps n'y est ni oisif, ni travaillé, et cette modérée agitation le tient en haleine.* » *Et encore :* « *S'il fait laid à droite, je prends à gauche ; si je me trouve mal propre à monter à cheval, je m'arrête… Ai-je laissé quelque chose derrière moi, j'y retourne ; c'est toujours mon chemin : je ne trace aucune ligne certaine, ni droite, ni courte…* »

Randonnée troglodytique

il y a
55 000 ans
en périgord, les premiers hommes cheminaient d'un abri sous roche à un autre...

© J. M Touron

Simplicité chaleureuse sous la roche

La vie quotidienne dans un habitat troglodytique

C'est au pied de la falaise de Cazelle qu'une famille périgourdine a vécu jusqu'en 1966 dans la maison monolithique, entièrement taillée dans le roc. Aline et Justin Ussel, les derniers propriétaires, ont abrité ici leurs joies et leurs peines. La vieille horloge a égrené les heures de leur vie... Sur les murs les portraits des êtres chers. Sur le lit, le moine, qui diffusait une douce chaleur avant le coucher. La cuisine est soignée en Sarladais et on imagine que de savoureuses odeurs devaient mettre en appétit... Ce devait être bon de rentrer le soir dans sa maison de roche et s'asseoir à la table où fumait la soupière, pendant que le poste diffusait les dernières nouvelles...

Les premiers troglodytes furent l'homme de Neandertal, suivi par celui de Cro-Magnon, puis ceux de l'âge de bronze, du fer, et de l'époque gallo-romaine. Le fort et la cité de La Roque-Saint-Christophe sont particulièrement impressionnants. La falaise surplombe la vallée de la Vézère sur 900 m et cinq étages. On estime que 3 000 hommes pouvaient s'y abriter. C'est probablement entre le IXe et le XIe siècle, lorsque les Vikings sévissaient dans les vallées de la Dordogne et de la Vézère, que le site fut de nouveau habité et devint forteresse. Les troupes anglaises l'ont occupé pendant la guerre de Cent Ans et plus tard les huguenots, frappés par les persécutions. Un ordre royal ordonna sa destruction...

Le grand abri du deuxième étage s'étire sur 400 m de long. Un escalier de 32 marches fait communiquer les quatrième et cinquième étages. Niches, trous, passages, tunnels, témoignent des occupations anciennes. Le système défensif était très ingénieux. L'accès se faisait par une corniche étroite ne permettant le passage que d'une seule personne. Une porte fortifiée et un poste défense surmontant la corniche constituaient le premier barrage, suivi d'un second : une passerelle basculante. La suite est facile à imaginer : on faisait basculer la passerelle et l'assaillant se retrouvait vite fait bien fait en bas de la falaise.

Un monastère existait au Moustier dès le VIIe siècle. A-t-il fait partie de l'ensemble de La Roque-Saint-Christophe ? A l'extrémité de l'abri subsistent les vestiges de l'église semi-troglodytique. Deux niches sont restées, qui devaient abriter la statuaire. Deux croix latines sont creusées dans le rocher, ainsi qu'un baptistère et des sépultures. L'église servait-elle à la pratique du culte pour ceux qui trouvaient refuge dans le fort, appartenait-elle à une communauté religieuse qui aurait pu s'y s'établir ? Le site accueillait en tout cas pèlerins et voyageurs, d'où l'appellation de Saint-Christophe.

Près des Eyzies, sur la route allant vers Sarlat, le site du roc de Cazelle est lui aussi bien représentatif de l'habitat troglodytique depuis la préhistoire. On peut encore délimiter l'emplacement des maisons et la surface des pièces avec éviers, placards, anneaux, alcôves, niches multiples, cheminées, etc. Au Moyen Age, les grottes ont été fortifiées comme un château fort avec souterrain, douves, fossés, pans coupés... Le tunnel constitue l'élément défensif le plus impressionnant, avec ses 15 m de long sur l, 60 m de haut et l, 70 m de large. Quel débouché ! un magnifique panorama sur la vallée de la Beune. Après le tunnel, les cristallisations de la grotte blanche, la salle des réserves et la terrasse sous le surplomb de la falaise, prolongée par un belvédère panoramique. Comme à La Roque-Saint-Christophe, ces grottes abritèrent ceux que la persécution religieuse poursuivait et aussi, pendant la dernière guerre mondiale, des maquisards.

Un parc reconstituant la vie de l'Homo sapiens a été aménagé, pour le plus grand bonheur des jeunes visiteurs. Les scènes se succèdent dans un décor bien proche de celui d'origine.

Il existe près des Eyzies, à Guilhem, les vestiges d'une autre église semi-troglodytique. Seuls subsistent quelques pans de murs, quelques trous de solives et deux niches pour la statuaire. Un voyageur anglais, Barring-Gould, qui visita les lieux en 1868, eut la bonne idée de faire des croquis et un descriptif.

A Caudon, au bord de la Dordogne (près du cingle de Montfort), se trouve une chapelle monolithe, encore en très bon état. La seule ornementation qui subsiste est une statue de Saint-Jacques. Il semble que ce sanctuaire ait été un ancien ermitage. A l'époque carolingienne, l'érémitisme en grotte était très répandu. Des traces des anciens habitats sont encore visibles autour de la chapelle. C'est à la suite des guerres de Religion que la population de carriers du village troglodytique de Caudon quitta les lieux.

© P. Zaletta

en Dordogne

Les anachorètes affectionnaient les beaux sites ; la vallée de la Dordogne et la campagne environnante comptent parmi les paysages de France les plus séduisants, où l'art du bien vivre est une tradition.

®

Rando de 10,5 km entre Le Moustier et Les Eyzies et 5 km environ entre Les Eyzies et le roc de Cazelle (7 km jusqu'à Sireuil). Topo-guide FFRP Traversée du Périgord, réf. 321.

En fond :
Une des quatorze croix gravées de l'église de Guilhem

© J. M Touron

Plus de 400 m de long pour le grand abri de La Roque Saint-Christophe

Bestiaire préhistorique du

Il y a
17 000 ans
dans la vallée de la Vézère, des hommes allaient peindre de grotte en grotte, laissant un extraordinaire témoignage de leur talent

Rencontre inattendue au détour du chemin : un rhinocéros laineux ! (Grotte de Rouffignac.)

Elle méritait bien d'être classée au patrimoine mondial par l'UNESCO cette vallée de la Vézère, tant pour l'harmonie et la douceur de ses paysages que pour l'intérêt exceptionnel de ses sites liés à l'histoire de l'homme. Elle est née là-haut sur le plateau de Millevaches, reçoit la Corrèze près de Brive et pénètre en Périgord, où elle va se parer de châteaux, falaises, abris et grottes, et ce sera ainsi jusqu'à Limeuil où elle se mariera avec la Dordogne.

Le nom du site qui vient tout de suite à l'esprit : Lascaux ! Est-il encore besoin de rappeler que la grotte fut découverte tout à fait par hasard, le 12 septembre 1940, par quatre jeunes garçons partis à la recherche de leur chien tombé dans un trou ? Disons qu'il avait eu un sacré flair le chien !

L'aventure de Lascaux commençait. Elle aurait pu se terminer tragiquement si l'on n'avait pas pris conscience du danger qui la menaçait. Autant de microbes que dans le métro parisien aux heures de pointe !

La projection dans l'atmosphère d'aérosols porteurs d'antibiotiques permit de vaincre la maladie algale. La Commission de sauvegarde découvrit ensuite que Lascaux était menacée d'une autre maladie, plus grave que la première : la maladie de la calcite, vaincue à son tour. La grotte fut fermée en 1963. La Régie départementale du tourisme prit l'initiative avec le conseil général de la Dordogne, de réaliser un fac-similé sous le nom de Lascaux II, ouvert au public en 1983. Dix ans de travail pour réaliser cette prouesse technologique. Difficile, à moins d'être un spécialiste, de voir que l'on ne se trouve pas dans la vraie grotte. Les mêmes pigments et les mêmes procédés ont été utilisés pour la reproduction des peintures.

L'œil n'en finit pas de s'écarquiller. Quelle maîtrise du trait ! Les taureaux noirs (des aurochs en fait) sont saisissants de puissance, l'un d'eux est long de plus de 5 m ! Dans la même salle, un étrange animal, dit « la licorne », continue à intriguer. Les cornes des vaches rouges ont été dessinées d'un trait fort élégant sur le plafond du diverticule axial. L'abbé Breuil, qui travailla beaucoup sur l'art pariétal, disait que c'était la « chapelle Sixtine » de la préhistoire. Les jeunes visiteurs seront séduits par la frise des petits chevaux mais impressionnés plus loin par la silhouette massive de deux bisons, croupe à croupe. Elégantes aussi les silhouettes des cerfs et de leurs bois dans la grande salle. Mais il ne faut pas tout dévoiler et laisser le plaisir de la découverte sur place.

Direction Rouffignac (connu aussi sous le nom de « Cro de Granville »). Visite en petit train électrique : 8 km de galeries ! Les ours ont été les hôtes des lieux, comme en témoignent bauges et traces de griffes. C'est la grotte aux mammouths, 150 environ. Ils ont quand même laissé un peu de place aux bouquetins, chevaux, bisons. Une autre présence : celle du rhinocéros laineux à la lourde démarche.

C'est plus au sud que la visite conti-

Un des chevaux sculptés de la frise de Cap-Blanc.

périgord

© Jean-Pierre Bouchard

A Lascaux II, la tête du grand taureau, une bête de 5,5 m de long !

nue : Font-de-Gaume, tout près des Eyzies, avec un bel ensemble de gravures et de peintures. Comme à Lascaux, les hommes ont utilisé le relief de la roche pour donner du volume à leurs représentations. Parmi celles-ci, deux rennes face à face, le mâle se penche sur la femelle et lui effleure le front avec sa langue. Scène de combat ou scène de tendresse ? Dans la galerie principale, une frise aligne ses bisons sur un fond de calcite blanche. Il y a aussi au fond la « chapelle aux bisons » où quatre bisons polychromes affichent leur force. Comme on brûle toujours d'en voir plus, c'est maintenant Combarelles, découverte d'une bien curieuse façon. Un matin de septembre 1901, Capitan, Breuil et Peyrony se promènent dans le vallon des Combarelles et devant la ferme adossée au roc de Touniolou, engagent la conversation avec le fermier. On en vient à parler des gravures de la Mouthe et le fermier de déclarer avec bonhomie que des gravures comme celles-là, il en a plein chez lui, dans l'étable ! Les trois préhistoriens découvrent, bouche bée et yeux ébahis, une galerie qui suit l'étable, souterraine en partie. On y a recensé quelque 800 gravures sur les 300 m du boyau. Les 120 derniers mètres sont une véritable bande dessinée où dominent les chevaux. Ils voisinent avec bouquetins, ours, et hémiones (mammifère ongulé qui tient de l'âne et du cheval). Une fort belle tête de lionne aussi, ainsi qu'un renne qui s'abreuve.

Et surprise, quelques représentations humaines : mains et silhouettes, dont celle d'un personnage assis, de profil.

La visite se terminera par un morceau de choix : l'abri de Cap Blanc où sur une frise de 13 m de long se déploient les sculptures en haut relief de chevaux et d'un bovidé. 2,20 m de long pour le cheval central !

Les techniques de l'art pariétal

Les artistes – ils méritent bien cette appellation – trouvaient leurs couleurs à partir de colorants fournis par la nature, comme l'ocre ou l'oxyde de fer dont la gamme va du jaune au rouge. Pour le noir, ils utilisaient du bioxyde de manganèse et du charbon de bois (substance qui permet aujourd'hui la datation grâce à la technique du radiocarbone). Comment appliquaient-ils la couleur ? Avec des pinceaux fabriqués avec des poils d'animaux, des branches. En pulvérisant ou projetant la couleur avec une sarbacane ou en soufflant directement par la bouche. La technique du pochoir était utilisée pour le contour de la main par exemple. On pense aussi à une application de la couleur par tamponnage en utilisant des poignées d'herbes ou de mousses.

®

Rando de 2 jours entre Montignac et Les Eyzies (étape au Moustier). Topo-guide FFRP Traversée du Périgord, réf. 321.

La vallée des Merveilles

1800 à 1500 avant J.-C.

les hommes parcourent la montagne et gravent sur la pierre d'étranges sculptures...

Anthropomorphe dit le « Christ » : les cupules évoquent la couronne d'épines.

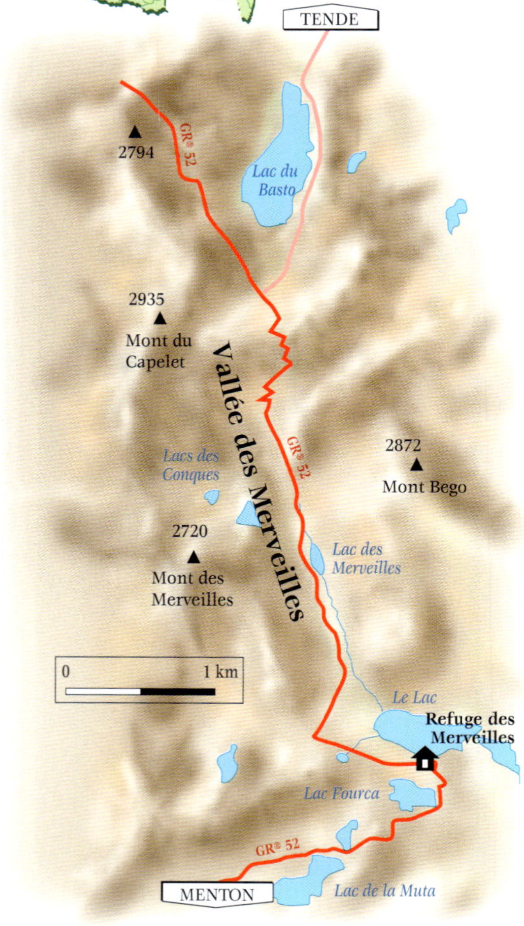

La vallée des Merveilles et le mont Bégo (2 872 m) sont situés dans la zone centrale du parc national du Mercantour. Vaste monde minéral où les lacs accrochent le ciel dans leurs eaux. Le recul des glaciers a laissé là des blocs rocheux. Les chiappes, grandes dalles rocheuses de schiste ou de grès, ont souvent servi d'écritoires aux hommes de l'âge de bronze. Monde des couleurs aussi car les roches ont des couleurs surprenantes données par les oxydes de fer : orangé, violet, rose, vert, rouge.

22 000 gravures couvrent une superficie d'environ 12 km², entre 1 900 et 2 700 m d'altitude. La majorité des roches gravées (orientées est ou sud-est) sont des schistes (ou pélites) de couleur verte ou orange, les grès de couleur violette ou rose venant en second.

Les corniformes représentent les figures les plus nombreuses. Les corps sont de formes variables (rectangle, trapèze, carré, ligne linéaire...). Les cornes sont toujours très importantes : arrondies, droites, sinueuses, fermées, enroulées, etc. Sur les corps, des petits appendices représentaient la queue, la tête ou les pattes. Figure étonnante que celle d'un attelage tirant un araire tenu par la main d'un personnage qui lève les bras, preuve que les hommes de l'époque avaient des troupeaux et cultivaient la terre. A l'âge du bronze ancien, le bovidé était un animal sacré. Ses cornes sont souvent démesurées comme pour s'élever plus haut vers le ciel et le cosmos. Parmi les autres gravures, des armes et des outils. On travaillait et on se battait aussi, déjà... Poignards à lame triangulaire avec une poignée, hallebardes (plutôt des faux ?), faucilles, haches.

Les figures anthropomorphes (représentations humaines) sont très connues mais moins nombreuses. Celle du « sorcier » (ou mage) est parmi les plus célèbres, suivie de près par celle du « chef de tribu ». La gravure appelée « le Christ » ne manque pas d'intriguer. Les petites cupules rappellent étrangement les épines de la couronne du Christ. Restent les figures géométriques : spirales, croix, étoiles, cercles, rectangles... et réticulées. On appelle ainsi les figures géométriques divisées en petits compartiments. Ce pourrait être la représentation des parcelles de terre cultivée. Les premiers cadastres en quelque sorte !

C'est un Tourangeau, Pierre de Montfort, qui aurait parlé le premier de la vallée des Merveilles dans une lettre adressée à son épouse en 1460. Mais il faudra attendre la fin du XIXe siècle pour qu'un Anglais, Clarence Bicknell, s'intéresse de façon scientifique aux gravures. Ses travaux seront repris en 1927 par l'Italien Carlo Conti. Depuis 1967, le professeur Henri de Lumley (directeur du Muséum d'histoire naturelle à Paris) et ses collaborateurs travaillent sur le site et s'attachent à sa préservation tout autant qu'à son inventaire. C'est ainsi qu'en 1988 il a fallu enlever la stèle

Anthropomorphe dit le « Sorcier » : le dieu de l'orage brandit la foudre.

Un vaste paysage minéral où les hommes ont laissé des gravures encore bien mystérieuses…

où était gravé le « chef de tribu », objet de nombreuses dégradations. Elle est maintenant au musée des Merveilles à Tende. Un moulage l'a remplacée sur place.

Les villages de la zone périphérique du parc autour de la vallée des Merveilles ont conservé leur patrimoine architectural. Les églises et les chapelles s'ornent de décors baroques d'origine française ou italienne. Profitez de votre séjour dans une région où France et Italie se marient pour vous régaler d'une cuisine dont les pâtes fraîches constituent la base. Les noms suffisent pour vous mettre en appétit : menardoun, boursotou, tourta d'cougourda, cice… Vite à table !

Le mont Bégo, gardien du Dieu-Taureau et de la Déesse-Terre, s'éloigne… la randonnée s'achève, le sorcier lève toujours ses deux bras vers le ciel. La pluie tombera-t-elle ce soir ?

La vallée des Merveilles est un site classé Monument historique. Elle est libre d'accès en randonnée à pied sur les sentiers balisés. D'autres cheminements sont possibles et figurent sur les cartes en place sur le terrain. Des visites guidées (par des accompagnateurs agréés par le parc) peuvent conduire en dehors des sentiers balisés dans les zones réglementées. C'est entre fin juin et fin octobre que les meilleures conditions sont réunies pour la visite.
A Tende, ne pas manquer une visite au **musée des Merveilles**, qui a adopté le « sorcier » comme emblème. Avant, c'est une excellente introduction à la découverte des gravures rupestres, après c'est une bonne révision !
Topo-guide FFRP Tinée-Vésubie, vallée des Merveilles, réf. 507.

Hannibal et ses éléphants

218 avant J.-C.

Hannibal part pour une longue randonnée. Dans ses troupes, des éléphants, à qui il fera franchir les Alpes...

© Photothèque des musées de Chambéry

Hannibal franchit les Alpes. Détail d'un tableau du XIXe siècle.

Le personnage a fait travailler et continue à faire travailler bien des imaginations, si on en juge par les ouvrages qui sont toujours édités sur le sujet. Hannibal part de Carthagène, en Espagne, pour une longue randonnée guerrière devant le mener jusqu'à Rome. Il franchit l'Ebre, les Pyrénées, le Languedoc. Il aurait franchi le Rhône à Roquemaure. Quel spectacle ! Des milliers de fantassins, des cavaliers, des chevaux, des mulets et… des éléphants. Pourquoi des éléphants ? Hannibal les aurait emmenés avec ses troupes afin d'effrayer les populations qui n'avaient jamais vu de pachydermes. Une tactique militaire comme une autre, et qui réussit car là où on les parquait l'ennemi n'approchait pas, effrayé par ces bêtes inconnues. Il fallait leur faire traverser le fleuve. La troupe s'affaira à fabriquer des radeaux. La traversée s'effectua tant bien que mal, quelques bêtes apeurées se retrouvèrent à l'eau. Si les cornacs qui les montaient périrent noyés, les éléphants, eux, gagnèrent l'autre rive. Hannibal découvrit que ces bêtes savaient nager, la trompe hors de l'eau. Il s'agissait vraisemblablement de petits éléphants venus du Maroc. Des pièces de monnaie punique les représentent, dont une avec un cornac. Leur taille leur permettait de se déplacer très agilement sur les chemins de montagne.

Le long convoi reprit sa route le long du Rhône mais jusqu'où ? C'est là que la controverse commence. Emprunta-t-il la vallée de l'Isère, puis celle de l'Arc, afin de gagner le col de Clapier ou celui proche de Savine-Coche ? C'est l'hypothèse retenue si l'on se réfère au récit de Polybe, historien grec (206 avant J.-C.-128 avant J.-C.). Ou bien, si l'on se réfère au texte de Tite-Live, historien italien (59 avant J.-C.-17 après J.-C.), aurait-il emprunté la vallée de la Durance pour gagner la vallée du Queyras et rejoindre le col de la Traversette ? Un alpiniste anglais, Whimper, a écrit en 1861 qu'à Ville-Vieille, dans la vallée du Guil, une auberge avait un éléphant pour enseigne. Près de Fontgillarde, une plaque apposée sur un rocher rappelle le passage des soldats d'Hannibal.

L'hypothèse du col du Petit-Saint-Bernard a aussi ses adeptes. Le vaste panorama qu'Hannibal fit découvrir à ses soldats correspond à celui que l'on découvre de ce col. Toujours est-il qu'Hannibal et ses troupes eurent entre-temps à combattre les Allobroges qui avaient l'avantage de bien connaître le terrain, avec ses gorges et ses défilés. Il subit de lourdes pertes et le moral des troupes n'était pas au beau fixe lorsqu'elles arrivèrent au col (lequel ?) qui devait leur

Hannibal et ses hommes découvrirent-ils ce panorama au col du Mont-Cenis ?

© Hervé Champollion

à l'assaut des Alpes

donner accès à l'Italie. Neuf jours d'épreuves pour arriver jusque-là. L'automne était déjà bien avancé et le froid commençait à éprouver hommes et bêtes. Pour leur donner du courage, Hannibal rassembla ses soldats – ceux qui lui restaient – sur un promontoire d'où l'on embrassait une large vue sur l'Italie. Le soleil était de retour. Les hommes se préparèrent à la descente qui ne fut pas sans problèmes : chutes, glissades, éboulements. La terre italienne fut enfin atteinte.

Les éléphants, durement touchés par le froid et les jours de jeûne, moururent les uns après les autres, sauf un, qui servit de monture à Hannibal lors de la traversée des marais d'Etrurie. La longue randonnée était terminée pour eux, mais elle continuait pour les hommes…

Parmi les autres cols supposés avoir été empruntés par les troupes carthaginoises figurent aussi ceux du Grand-Saint-Bernard, de Montgenèvre, de Larche, du Mont-Cenis. Et la liste ne serait pas close… Peut-être découvrira-t-on un jour la narration qu'aurait pu faire Silanos, le compagnon d'armes (et écrivain) d'Hannibal ? Et avec elle la clé du mystère ?

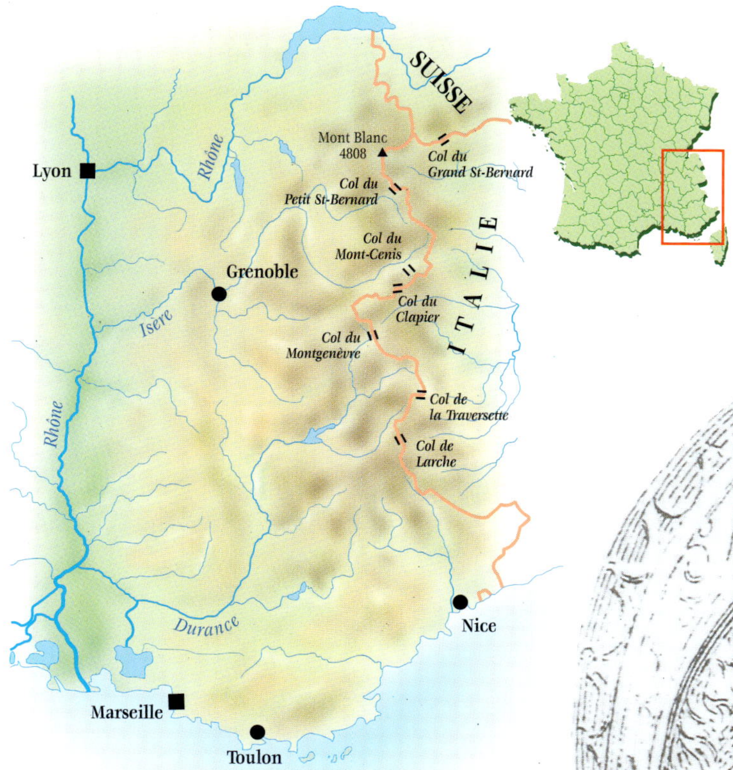

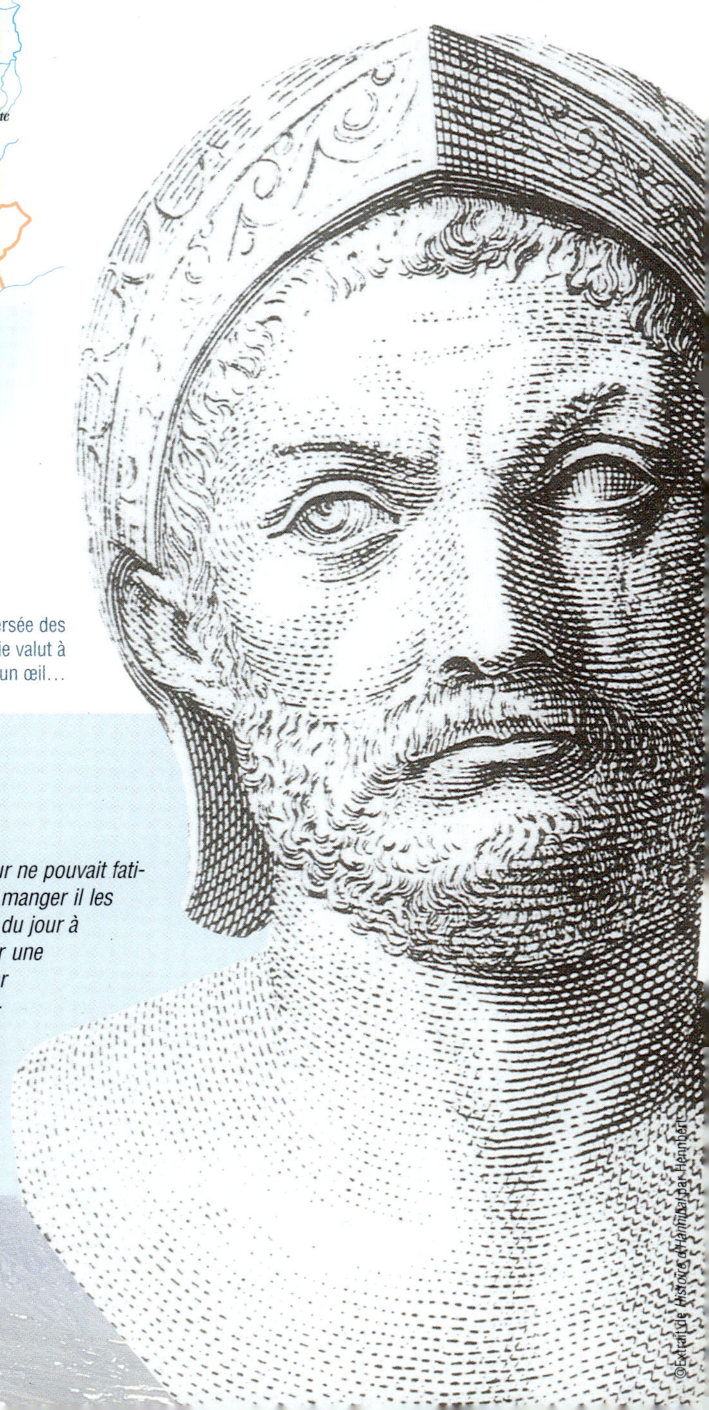

L'éprouvante traversée des marais d'Etrurie valut à Hannibal de perdre un œil…

portrait d'Hannibal selon Tite-Live

« Plein d'audace pour affronter le danger, il était plein de sang-froid dans le danger même : nul labeur ne pouvait fatiguer son corps, ni vaincre son âme. Il supportait également le froid et le chaud ; pour le boire et le manger il les mesurait, non au plaisir, mais au besoin ; pour veiller ou pour dormir, il ne faisait point de différence du jour à la nuit ; ce qui lui restait de temps après les affaires, il le donnait au repos, qu'il ne cherchait ni sur une couche moelleuse, ni dans le silence ; souvent on le vit couvert d'une casaque de soldat, étendu par terre au milieu de ses gardes et des sentinelles. Son vêtement était celui de tout le monde : il ne se distinguait que par ses armes et ses chevaux. Le meilleur à la fois des cavaliers et des fantassins, il marchait le premier au combat, et se retirait le dernier. Tant de grandes qualités avaient pour contrepoids de grands vices : une cruauté sans bornes, une perfidie plus que punique, rien de vrai en lui, pour lui rien de sacré, nulle crainte des dieux, nul respect du serment, nulle religion. »

Tite-Live, XXI-4 (traduction H. Lantoine).

pèlerins et ex-voto aux

Epoque gallo-romaine

les sources de la seine sont l'objet d'un culte fervent. Hommes et femmes viennent y déposer des ex-voto pour trouver remède à leurs maux.

Les randonneurs sur le chemin de Saint-Seine-l'Abbaye.

© CDT Côte d'Or/A. Coutier

Vous avez envie de forêts, de prés, de rivières, et aussi d'histoire ? Alors direction le haut pays bourguignon, là-bas sur la montagne dijonnaise, vaste plateau calcaire, d'une altitude comprise entre 500 m et 600 m. Les sources de la Seine (470 m d'altitude) jaillissent au pied d'une falaise, au fond du vallon séparant les bois de Saint-Germain-Source-Seine et ceux de Poncey-sur-l'Ignon. La source principale fut un lieu de pèlerinage consacré à la déesse Sequana. Un temple gaulois puis un temple gallo-romain furent successivement édifiés mais ne résistèrent pas aux assauts des invasions barbares…

Les campagnes de fouilles entreprises depuis le XIXe siècle ont permis de dégager les vestiges des éléments architecturaux et la statuaire, conservée au Musée archéologique de Dijon. Statuaire qui témoigne de l'importance du sanctuaire dans la piété populaire. Les pèlerins venaient y chercher la guérison et y déposaient des ex-voto représentant des personnages en entier ou des parties du corps atteintes par le mal, comme ce masque en bronze percé de deux yeux. Les sculptures en bois retrouvées dans la partie marécageuse du site ont dû subir un long traitement avant d'être exposées. L'eau les avait conservées, mais elles risquaient cependant de tomber en poussière au contact de l'air. Longues silhouettes, visages énigmatiques, chevelures ondulées, vêtements à plis, la pierre et le bois sculptés gardent tout leur mystère… Parmi les œuvres de bronze, une étonnante sculpture : celle de la déesse Sequana debout sur une barque. Les archéologues s'interrogent. S'agit-il bien de la déesse fluviale ? Certains pensent à une déesse de l'Abondance ou de la Fortune. Une copie est visible à l'office de tourisme de Saint-Seine ainsi qu'une maquette de l'abbatiale, etc.

Des ex-voto en forme d'étriers témoignent d'une coutume celtique : les jeunes époux devaient déposer, le soir de leur mariage, sur le grand autel de l'abbatiale de Saint-Seine, une chandelle en cire en forme d'étrier. Au XVe siècle, les Saint-Seinois demandèrent au parlement de Bourgogne de supprimer cette « folle superstition ». Le parlement refusa et suggéra de remplacer l'étrier par un cierge de cire de même poids !

La position des sources intrigue historiens et géographes. C'est pour eux une « Source frontière », se situant au point de rencontre de trois tribus gauloises : Eduens, Lingons et Séquanes, ainsi que de deux abbayes : Saint-Seine et Flavigny-sur-Ozerain. Aujourd'hui, les limites administratives (arrondissements, cantons et communes) pérennisent la situation. Des bornes, d'une hauteur de 1, 50 m et souvent armoriées, limitaient les territoires. Sur l'une, saint Pierre, et

Stèle représentant un pèlerin tenant un fruit.

© Musée archéologique de Dijon

© Musée archéologique de Dijon

sources de la seine

sur l'autre saint Seine chevauchant son âne.

Qui était saint Seine ? Son père, le comte de Mesmont, chef burgonde, lui offrit toute l'étendue de terres qu'il pourrait parcourir sur un âne durant une journée. Et saint Seine et son âne de partir aussitôt à toute allure à travers la campagne. Assoiffé par son équipée, il fit agenouiller son âne devant un rocher et soudain, jaillit une source. L'empreinte est restée au lieu-dit « Au genou à l'âne ». Les bûcherons mettent leur boisson à rafraîchir dans l'excavation. Les fresques de l'abbatiale de Saint-Seine racontent le miracle.

De la ferme de la Maladière se découvre le village de Saint-Seine autour de son église, première église gothique de Bourgogne. Saint Seine décida son édification en 525 pour essayer de christianiser les populations, toujours attirées par le sanctuaire de la source. Le culte celte persista encore longtemps. Jusqu'à la Révolution, en cas de grande sécheresse, les habitants de Saint-Seine, abbé en tête, partaient avec les reliques du saint jusqu'aux sources pour implorer la pluie. La coutume voulait que l'on ondoie copieusement l'abbé après l'office. Des esprits taquins disent qu'on l'immergeait complètement ! Saint-Seine était situé sur la route de l'étain allant de Cornouaille jusqu'en Grèce, en passant par Vix. La ferme de la Maladière, sur le chemin des Flamands, accueillait les pèlerins de Belgique allant en Arles où ils rejoignaient la Via Tolosona pour se recueillir sur le tombeau de saint Gilles ou continuer sur Compostelle. Saint-Seine devint ensuite, par sa situation sur la Route royale entre Dijon et Paris, une halte avec auberges, hôtels et relais de poste.

Saint Seine sur son âne, image reprise dans la signalétique d'aujourd'hui.

© Musée archéologique de Dijon

Ex-voto en bois.

® Rando de Chanceaux à Saint-Seine-l'Abbaye (16 km). Topo-guide FFRP La Côte-d'Or à pied, réf. D021.

© Musée archéologique de Dijon

Plaquette en bronze déposée probablement par un pèlerin souffrant des yeux.

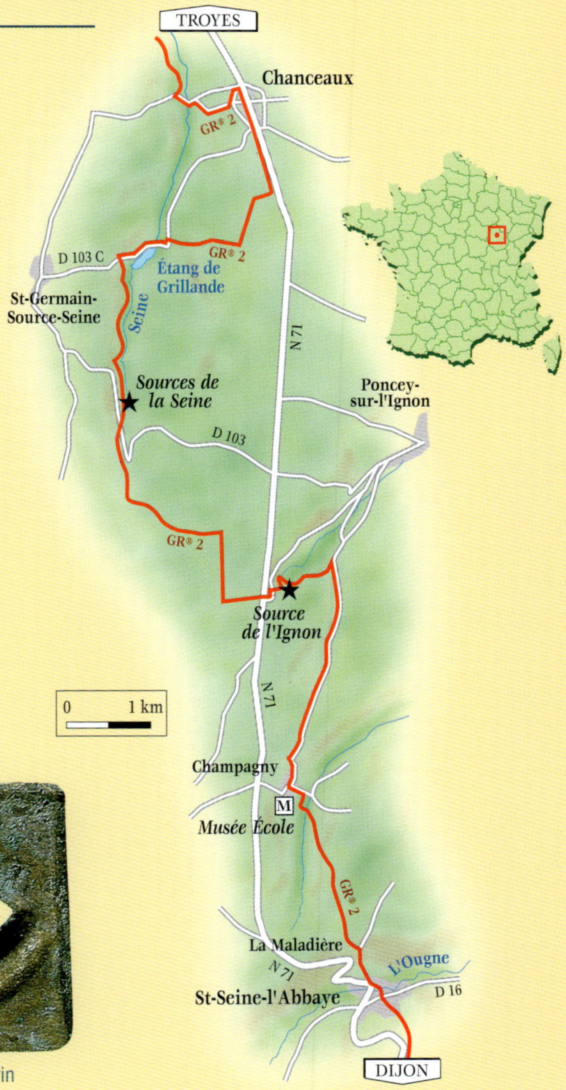

Le vase de Vix

1,64 m de haut, 208 kg et une contenance de 1 100 litres. Impressionnant travail de chaudronnerie ! Il s'agit d'un cratère en bronze, ou vase à deux anses, où les Grecs et les Etrusques, qui ne buvaient pas le vin pur, le mélangeaient à l'eau. Pour chacune des anses une méduse anguipède (les jambes sont des anguilles). Sur le col du cratère, une frise avec chars à quatre chevaux et des soldats. Ce cratère a été trouvé dans la chambre funéraire ou « tombe princière de Vix » découverte en 1953 dans un tumulus d'une quarantaine de mètres de diamètre au pied du mont Lassois au nord-ouest de Châtillon-sur-Seine. Un couvercle-passoire ferme le cratère (les vins étaient parfumés avec des aromates et on filtrait le liquide) au centre duquel se dresse une statuette de femme aux lignes très pures. C'est au musée du Châtillonnais que l'on peut admirer ce vase.

© Musée du Châtillonnais

sur la via Domitia

118 avant J.-C.

Domitius, général en chef romain (imperator), initie la construction de la via Domitia

Groupe de trois bornes milliaires à Beaucaire.

Les Romains ont mis en place, pendant huit siècles, un formidable réseau routier (120 000 km). Les voies romaines, dont certaines ont repris les pistes gauloises, avaient d'abord un rôle militaire et économique, permettant les échanges. Epices, sel, huile, ambre, étain, marbre, étoffes, etc., ont circulé grâce à ce réseau, complété par les voies fluviales et maritimes. Elles ont permis aussi la rencontre des cultures, des religions et des créations artistiques.

La Via Domitia est la plus ancienne. Elle reliait Rome à Cadix. Construite à des fins militaires elle deviendra vite une voie de liaison et de commerce. On imagine l'ampleur du chantier. Initiée par Domitius, elle fut entretenue et bornée par les empereurs successifs, dont le plus récent serait Julien, dit l'Apostat (363 après J.-C.). Des bornes furent implantées tous les milles romains (= 1,481 km). Colonnes en pierre monolithe, elles mesuraient entre 2 et 4 m de haut. Certaines sont sans inscription, mais d'autres portent entre autres le nom de l'empereur avec ses titres (il fallait rester dans la postérité !) ainsi que la distance entre le lieu d'implantation et celui du départ ou de l'arrivée. Une bonne trentaine sont encore en place (in situ ou très proche) et autant dans les musées archéologiques. Elles témoignent d'un équipement routier étonnant pour l'époque. Un vrai « travail de Romain » ! L'expression doit trouver ici son origine…

C'est à Beaucaire que la Via Domitia pénétrait en Languedoc, après une traversée du Rhône, redoutée par les bateliers. Un tronçon de 8 km avec quelques bornes in situ est encore en bon état. Une ancienne villa gallo-romaine, le mas des Tourelles, rappelle l'existence d'un domaine où l'on cultivait vigne et oliviers. Des fours où les potiers fabriquaient les amphores pour le transporter. Le vin supplanta petit à petit la cervoise et l'hydromel, le goût se formait !

Nîmes ! L'empereur Auguste la dota d'une enceinte de 7 km avec soixante tours – dont la tour Magne – et cinq portes, dont la porte Auguste sous laquelle la Via Domitia entrait dans la cité. Plus tard seront construites la Maison carrée et les arènes. Le pont du Gard est lié à l'histoire de Nîmes ; l'eau arrivait par l'aqueduc au Castellum divisiorium d'où elle était ensuite distribuée au moyen de conduites en terre cuite ou en plomb. Une Compagnie des Eaux avant l'heure ! 275 m de long, 48 m de hauteur pour le pont, 50 km de long pour l'aqueduc entre Uzès et Nîmes. L'ouvrage a été classé au patrimoine mondial de l'UNESCO en 1985.

Prochain arrêt : l'oppidum d'Ambrussum. Là on va pouvoir marcher sur les pavés de l'époque (il vaut mieux être bien chaussé). A noter que toutes les voies romaines ne furent pas dallées. Ambrussum était un relais d'étape ; les Romains en avaient établi tous les 30/36 km (comme pour une étapé de bon randonneur). Appelés mansiones, ils devenaient mutationes lorsqu'il s'agissait de relais de poste pour changer les chevaux, installés tous les 12 km environ en moyenne. Un pont enjambait le Vidourle. Seule une arche subsiste sur les onze d'origine.

Après Béziers, Ensérune où l'oppidum se fait plus important : constructions en pierre avec des toits en bois, un rempart l'entoure avec vingt-quatre tours. Au musée archéologique, on remarquera les « dolia », jarres que l'on enfonçait dans le sol des habitations pour conserver les provisions. Vient ensuite Narbonne, cité prospère de par sa situation maritime et fluviale. Les marchandises à destination de Rome y transitaient : salaisons, fromages, blé, vins, huile, métaux, céramiques… Les galeries de l'horreum (entrepôt) montrent l'importance du stockage. Le musée archéologique possède une collection exceptionnelle de fresques murales venant du site du Clos de la Lombarde. Dans le centre-ville subsiste une portion dallée de la Via Domitia.

Vestiges de la voie pavée à Lunel.

Perpignan arrive et l'oppidum de Ruscino. Une branche de la Via Domitia va voir du côté de la mer vers Elne et l'oppidum d'Illeberris avant d'atteindre Port-Vendres, jadis Portus Veneris. Elle franchit la frontière au col de Banyuls. L'autre branche, plus sportive, emprunte les cols du Perthus et de Panissards. Avant d'arriver là il faudra franchir les gorges de la Rome et le fort de la Cluse-Haute d'où les Romains contrôlaient le passage et prélevaient un péage, déjà ! Au col de Panissards, les soubassements du trophée de Pompée ont été mis à jour. De larges ornières se sont creusées dans le rocher : les chars romains sont passés par là en 71 avant J.-C., ramenant d'Espagne un général victorieux, lui aussi Imperator. L'Espagne est là, la Via Augusta succède à la Via Domitia.

L'Association régionale pour la mise en valeur de la Via Domitia et le Comité régional du tourisme Languedoc-Roussillon ont édité une brochure avec les possibilités de randonnée sur les différents sites de la Via Domitia.

« Je sentais, tout me faisant petit, je ne sais quoi qui m'élevait l'âme et je me disais : que ne suis-je romain ? »

(Jean-Jacques Rousseau, « Les Confessions ».)

La chaussée Jules César

363 après J.-C.

l'empereur Julien, dit l'Apostat, achève le programme d'aménagement des voies romaines, dont celle qui relie Lutèce à la Manche.

Repérage de la voie romaine par la photo aérienne.

© Jean Ferlier

Auguste, petit neveu de César, entreprend de grands travaux et nomme son gendre Agrippa « Curator Viarum », directeur des Routes. Celui-ci s'attaque aussitôt à la réorganisation du réseau routier, en le centrant autour de Lugdunum (Lyon). L'idée d'une liaison de Lyon vers la Manche va naître via Lutèce. C'est une erreur d'écriture qui fit attribuer la chaussée à Jules alors qu'elle revenait à Julien ! Son itinéraire (186 km environ) a été ainsi reconstitué : Paris (Lutetia), la rue Saint-Martin, le pas de la Chapelle, la plaine du Lendit, Saint-Denis, Pontoise (Briuisara), Magny-en-Vexin, Saint-Clair-sur-Epte, Ecouis, Radepont, Darnétal, Rouen (Rotomagus), Caudebec-en-Caux, Lillebonne et Harfleur (Caracotinum) alors port principal de Normandie.

La circulation des piétons, cavaliers et véhicules était importante. Les mosaïques, monnaies et bas-reliefs, en donnent une bonne représentation. Concernant la circulation à cheval, il semble que les Romains ne connaissaient pas l'étrier, aucun n'étant représenté. Par contre on a retrouvé des fers identiques à ceux utilisés de nos jours. Parmi les véhicules, hormis ceux qui servaient pour la guerre, dont les célèbres chars, on trouvait par exemple la raedea, chariot à quatre roues tiré par des attelages de huit à dix chevaux ou mules ; le plaustrum, chariot à deux ou quatre roues utilisé dans les campagnes ; la sarraca, utilisée pour les transports agricoles (le blé notamment) et dans les carrières (on construisit beaucoup à l'époque romaine). Ceux qui en avaient les moyens, voyageaient dans la carruca, carrosse à quatre roues. Décor, tentures, coussins et même des courroies de cuir pour la suspension.

Un beau jour de 1669, Louis XIV eut l'idée d'ordonner que les routes royales devaient avoir une largeur de vingt-trois mètres. La chaussée allait mourir… pour être remplacée par une nouvelle voie entre Pontoise et Magny-en-Vexin, sur le plateau, à 1, 5 km de la chaussée qui, elle, se trouvait en contrebas, à l'abri des vents dominants et de l'exposition au soleil. A l'époque il y avait beaucoup de forêts et l'ombre était appréciée pour le transport des denrées, comme le poisson par exemple (on a retrouvé l'appellation de « chasse-marée » sur certains tronçons). Mais elle a la vie tenace notre chaussée et son tracé demeurera indélébile, servant de délimitation entre des parcelles. Les voies romaines auront cadastré avant l'heure le territoire français. Il ne reste aujourd'hui que trois tronçons. Dans le département du Val-d'Oise, 600 m à Pierrelaye et 21 km entre Pontoise et Magny-en-Vexin ; dans le département de l'Eure, 2,5 km à Bacqueville. C'est ce tronçon de 21 km qui, à partir de 1992, va trotter dans la tête d'un passionné : Jean Ferlier, qui habite à Vigny et appartient au Foyer rural. Pourquoi ne pas lui redonner vie ? Il s'attelle à la tâche : état des lieux avec photos, rencontres avec les maires, les agriculteurs riverains, exposition itinérante. Il faut aussi trouver des bras : le Comité départemental de la randonnée pédestre de la Fédération française de la randonnée pédestre lui apportera les siens. Le parc naturel régional du Vexin est aussi séduit

par le projet. La Fondation Gaz de France lui apporte son soutien. Un géomètre expert est chargé du repérage sur le terrain. Il y a du travail, car certaines parties ont été intégrées dans des parcelles agricoles, d'autres ont été envahies par la végétation et des blocs de grès.

Mais tout cela ne constitue pas un obstacle au bel enthousiasme qui anime les différents partenaires. Les défricheurs, débroussailleurs, baliseurs, s'activent. Le rêve devient réalité : randonneurs pédestres, vététistes et cavaliers peuvent maintenant emprunter le parcours de 21 km situé précisément entre Puiseux-Pontoise et Arthieul. Cet axe historique permet la découverte du patrimoine environnant : châteaux, églises, lavoirs, moulins, croix pattées. Les fermes s'ornent de pigeonniers imposants, de types différents : pigeonniers ronds, carrés ou octogonaux de pied. A Commeny et Chars on trouve aussi des pigeonniers-porches. Les fouilles archéologiques sont importantes dans le département du Val-d'Oise. Le musée archéologique de Guiry présente les collections rassemblées par le Centre de recherches archéologiques du Vexin français.

® Rando de 21 km entre Puiseux-Pontoise et Arthieul. Pour randonner dans le département : topo-guide FFRP Le Val-d'Oise à pied, réf. D095.

Dessins extraits de la bande dessinée de Rémy Chardon et Jean Ferlier « La chaussée Jules César à travers le Val-d'Oise », reproduits avec l'aimable autorisation des Editions des Etannets.

sur une autre voie romaine, dans les deux sèvres...

Plusieurs voies romaines relient Nantes à Poitiers. A une dizaine de kilomètres au sud de Thouars, dans les Deux-Sèvres, un itinéraire de randonnée reprend le parcours de l'une d'elles sur 14 km, entre Saint-Jouin-de-Marnes et Le Chillas-de-Luzay. Ce chemin dit « de Saint-Hilaire » (évêque du Poitou et grand voyageur !) est un livre ouvert sur l'histoire : ponts romans sur le Thouaret et le Thouet, églises de Saint-Généroux (une des plus anciennes de France), Saint-Jouin-de-Marnes, Saint-Martin-les-Baillargeaux, légendes…, rien ne manque.

Les roches gravées en

300-400 après J.-C.

les indiens Arawaks gravent de mystérieuses figures anthropomorphes sur les roches de l'île

Luxuriance de la végétation tropicale.

Ici aussi, les hommes ont laissé sur la pierre, comme dans bien d'autres pays du monde, la trace de leur culte ou de leurs mythes. La Guadeloupe est l'île des Antilles où la concentration des pétroglyphes* est la plus dense. Ils se trouvent dans l'enceinte du Parc archéologique des roches gravées, sur la commune des Trois-Rivières, face à l'archipel des Saintes et, plus loin, la Dominique. Le site est classé Monument historique et est la propriété du département de la Guadeloupe depuis 1981. Uniquement sur le territoire du Parc (superficie d'un hectare environ), on a inventorié 22 roches et 230 gravures. A quelle époque remontent-elles ? D'après un tesson de poterie trouvé près d'une des roches, elles dateraient de 300 à 400 après J.-C. Elles ont été gravées en creux sur des roches d'origine volcanique le plus souvent et seraient l'œuvre des Indiens Arawaks qui occupèrent l'île avant les Caraïbes. Ils utilisaient vraisemblablement des percuteurs pour arriver à ces traits d'une profondeur de quelques millimètres. Ils ont bien sûr exploité le volume naturel de la roche pour donner plus de vérité à leurs gravures.

L'art rupestre des Petites Antilles consiste principalement en figures anthropomorphes, c'est-à-dire des visages seuls ou avec des corps. Les motifs les plus représentés : des visages avec seulement les yeux et la bouche. On trouve aussi les mêmes motifs, mais superposés comme s'il s'agissait de totems. Les motifs dits « corps emmaillotés » sont composés de corps allongés surmontés de têtes. Ils pourraient être la représentation de défunts enveloppés dans des hamacs et entourés de liens. Encore plus étrange est la tête dite du « sorcier », très figurative elle, avec notamment de très grandes oreilles. Sur une autre gravure : « le cacique » (chef du village), lui aussi doté d'oreilles de belle taille et des extrémités en forme de crochets.

Les roches sont disséminées dans un parc à la végétation luxuriante où l'on retrouve les plantes utilisées par les Amérindiens : le ricin ou « carapa » (son huile était utilisée pour s'enduire le corps), le calebassier (il servait à fabriquer la vaisselle), le roucou (ses graines sont entourées d'une pulpe qui donne une teinture rouge), le manioc (consommé sous forme de galettes – ou cassaves – par les Arawaks et les Caraïbes) et le vétiver (la forte odeur de ses racines chasse les insectes et parfume agréablement le linge).

Le nombre de roches recensées sur la commune des Trois-Rivières est de 818, dont 230 se trouvent dans le Parc archéologique. L'anse Duquéry, le plateau de la Vallée-d'Or par exemple en comportent un grand nombre. Certaines ont, hélas, disparu, détruites par les travaux agricoles ou d'urbanisation. Celles situées dans des ravines sont soumises à l'érosion. Les mousses et les lichens peuvent altérer aussi les gravures. Les

guadeloupe

figuiers maudits constituent aussi un danger : leurs racines enserrent tellement les blocs qu'elles peuvent les faire éclater. Sans parler des collectionneurs indélicats qui n'hésitent pas à en prélever et des visiteurs qui surlignent les contours avec des clés. Ces gravures représentent un patrimoine exceptionnel dont les générations futures doivent pouvoir aussi profiter.

**Pétroglyphe : du grec* petros *« pierre » et du grec* gluphê *« ciselure »*, de gluphein *« tailler, graver », c'est-à-dire gravure sur pierre.*

Les figures gravées gardent une partie de leur mystère…

La mangrove

C'est une forêt littorale inondée de palétuviers rouges aux racines aériennes, d'où le nom scientifique de rhizophores (« porté par ses racines »), seuls capables de prospérer sur des sols salés. Sa première ligne colonise les fonds vaseux des baies et des lagons grâce aux fruits de ce palétuvier – dit aussi « mangle » – qui tombent déjà germés, telles des flèches, dans la vase où ils s'enracinent. Montés sur des arceaux immergés à marée haute, ils s'avancent spectaculairement, contribuant au recul de la mer et donc au colmatage de baies. En arrière, mais toujours sur sol inondable et salé, les mangles ont un port d'arbres mais, vulnérables aux cyclones, ils finissent souvent en accumulations de bois mort : ce sont les « étangs bois secs ». Enfin, sur sol marécageux et saumâtre, la mangrove haute est une forêt de divers types de palétuviers, dits noir, blanc, jaune, passant vers l'intérieur à la forêt de « mangles-médaille » aux puissants contreforts qui doit son nom à ses gousses circulaires. […]

Une partie de la mangrove et des eaux du Grand-Cul-de-Sac marin est classée en réserve naturelle, gérée par le parc national de la Guadeloupe.

Extrait de l'ouvrage « Guadeloupe » (Simone Branglidor, Christian Crabot), Ed. Ouest-France (collection Itinéraires de découvertes), 1998.

Les frégates affectionnent la mangrove.

Le pèlerinage de la sainte-

Ve siècle

les pèlerins commencent à monter à la sainte-Baume où Marie-Madeleine a passé trente-trois ans de sa vie

Marie-Madeleine aurait, selon la tradition, passé trente-trois années de sa vie sur la Sainte-Baume 47 ans après J.-C., après avoir évangélisé la Provence. Elle aurait vécu dans la grotte (baoumo en provençal), qui a donné son nom à l'ensemble de la chaîne, devenue la « Sainte-Baume ». C'est à Saint-Maximin qu'elle mourut et fut ensevelie. Son sarcophage se trouve dans la crypte de la basilique, chef-d'œuvre de l'art gothique provençal. Ce sont des pères dominicains qui assurent la garde et l'animation de la grotte depuis sept siècles. Les pèlerinages commencèrent dès le Ve siècle.

Le chemin des Roys ou « montée royale », au départ de Nans-les-Pins, a été aménagé à la fin du XIVe siècle. Beaucoup de rois l'ont en effet emprunté, dont le roi René, comte de Provence, Jean II le Bon, Louis XI, Charles VIII et Louis XII avec Anne de Bretagne, François Ier, etc. Liste non exhaustive ! Le dernier roi à l'avoir emprunté serait Louis XIV, accompagné d'Anne d'Autriche. Et tous ces pèlerins royaux n'étaient pas équipés comme les randonneurs d'aujourd'hui. Ils devaient transpirer sous leurs riches habits. Et pour accéder à la grotte, il fallait encore gravir 150 marches, qui rappellent les 150 Ave Maria du rosaire et les 150 psaumes de David.

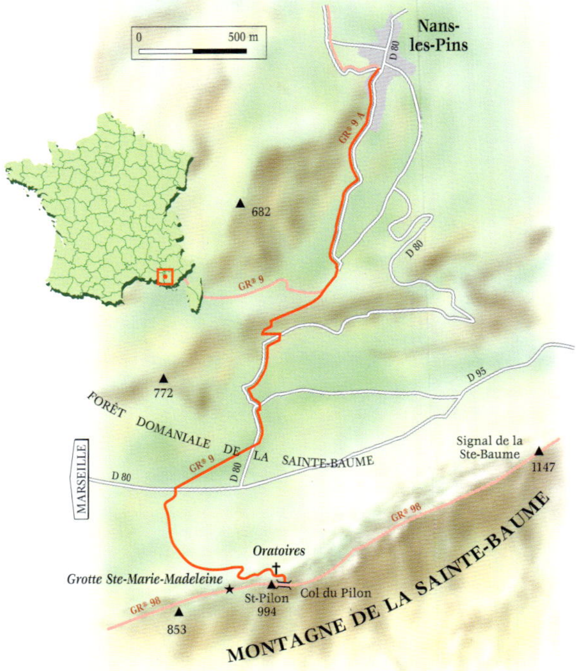

© A.Bontemps
Dimensions impressionnantes de la glacière de Pivaut.

Les glacières de la sainte-Baume

Les glacières de la Sainte-Baume connurent une grande prospérité entre 1830 et 1885. Cette utilisation du gel hivernal fut pour les cultivateurs, dont les terres n'étaient pas d'un grand rapport, un complément de ressources important. Les glacières de Fontfrèges assurèrent du travail à 200 ouvriers durant tout le XIXe siècle.

Les eaux de pluie, des rivières et des sources, étaient canalisées dans des rigoles alimentant des bassins. Dès que l'eau contenue dans ces bassins était gelée, le gardien des glacières sonnait de la trompe pour appeler les paysans des villages voisins. La glace était sciée en petits blocs à même le bassin et transportée jusqu'aux glacières. Puis porte et fenêtre étaient murées. Mulets et charrettes allaient livrer la précieuse marchandise, de nuit, empruntant les « routes de la glace » vers Marseille, Aix-en-Provence, Toulon. Mais à partir de 1885, les chemins de fer commencèrent à transporter la glace provenant des glaciers naturels, pour un prix de revient bien moindre. La dernière glacière construite fut celle près de la ferme de Pivaut (un kilomètre à l'est de Fontfrèges). Elle mérite bien son nom de « grande glacière ». Quel édifice ! 18 m de diamètre, 25 m de hauteur totale ; capacité : 5 086 m^3 ou 4 680 tonnes de glace.

© Hervé Champollion
Sérénité sous les voûtes du cloître de Saint-Maximin.

Baume

La Sainte-Baume continue à être une grande étape pour les compagnons du devoir. Jusqu'à la fin du XIXe siècle, le tour de France d'un compagnon était incomplet s'il n'était pas allé à la Sainte-Baume. Maître Jacques, fondateur du compagnonnage, se serait retiré sur la Sainte-Baume. Poursuivi par les disciples de son rival Soubise, avec qui il s'était fâché au retour de leur voyage en Orient, il aurait été trahi par un proche et assassiné. Marie-Madeleine est la patronne des compagnons du devoir. Les vitraux de la grotte ont été réalisés par un compagnon vitrier, dit « Tourangeau le disciple de la lumière ». Par ailleurs, sur certains des oratoires jalonnant le chemin, figurent des marques de compagnons. La tradition n'a pas changé : un cachet atteste de la visite du compagnon à la grotte et au Saint-Pilon, là où des anges conduisaient Marie-Madeleine qui y entendait les « concerts du paradis ».

Les panoramas récompensent des efforts de la montée. Celui du col du Saint-Pilon offre la Provence : le Ventoux, le Luberon, la montagne de Lure, les Maures, les Alpilles, la montagne Sainte-Victoire… Les paysages chers à Pétrarque, Mistral, Giono, Daudet, Cézanne, sont là, éclaboussés de soleil. Il faut prendre aussi le temps de découvrir la forêt qui ceint la crête rocheuse, forêt relique qui a eu la chance d'être presque toujours protégée. Chênes pubescents, alisiers, sorbiers, ormes, frênes, hêtres, taillis d'ifs, etc., assurent une ombre appréciée aux sentiers qui sillonnent le massif.

A la découverte de cette forêt unique s'ajoute celle des villages où le pays se savoure à l'ombre des places ombragées de platanes, autour de ses fontaines jaillissantes, dans l'ambiance colorée et parfumée de ses marchés… Provence éternelle… L'écomusée de la Sainte-Baume se veut le gardien de la « vie et des traditions autour d'une montagne sacrée ».

Rando de 2 h 30 entre Nans-les-Pins et le col du Saint-Pilon. Topo-guide FFRP Massifs provençaux, réf. 906.

© Hervé Champollion

Contraste entre la blancheur de la crête rocheuse et les couleurs de la végétation méditerranéenne.

Le mont Sainte-Odile

660/661

dans l'hiver glacial naît à Obernai une petite fille... aveugle. Elle recouvra la vue adolescente et devint sainte Odile. Les pèlerins marchent toujours vers elle...

Le mur païen n'a pas livré tous ses secrets...

C'est la montagne sacrée de l'Alsace, son haut lieu spirituel. Les pèlerins, les touristes et les randonneurs y viennent chaque année en grand nombre. A une altitude de 763 m, le mont Sainte-Odile est un des plus beaux belvédères alsaciens. Du promontoire de grès rose la vue embrasse une partie du vignoble alsacien, Strasbourg d'où émerge la flèche de la cathédrale, le Rhin et la Forêt-Noire, et aussi le massif vosgien.

Le domaine a subi bien des dommages et les bâtiments sont relativement récents, à l'exception de la chapelle de la Croix, qui date du XIIe siècle. La chapelle Sainte-Odile abrite le sarcophage de la « mère de l'Alsace », lieu de recueillement des pèlerins. Les deux chapelles sont décorées de fresques dont certaines reprises du *Hortus deliciarum*. Ce recueil est dû à l'abbesse Herrade de Landsberg, qui avait succédé à Relinde. Toutes les deux contribuèrent au rayonnement de l'abbaye au XIIe siècle. Ce codex illustré de quelque 350 miniatures servait à l'instruction des religieuses. L'original, qui se trouvait à la bibliothèque du Temple Neuf à Strasbourg, fut détruit pendant la guerre de 1870. Des copies existaient heureusement, des médiévistes ayant veillé à le reproduire.

Mais comment sainte Odile arriva-t-elle jusqu'ici ? Voici sa légende : Dans l'hiver glacial de 660/661 naquit à Oberenheim (Obernai) dans la demeure du duc d'Alsace, Adalric (appelé aussi Etichon), une petite fille aveugle. Le duc ne décolérait pas : il attendait un fils et en plus l'enfant ne verrait jamais la lumière. Il ordonna qu'on enlève la vie à ce bébé. Pour le soustraire à la mort, la mère, la duchesse Bereswinde, le confia à une de ses anciennes servantes dont elle connaissait le dévouement. La petite fille, qui n'a pas encore de prénom, fut d'abord élevée à Sherwiller, non loin d'Oberenheim. La présence de ce bébé intriguant le voisinage, la servante, avec l'accord de Bereswinde, l'emmena au monastère de Palma ou Balma (Baume-les-Dames). L'enfant y grandit et y reçut le baptême : l'eau coulait sur le visage de l'adolescente qui venait de recevoir le prénom d'Odile, quand ses yeux s'ouvrirent sur la lumière. Son frère Hugon décida de la faire revenir à Oberenheim. Colère du père qui, dans un accès de violence, tua son fils. Il accueillit néanmoins Odile et décida de la marier à un seigneur germain. Odile s'enfuit et Adalric se lança à sa poursuite. Alors qu'il était sur le point de la rejoindre un rocher s'ouvrit, offrant un refuge à la jeune fille. Vaincu, Adalric fit don à sa fille du Hohenbourg (castel du haut) où Odile fonda un couvent. Adalric se retira pour une vie de prières... Odile mourut le 13 décembre 720, et son culte dépassa les frontières de l'Alsace. Au Moyen Age les pèlerins affluaient. On implorait sainte Odile non seulement pour guérir les maladies des yeux mais aussi pour d'autres affections. Les vigne-

Mosaïques dans l'une des chapelles.

Le mur païen

Surprenant, ce mur, que l'on fait remonter au IIe siècle avant J.-C. Il aurait servi d'ouvrage défensif contre les invasions venant de l'est. Cette construction de type cyclopéen est longue d'une dizaine de kilomètres. Les rochers de grès qui le composent pèsent entre une et quatre tonnes. L'épaisseur peut aller jusqu'à 2 m et même 3 m près des portes.

D'après les calculs d'un archéologue, 400 000 m^3 de rochers auraient été nécessaires pour la construction de la muraille. Aucun liant n'a été utilisé, mais des tenons en bois enfoncés dans des mortaises creusées dans la roche.

Les Romains occupèrent le site et lui donnèrent le nom d'Altitona. Il faut environ 4 h pour faire le tour de l'enceinte.

Sainte Odile bénit la vaste plaine d'Alsace…

rons d'Obernai lui demandaient que les vendanges soient bonnes !

Un jour qu'Odile regagnait le mont, venant du couvent de Niedermunster qu'elle avait fait construire en bas du mont, elle croisa un vieil homme aveugle que la soif avait gagné. Elle frappa avec son bâton sur un rocher (comme beaucoup de randonneurs d'aujourd'hui, elle s'aidait d'un bâton !) et une source en jaillit. L'homme se désaltéra à la source et recouvra la vue. Les aveugles vinrent en foule baigner leurs yeux. La source, située à 500 m en contrebas, au bord de la route vers Saint-Nabor, est toujours un lieu de pèlerinage pour ceux ayant des problèmes oculaires.

Les viticulteurs alsaciens ont ouvert leurs vignobles aux randonneurs à pied et en VTT. Six localités (Beblenheim, Bennwihr, Hunawihr, Mittelwihr, Riquewihr et Zellenberg) ont aménagé le « sentier viticole des grands crus », avec un point de départ dans chaque village.

®

Le mont Sainte-Odile est accessible à pied depuis Barr (2 h 30) et Le Hohwald (3 h). Topo-guide FFRP Crête des Vosges, réf. 502.
Sentier des grands crus : à pied, compter une journée pour le circuit complet et entre 1 h et 2 h pour les boucles au départ de chaque commune. En VTT, compter une demi-journée pour le circuit en totalité.

Les chemins du Mont saint

708

l'archange saint Michel apparaît à Aubert, évêque d'Avranches, et lui demande d'édifier un sanctuaire dédié à saint Michel sur le mont Tombe au milieu de la baie…

Après l'apparition, Aubert dépêcha aussitôt quelques moines en Italie sur le mont Gargano. Ils en revinrent avec un morceau du manteau du saint et un fragment de marbre.

C'est le duc de Normandie, Richard II, qui ordonna l'édification d'une grande église sur le Mont, les bâtiments précédents ayant été détruits dans un incendie. Au fil des siècles les constructions successives subiront bien des vicissitudes. La légende dit que le premier pèlerin aurait été Childebert III, roi mérovingien venu en 709 pour la consécration du premier sanctuaire. Charlemagne y serait venu également. Dès le IXe siècle, les pèlerins commencent à affluer et le mouvement va s'amplifiant, tant et si bien qu'il faudra très vite agrandir les lieux d'accueil. Ils viennent de toute la France et aussi d'Allemagne, d'Angleterre, d'Italie, etc. Des pèlerins de toutes conditions empruntent les chemins montais ou chemins de paradis, assurant ainsi un grand rayonnement à la culture normande.

L'arrivée sur le Mont était toujours un grand moment. Plusieurs « montjoie » – endroit élevé d'où l'on peut apercevoir le Mont par beau temps – récompensaient le pèlerin de sa longue route. C'est le cas par exemple à Saint-Michel-de-Montjoie avant d'arriver à Saint-Pois ; à Montjoie-Saint-Martin, près de Saint-James. Le pèlerin exprimait sa joie en criant « Montjoie ». Mais il fallait ensuite aussi franchir la grève et par temps de brouillard ce n'était pas une mince affaire. Le son des cloches guidait le pèlerin, mais il arrivait que certains s'égarent, pris par les sables mouvants ou la marée montante. Le Mont s'appelait d'ailleurs au Moyen Age « Saint-Michel-au-Péril-de-la-Mer » et un sage proverbe normand conseillait : « Avant d'aller au Mont, fais ton testament ! »

Une fois franchie la grève, c'était la montée vers les reliques du saint. Enfin, le but du long voyage était atteint. Offrandes faites, le pèlerin avait tout loisir de flâner dans l'unique rue. Le commerce y était déjà très prospère. Il prit naissance pour empêcher les déprédations causées par les pèlerins désireux, comme les touristes d'aujourd'hui, de rapporter un souvenir de leur périple. Ils n'hésitaient pas à prélever un morceau de pierre des murs des bâtiments religieux. Après l'interdiction de cette pratique, les pèlerins se résignèrent à

Le mont est tout proche, le bonheur envahit les pèlerins….

Michel

revenir au logis avec un petit morceau de rocher, un peu de sable ou avec une coquille ramassée sur la grève. Vint alors l'idée aux esprits enclins au commerce de fabriquer des coquilles en plomb ou en étain qui pouvaient être cousues sur la cape. S'y ajoutèrent d'autres objets de bimbeloterie qui représentèrent un gain si appréciable que les « biblotiers » se virent durement frappés d'imposition par les finances royales !

L'appellation de « miquelots » donnée aux pèlerins par les Normands, tient probablement au fait que le pèlerinage fut accompli par beaucoup d'enfants. Des archives du XIVe siècle indiquent que des enfants, entre huit et douze ans, quittaient momentanément leurs parents et s'en allaient, en groupe, vers le Mont, pour y déposer en offrande l'étendard aux armes de leur seigneur. Aujourd'hui encore, des groupes de jeunes y viennent régulièrement. La traversée de la baie a gardé son caractère mystique (il est recommandé de la faire sous la conduite des guides de la Maison de la Baie à Genêts). Les pèlerinages connaîtront un temps d'arrêt au moment de la Révolution avec la confiscation des biens du clergé. Le monastère devint prison. En 1874, bâtiments et remparts furent enfin classés Monuments historiques. Les restaurations se succéderont pour redonner aux lieux toute leur majesté. L'archange a lui aussi retrouvé sa magnificence et veille en habit d'or sur le site.

© Richard Nourry

Le cloître, un lieu qui invite à la méditation.

Pourquoi ne pas faire revivre les chemins qui conduisaient jadis vers le Mont ? C'est la tâche que s'est assignée l'association « Les chemins de Saint-Michel », initiée par le conseil régional de Basse-Normandie. Son objectif est d'abord de retrouver les axes principaux. Un premier itinéraire s'inspirant de l'ancien « chemin aux Anglais », au départ de Barfleur, a été reconstitué, le retour s'effectuant par le GR®223. La tâche est longue mais exaltante. Viendra le jour où rayonneront autour du Mont rendu à la mer les cheminements d'antan.

® Itinéraires de grande randonnée décrits dans les topo-guides FFRP : Côte d'Emeraude, les chemins du Mont-Saint-Michel, réf. 345. La Manche à pied, réf. D050. Tour du Cotentin, réf. 200.

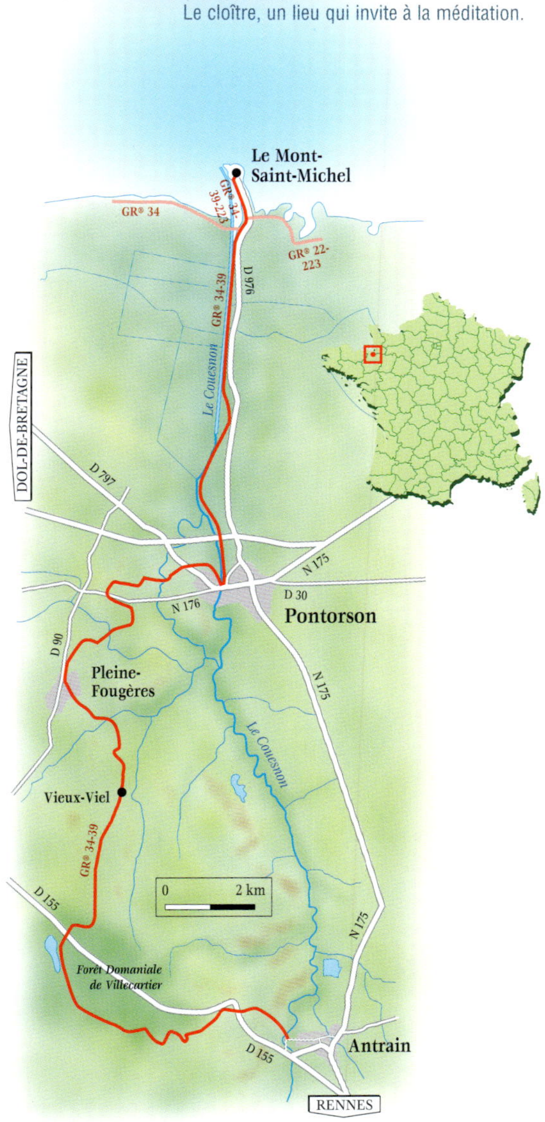

sur les pas de charlemagne

15 août 778

Roland et ses hommes s'engagent dans un défilé rocheux des Pyrénées, l'olifant résonne dans la montagne, la chevauchée va se terminer…

« Il est vaillant, Charles de France la douce »
(« La Chanson de Roland ».)

© Collection particulière C. Lebédel

De solides randonneurs que l'empereur et son cher neveu ! Il faut dire que les conquêtes guidaient leurs pas. Mais cette fois-là la randonnée se termina mal pour Roland. Retour vers l'an 778 : Charlemagne rentre de campagne. Après avoir été défait à Saragosse, il prend sa revanche à Pampelune. Il rentre maintenant en terres franques, ayant décidé de passer par la Navarre. Roland est avec l'arrière-garde, avec douze pairs. Son compagnon d'armes, Olivier, l'avertit du grand rassemblement de troupes ennemies et pressent la trahison de Ganelon. Roland ne veut pas y croire et refuse de sonner de l'olifant pour rappeler les troupes de Charlemagne :

« Ce serait une folie de ma part ! En France
la douce j'en perdrais mon renom. »
(« La Chanson de Roland* », 83, 1053)

Roland et ses hommes s'engagent dans le défilé rocheux, et soudain c'est l'attaque. Roland décide de sonner de l'olifant. Olivier dit :

« Ce ne serait pas un acte de vaillance.
Quand je l'ai dit, compagnon, vous n'avez
pas daigné le faire
Nous n'aurions pas eu de pertes si le roi avait été là. »
(« La Chanson de Roland », 130, 1715)

L'archevêque Turpin de Reims réconcilie les deux hommes. Roland prend son olifant :

« Le comte Roland, avec peine et souffrance,
à grande douleur sonne son olifant.
Le sang jaillit, clair, par la bouche :
de son cerveau la tempe se rompt
Du cor qu'il tient le son porte très loin :
Charles l'entend au passage des cols, […]
Le roi déclare : « J'entends le cor de Roland !
Il ne l'aurait jamais sonné s'il n'avait pas eu à se battre »
Ganelon répond : « Pas du tout, il n'y a pas de bataille ! »
(« La Chanson de Roland », 134)

« Roland est mort ; Dieu a son âme aux cieux.
L'empereur parvient à Roncevaux
Pas un chemin, pas un sentier,
pas d'espace vide, pas une aune, pas un pied de terre où il n'y ait un Franc ou un païen. »
(« La Chanson de Roland », 177, 1297)

Ainsi s'acheva la randonnée de Roland… Les pèlerins en route vers Saint-Jacques-de-Compostelle pourront se rafraîchir à la fontaine, dite de Roland, au col de Bentarte au puerto d'Ibañeta. Le lieu de l'embuscade tendue à l'arrière-garde de Charlemagne (qui se transforma en une grande
bataille plusieurs

La brèche de Roland et le Taillon.

© Etienne Follet

et de Roland

siècles plus tard dans « La Chanson de Roland ») se situerait au ravin de Lepoeder, entre les deux cols de Bentarte et d'Ibañeta. C'est en tout cas le nom de Roncevaux (Roncesvalles en espagnol) qui reste associé au nom de Roland.

Autres noms : celui de la Brèche de Roland (2 807 m d'altitude) dans le cirque de Gavarnie. Ce passage a constitué une voie de passage pour le commerce… et la contrebande. Les passeurs y auraient fait transiter aussi résistants et gens en fuite. Celui aussi du Pas de Roland, près d'Itxassou, au Pays basque. Roland aurait longé le cours de la Nive pour aller à Roncevaux. Il se serait taillé un passage à travers le rocher à l'aide de son épée. Extraordinaire, Durendal ! On raconte aussi que ce serait le sabot du cheval de Roland, poursuivi par les Vascons (peuple qui occupait la Navarre actuelle) qui aurait ouvert le rocher. Difficile de s'y retrouver… mais les légendes font toujours rêver.

* *« La Chanson de Roland » (présentation et traduction de Ian Short), Ed. Le livre de poche, 1997.*

Rando de 24 km entre Saint-Jean-Pied-de-Port et Roncevaux. Topo-guide FFRP Saint-Jacques-de-Compostelle, réf. 653.

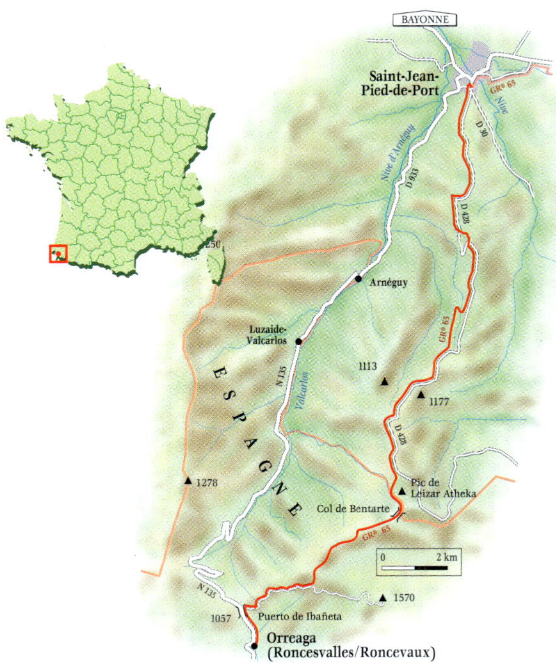

© Etienne Follet

Montée vers la brèche de Roland.

Les Normands remontent la

820

sur la vallée de la seine commencent à remonter de longs bateaux venus du nord...

Rando de 29 km entre Saint-Wandrille et Lillebonne. Topo-guide FFRP La Seine en Normandie, réf. 201.

Si les « Northmen » furent des guerriers redoutables et redoutés, ils n'en étaient pas moins de bons commerçants et aussi des amateurs d'art. Eh oui ! Pas étonnant que la vallée de la Seine, qui comptait des villes prospères et bon nombre de riches édifices religieux, les ait attirés.

Ils attaquent à différentes reprises Jumièges, Paris, poussent jusqu'à Pontoise, Chartres, Bourges… En 911, leurs soldats sont défaits à Chartres. Charles le Simple va en profiter pour négocier un accord avec leur chef Rollon. C'est le traité de Saint-Clair-sur-Epte. Le duché de Normandie est né et Rollon en est le premier duc. Cela ne plaît pas du tout aux grands du royaume. Charles le Simple est emprisonné en 922, et meurt en 929. Son successeur, Robert, est tué l'année suivante. Raoul, duc de Bourgogne, accède au trône. Trouvant que la cession de la Haute-Normandie aux Vikings est plutôt satisfaisante, il étend la cession aux pays regroupés aujourd'hui au sein de la Basse-Normandie. A Rollon succède Guillaume Longue Epée, qui reçoit l'Avranchin et le Cotentin.

La Normandie devient un duché prospère et va connaître une période de paix jusqu'à la mort de Richard Ier qui a succédé à Guillaume Longue Epée. Les abbayes de Saint-Wandrille et du Mont-Saint-Michel reprennent vie. Paradoxe de l'histoire : les descendants de ceux qui ont gravement endommagé les édifices ordonnent leur remise en état. Richard Ier fait édifier l'église de la Trinité à Fécamp qui, incendiée par la foudre, subira de profonds remaniements. Richard II succède à son père en 996. Pendant trente ans, il va s'attacher à organiser le duché et à y faire régner ordre et justice. L'abbaye de Fécamp connaît un grand rayonnement et devient le premier lieu de pèlerinage normand avant que ne se développe celui du Mont-Saint-Michel. Richard II meurt en août 1026. Son fils Richard III lui succède mais pour peu de temps car il meurt en août 1927, victime d'un empoisonnement. Son frère Robert est soupçonné… Il lui succède néanmoins, mais c'est difficile, ses relations avec l'Eglise ne sont pas au beau fixe. Il n'en fait pas moins restaurer l'abbaye de Cerisy, près de Saint-Lô.

Robert Ier dit, par la suite, « le Diable » ou « le Magnifique », décide de partir en Terre sainte, non sans avoir obtenu auparavant la promesse que s'il lui arrivait malheur, c'est son fils Guillaume qui serait reconnu comme son héritier légitime. L'enfant, alors âgé de sept ans, est né d'une union illégitime. Robert a été pris d'un amour fou pour une jeune fille, Arlette, qui venait laver son linge à la fontaine du val d'Ante et qu'il guettait chaque jour d'une fenêtre du château de Falaise, où naîtra le jeune Guillaume. Avait-il eu un pressentiment de ce qui l'attendait en Palestine ? Il y tombera malade et mourra en juillet 1035 en Anatolie. Guillaume dit « le Bâtard » puis « le Conquérant » va marquer l'histoire normande. De l'autre côté de la Manche, Edouard le Confesseur pense à son successeur. Il a vécu en Normandie et apprécie Guillaume ; de là à en faire son successeur, il n'y a qu'un pas. Il le franchit et demande à Harold

Collection particulière Dominique Hermet

Guillaume le Conquérant.

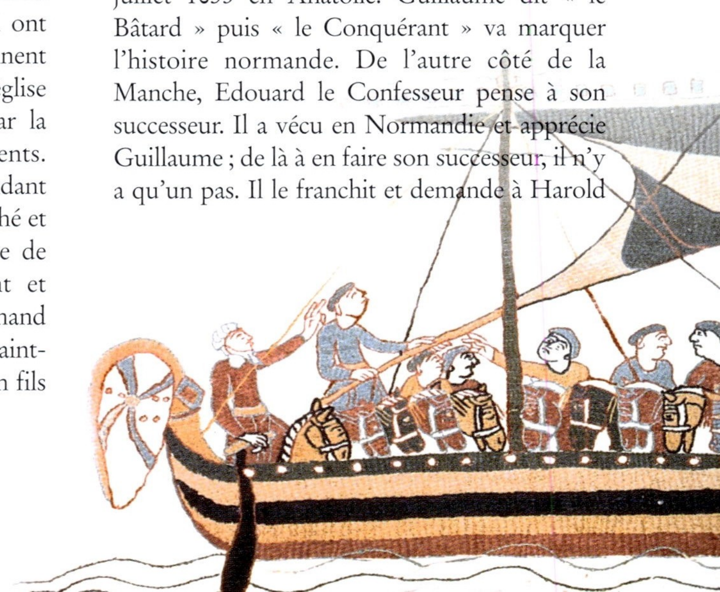

Godwinson d'aller en informer Guillaume. Harold convoite le trône. Il part exécuter sa mission et après bien des péripéties, il jure finalement à Guillaume qu'il ne s'opposera pas à son accession au trône d'Angleterre. Le roi Edouard meurt le 5 janvier 1066 et Harold ne refuse pas la couronne ! Aussitôt Guillaume, de plus en plus conquérant, décide d'aller la lui reprendre. Il en a même appelé au jugement de Rome. Harold est frappé d'excommunication et le pape envoie un étendard béni.

Guillaume réunit à Lillebonne des états généraux pour informer les hauts représentants du duché de ses projets. Il finira par les convaincre. Il s'installe au château de Bonneville et surveille les préparatifs concentrés sur Dives. Le 12 septembre la flotte part sur Saint-Valery-sur-Somme où il va renforcer ses troupes. Le 27 septembre, c'est le départ et le débarquement le 28 à Pevensey, dans le Sussex. Guillaume se serait étalé de tout son long en débarquant. Les Normands y virent là un mauvais présage. Le 14 octobre, lors de la célèbre bataille d'Hastings, Harold trouvera la mort et les Normands la victoire. Guillaume est sacré roi d'Angleterre le 25 décembre à l'abbaye de Westminster. Mathilde, qui a assurée la régence du duché pendant la conquête outre-Manche, est couronnée reine d'Angleterre en 1068. Rappelons que Guillaume a épousé Mathilde, une arrière-cousine, contre la volonté papale. Lanfranc – son conseiller depuis le siège de Brionne – réussira à lever la menace d'excommunication, mais les deux époux devront construire deux abbayes. Ainsi seront édifiées à Caen l'abbaye aux Hommes et l'abbaye aux Dames. Déjà la parité ! Guillaume s'éteindra à Rouen en 1087.

Beauté et grandeur de la Côte d'Albâtre près de Fécamp, affectionnée par Maupassant, Corot, Courbet et tant d'autres…

La tapisserie de Bayeux

La tapisserie de Bayeux est aussi appelée « tapisserie de la reine Mathilde ». La légende veut que Mathilde l'aurait entreprise pendant que son époux Guillaume était parti à la conquête de l'Angleterre. Elle en raconte en tout cas fidèlement les différents épisodes et constitue un document historique de premier ordre. C'était aussi une façon de raconter l'histoire à ceux qui ne savaient pas lire…

Cette tapisserie est en fait une broderie ! Huit teintes de laine ont été utilisées et deux points : un point de couchage, devenu point de Bayeux, et un point de tige pour les contours. Sa longueur est impressionnante : 70 m ! Sa hauteur est de 50 cm. Neuf pièces ont été assemblées.

Elle aurait été vraisemblablement commandée par l'évêque de Bayeux. Il s'agissait en fait d'Odon de Cotenville, un demi-frère de Guillaume, nommé au siège épiscopal et qui avait participé à la campagne d'Angleterre. Il s'était vu offrir le comté de Kent en remerciement. Or les sanctuaires du comté étaient ornés de fort belles tentures. D'où l'idée d'en faire exécuter une pour la consécration de son église à Bayeux.

Le Tro Breiz

830

le roi breton Nominoë aurait soustrait les sept évêchés bretons à l'obédience de l'archevêque de Tours, les réunissant en une seule province, avec Dol pour capitale...

Au prieuré Saint-Georges, près de Dinan, une statue polychrome du XIVe siècle accueille les visiteurs.

Pour gagner son paradis, il fallait, disait-on au Moyen Age, avoir accompli, au moins une fois dans sa vie, le Tro Breiz. Sinon, on prenait le risque d'être condamné dans l'au-delà à l'accomplir en ne parcourant chaque jour que la seule longueur de son cercueil !

Les grandes étapes du Tro Breiz correspondent aux sept évêchés bretons : Saint-Brieuc, Saint-Malo, Dol-de-Bretagne (saint Samson), Vannes (saint Patern), Quimper (saint Corentin), Saint-Pol-de-Léon (saint Paul-Aurélien), Tréguier (saint Tugdual).

Le pèlerinage (600 km environ) devait être accompli pendant l'une des quatre périodes dites « les temporaux », c'est-à-dire Pâques, Pentecôte, Saint-Michel (29 septembre) et Noël, périodes durant lesquelles les cathédrales exposaient les reliques des saints. Il pouvait être entrepris de l'une ou l'autre des sept villes, dans un sens ou dans l'autre. Son origine ? Différentes hypothèses ont été avancées. Le roi breton Nominoë aurait, vers 830, soustrait les sept évêchés bretons à l'obédience de l'archevêque de Tours pour les réunir en une seule province, dont Dol serait devenue la capitale. Autre hypothèse : celle d'un culte païen voué à sept dieux d'Armorique avant que le christianisme soit introduit en Bretagne. Dans la chapelle du Vieux Marché, près de Plouaret, édifiée en partie sur un imposant dolmen, sept statuettes ont été retrouvées. Certains les ont rapprochées des sept saints bretons, d'autres des sept Dormants d'Ephèse. Toujours est-il que le Tro Breiz fut un pèlerinage très suivi jusqu'au XVIe siècle, parfois complété par les pèlerinages vers le Mont-Saint-Michel ou Saint-Jacques-de-Compostelle. La foi donnait des ailes aux pèlerins. Ils n'avaient pourtant pas le même équipement que ceux d'aujourd'hui, notamment en matière de chaussures. Le sac à dos ? une besace. La gourde ? une calebasse. Un point commun : le bourdon ou bâton qu'affectionnent certains randonneurs.

Le Tro Breiz tomba pourtant peu à peu dans l'oubli. Là encore différentes hypothèses sont émises sur les causes de ce déclin : les guerres de Religion entre catholiques et protestants ? l'union de la Bretagne à la France ?

Il est redevenu un itinéraire très prisé des randonneurs, de toutes confessions, car il permet une découverte approfondie de la Bretagne et de ses patrimoines.

Le Tro Breiz : Nicole le bouclera bientôt

Nicole Bain, une randonneuse de Loire-Atlantique, a déjà parcouru cinq étapes du Tro Breiz. Dol-Vannes sera l'étape de l'année 1999, avant de boucler le tour à Quimper en l'an 2000. Elle raconte : « Chacun prend ce qui lui convient, suivant son humeur du jour et sa forme physique, suivant sa disponibilité en temps et son intérêt touristique. L'hébergement communautaire, avec ses difficultés, reste cependant le moyen de vivre le Tro Breiz en totalité.
Cette société d'une semaine est méconnaissable de la société stressée et jamais satisfaite du reste de l'année. Il s'opère une sorte de transformation des mentalités. C'est pourquoi en dépit des petits inconvénients de la vie en communauté on y revient chaque fois toujours en plus grand nombre. C'est le miracle du Tro Breiz : l'homme redevient simple et bon, indépendamment de ses convictions religieuses ou pas. »

Oh, la joie de marcher ensemble...

Tout au long des étapes entre les sept villes, vont se succéder les fontaines, haltes désaltérantes pour les pèlerins d'antan ; chapelles, croix ; calvaires dont le granit sculpté apprenait si joliment l'histoire sainte ; châteaux ; paysages de landes, de bois ; grèves blondes comme celles de la baie de Saint-Michel-en-Grève ; chemins creux : il y en a encore heureusement qui se sont faits tout petits lors du remembrement... La Bretagne secrète se découvre ainsi, à chaque détour du chemin.

Tous renseignements auprès de la Route historique du Tro Breiz.

Dans l'infini de la baie de Saint-Michel-en-Grève, la croix de Mi-Lieue ouvre grand ses bras aux pèlerins.

© Yvon Boëlle

Les chemins de l'or blanc…

945

des moines venus du Finistère fondent le prieuré de Batz en Loire-Atlantique. Ils tracent le plan des premières salines en pays guérandais.

« Le sel, ce sont les cendres de l'océan consumé par le soleil. »
(Florian Le Roy.)

© SICAPG

« La nature fait le sel, l'homme l'accompagne. » C'est un saunier du pays narbonnais qui introduit joliment le sujet du sel. Depuis la plus haute Antiquité, le sel occupe une place importante dans la vie des hommes. Il a permis la conservation des momies ; les soldats romains étaient rénumérés avec une allocation de sel, le salarium, d'où est né le mot « salaire » ; Hippocrate préconisait déjà les bains de gros sel, etc. Il fallait transporter le précieux condiment depuis les zones de production : Côte atlantique, côte méditerranéenne, Lorraine, Franche-Comté. Les chemins ont vu passer hommes, mulets, charrettes, et aussi faux sauniers à l'époque où sévissait la gabelle. Gare aux gabelous !

Dans le pays guérandais, ce sont donc les moines venus de l'abbaye de Landévennec qui ont édifié la digue, longue de 27 km. Cinq salines de cette époque carolingienne fonctionnent encore. Le sel connut son âge d'or. De novembre 1384 à janvier 1396, 384 navires sortirent de Guérande avec 6 500 muids de sel, un muid équivalant à trois tonnes environ. Le commerce se développa avec la Normandie, la Flandre, la région de Lübeck en Allemagne, la Hanse, la Russie, la Finlande, ainsi qu'avec l'Irlande et l'Angleterre. Une partie du sel consommé en Bretagne remontait par la Vilaine jusqu'à Redon et de là partait pour Rennes, via le port de Guipry. Redon s'enrichit avec le commerce du sel et au XVe siècle une « Corporation des mesureurs et porteurs de sel de Redon » vit le jour. Les colporteurs du sel écoulaient aussi une partie de la production : on échangeait le sel contre des céréales qui manquaient en pays guérandais. C'était la « troque », que la duchesse Anne accorda la première aux paludiers et sauniers.

Et puis un jour arrivèrent le sel d'Espagne et du Portugal, le chemin de fer fut inventé et avec lui les sels du Midi purent facilement circuler… Les cours chutèrent, l'âge d'or vit sa fin

venir. Mais le lent glissement vers la disparition et l'oubli fut heureusement interrompu il y a une vingtaine d'années, grâce à la détermination des paludiers et au regain d'intérêt des consommateurs pour l'authenticité et le goût. Deux zones composent le bassin salicole guérandais (2 000 ha) : l'une autour du traict du Croisic sur les communes de Batz-sur-Mer, Guérande, La Turballe et Le Croisic ; l'autre se situe au-delà des coteaux de Guérande : 350 ha sur les communes de Mesquer, Saint-Molf et Assérac. On appelle « traicts » les étendues argilo-sableuses qui relient la mer aux salines. Elles sont couvertes par la marée deux fois par jour. Les parties hautes, recouvertes seulement lors des grandes marées, sont colonisées par les spartines et les salicornes.

Les hommes ont ainsi composé un paysage unique : une mosaïque d'œillets (les bassins) que le ciel, le soleil et le vent, transforment en une immense palette de couleurs. Les bâtiments qui émergent sont les salorges, hangars où est entreposé le sel après la récolte (de juin à septembre). Leurs parois inclinées permettent d'épouser la pression du sel. Les anciennes étaient en pierre, les plus récentes sont en bois.

Une bonne découverte des marais ne peut se faire qu'à pied. Et la faire sous la conduite d'un paludier, c'est encore mieux.

Il faut venir dans les marais à des heures différentes : le petit matin et la fin d'après-midi réservent une atmosphère et des couleurs autres que celles de la pleine journée. Ce paysage se mérite et se livre petit à petit, mais jamais complètement, il faut lui laisser un peu de son mystère… et ne jamais oublier que c'est un milieu fragile qu'il faut respecter.

Toutes informations sur les possibilités de balades à pied et de visites guidées auprès de la Maison du sel à Pradel, la Maison des paludiers à Saillé et du musée des Marais salants à Batz-sur-Mer.

La renaissance des marais salants de Guérande

© Collection privée Jacqueline Canteloube

Autrefois, le sel était transporté dans des paniers, les « gèdes ».

Ce territoire où travaillent les paludiers a été bien menacé. Il a fallu qu'ils se battent pour le conserver. A force d'opiniâtreté, ils y sont parvenus. Les marais salants bénéficient aujourd'hui des mesures officielles de reconnaissance et de protection de sites à caractère remarquable. Ouf ! L'« outil de travail » sauvegardé, ils se sont organisés : un Groupement des producteurs du sel de Guérande (société coopérative agricole) assure l'achat, le stockage et le conditionnement. Les Salines de Guérande ont en charge la commercialisation et la Maison du sel s'occupe de l'accueil du public, de l'animation et des actions pédagogiques. Le sel de Guérande est « sorti de la confidence » se plaît-on à dire. Gastronomes et grands cuisiniers y ont participé. Mais y auraient-ils participé si les producteurs n'avaient pas misé sur la qualité ? Sous l'impulsion de l'Association pour la promotion du sel de l'Atlantique, le sel de Guérande a reçu le label rouge, gage de sa qualité et les marais font partie des « sites remarquables du goût ». Indiquer sur l'étiquette d'un produit qu'il contient du sel de Guérande, c'est lui ajouter un plus. Mais attention, il faut que cela soit mérité ! La production annuelle est variable, elle tourne autour de 10 000 tonnes, dont 250 tonnes de fleur de sel. Sur les 200 producteurs de sel, 120 en vivent complètement, les 80 autres ayant une activité annexe. Signe encourageant : il faut refuser des candidats à la profession de paludier. Chaque année une dizaine de salines sont remises en exploitation.

© Ph. C. Lecorbeiller

Le paludier exerce tout son savoir-faire pour « prendre » le sel.

Le pèlerinage de Sion

955

saint Gauzelin, évêque de Toul, acquiert le village de Sion par échange. Son successeur, saint Gérard, construit une première église dédiée à la nativité de Marie. Depuis des siècles, des pèlerins marchent vers la colline inspirée…

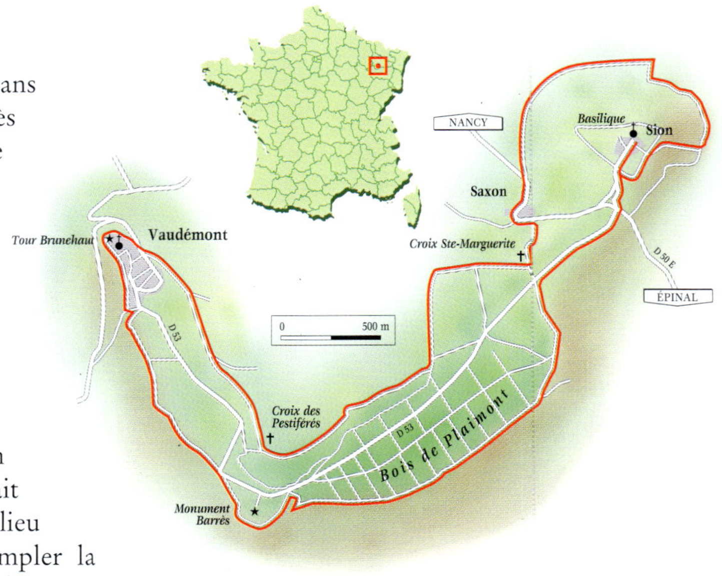

Impossible de parler de Sion sans évoquer dès l'abord Maurice Barrès qui, avec son roman « La Colline inspirée », publié en 1912, a donné la célébrité à « cette faible éminence sur une terre la plus usée de France ». Maurice Barrès était natif de Charmes-sur-Moselle, petite ville du département des Vosges. Sa vie durant, il demeurera très attaché à la Lorraine. Ne le surnommait-on pas le « Prince lorrain » ? Il aimait monter, à pied, jusqu'à Sion, ce lieu « où souffle l'esprit » et contempler la campagne du Saintois, « vaste paysage de terre et de ciel » d'où émergent quatre-vingt-sept clochers et où se profilent au loin les sommets vosgiens. Au printemps, la colline se pare de la blanche floraison des mirabelliers, arbre symbole de la Lorraine.

Depuis le Moyen Age, les pèlerins gravissent la colline pour aller jusqu'à la basilique où veille la Vierge à l'Enfant et à l'alérion (petit aigle sans bec ni pattes). Dans la nef collatérale gauche, l'autel de la réconciliation rappelle combien l'histoire de la Lorraine fut douloureuse, meurtrie par trois guerres successives. C'est en patois lorrain qu'ont été gravées trois petites phrases :

- 10 septembre 1873, à l'occasion du couronnement de la Vierge et après que le traité de Francfort a séparé Alsaciens et Lorrains de la France :

Ce n'ame po tojo ! Ce n'est pas pour toujours !

Sur la plaque de marbre noir, une croix de Lorraine, brisée, marque la séparation…

- 24 juin 1920, fête de la Victoire : Maurice Barrès lui-même posera sur la croix une palmette nouée d'un ruban tricolore pour cacher la brisure. La phrase devient :

Ce n'ato me po tojo ! Ce n'était pas pour toujours !

- 8 septembre 1946, Journée de l'unité française : le général de Lattre de Tassigny appose une croix de Lorraine. La phrase inscrite en lettres d'or est alors :

Estour inc po tojo ! Maintenant c'est pour toujours !

Praye, village du Saintois, au cœur du terroir lorrain.

En 1973, à l'occasion du centenaire du couronnement de la Vierge et de la pose du premier ex-voto, une nouvelle plaque a été déposée en présence des représentants des anciens pays belligérants. Un seul mot cette fois : Réconciliation.

C'est au point culminant de la colline, à 541 m, au signal de Vaudémont, que s'élève le monument érigé à la mémoire de Maurice Barrès, en forme de lanterne des morts, comme celles de Saintonge et d'Aunis. Ce serait celle de Fenioux, en Charente-Maritime, qui aurait servi de modèle. Au pied du monument une phrase extraite de « La Colline inspirée » : « L'horizon qui cerne cette plaine, c'est celui qui cerne toute vie. Il donne une place d'honneur à notre soif d'infini en même temps qu'il nous rappelle nos limites. »

Les villages du Saintois « méritent le détour » : Vézelise, résidence favorite des comtes de Vaudémont, eut un passé florissant avec sa fameuse bière, tout comme Tantonville où les frères Tourtel ont marqué l'histoire de la brasserie ; Haroué, au bord du Madon, appelé le « Chambord lorrain ». Son architecte, Germain Boffrand, neveu de Mansard qui avait dirigé auparavant la construction du château de Lunéville, s'est plu à y avoir prévu 365 fenêtres pour les jours de l'année, 52 cheminées pour les semaines, 12 tours pour les mois et 4 ponts pour les saisons.

® Rando de 4 h 30 (Circuit historique). Guide « Randonnées en Saintois » et topo-guide FFRP La Meurthe-et-Moselle à pied, réf. D054.

© Père Jean Goulard

Recueillement, là-haut sur la colline…

Le monument élevé à la mémoire de Maurice Barrès.

© Bruno Barbier

paroisses ostensionnaires

994

la peste s'abat sur le Limousin, le corps de saint Martial est relevé de son tombeau. Le fléau est stoppé. Même phénomène cent ans plus tard. On décide de sortir les reliques des saints tous les sept ans.

© Frédéric Magnoux

Vénération des reliques de saint Junien.

Ainsi est née la tradition des paroisses ostensionnaires, et dans la Haute-Vienne tout particulièrement. Tradition qui n'est plus seulement religieuse mais rassemble une ville entière dans sa préparation et sa célébration. Tout un cérémonial accompagne ces ostensions. Des responsables sont nommés en début d'année. A Saint-Junien par exemple, on élit les membres du Comité et quatre Suisses, dont l'aîné est nommé sergent. Ils iront le dernier dimanche de janvier, en grande tenue, rendre hommage au président. Salves de mousqueterie des pompiers, fanfares, rien ne manque.

Un drapeau est hissé en haut de l'édifice religieux concerné pour annoncer l'ostension. Ce sera ensuite le moment de la sortie des reliques, le dimanche de Quasimodo. Les clés sont détenues par les responsables. A Limoges par exemple, c'est l'évêque qui ouvre la première serrure de la châsse. Il revient au maire d'ouvrir la seconde, suivi du curé et du premier baile de la Grande Confrérie de Saint-Martial pour les deux dernières. C'est la Confrérie de Saint-Fiacre qui ouvre la procession en marche vers la cathédrale, suivie par la Confrérie de Saint-Loup et celle de Saint-Aurélien (qui regroupe les descendants de « Messieurs les bouchers » de Limoges). Vient ensuite la Confrérie des Porteurs de châsse qui précède la Grande Confrérie de Saint-Martial.

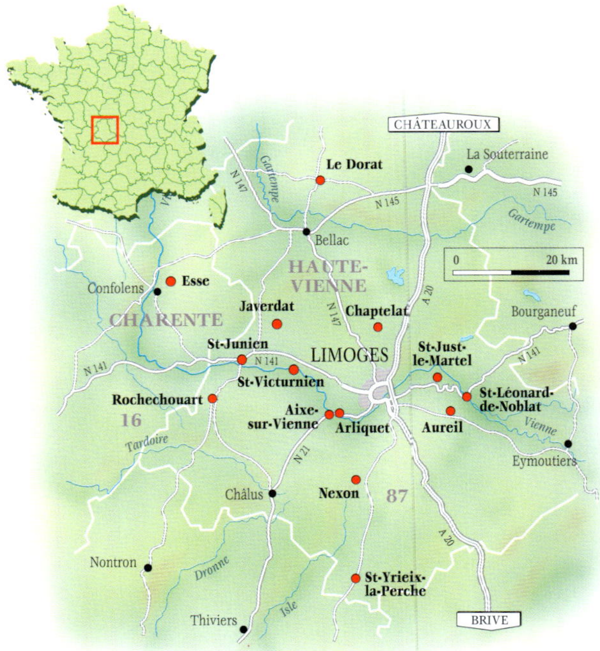

Des rites à peu près semblables se déroulent dans les autres villes comme Saint-Léonard-de-Noblat, Saint-Yrieix, dont le trésor contient une fort belle colombe du XIIIe siècle en cuivre repoussé. Ses ailes se soulèvent pour montrer les hosties. Rochechouart, dont la curieuse flèche hélicoïdale du clocher se pare de la bannière des ostensions le lundi de Pâques. Pour la Pentecôte la ville se pare de fleurs, oratoires, drapeaux. Un cortège de figurants impressionnant participe à la procession. A Saint-Junien, c'est la mobilisation générale pour des milliers de bénévoles. Les Saint-Juniauds reçoivent plus de 100 000 personnes fin juin. Beaucoup de guirlandes et de fleurs. On représente la forêt de Comodoliac où saint Junien avait rejoint saint Armand, ainsi que les grottes où ils vivaient en solitaires. La

Le pays des feuillardiers

Il se trouve au cœur du parc naturel régional Périgord-Limousin, dans le sud du département de la Haute-Vienne, ouvert sur l'Aquitaine et la Charente et bordé par les monts de Châlus. C'est le travail des taillis de châtaigniers pour faire des échalas, cercles des barriques, casiers à crustacés, etc., qui a donné son nom au pays. Les feuillardiers étaient fort nombreux au XIXe siècle : plusieurs milliers. Arrivés sur leurs lieux, ils construisaient une cabane – pour y travailler pendant la période d'abattage des bois, entre la Toussaint et le 30 avril. Leurs outils : l'apchon (la hache), la poda (la serpe), la seja (la scie) et lu coteu (couteau de feuillardier ou plane), lu cotre (ou coutre) pour fendre les gros piquets. Il y avait aussi lu banc (le banc) et la chabra (ou chèvre) pour mesurer les longueurs. Le feuillard est une tige de pied dont la longueur varie suivant l'âge et la qualité du taillis. Les feuillards de sept pieds (un pied = 33 cm) étaient destinés à faire des casiers à langoustes en Mauritanie. La région de Cognac et le Bordelais achetaient ceux de huit pieds et plus pour cercler les barriques. Les plus courts partaient pour la Bretagne pour les casiers à homards et les caisses pour les sardines salées. L'activité a beaucoup diminué. Les feuillardiers qui restent ont axé leur travail sur les treillages, les jouets, les clôtures, le mobilier urbain, les grilles décoratives… La qualité de leur travail demeure toujours très appréciée.

en Limousin

piété populaire se manifeste aussi avec ferveur à Aixe-sur-Vienne, Saint-Yriex-la-Perche, Nexon, Saint-Just-le-Martel, Chaptelat, Javerdat, Aureil, Le Dorat dont la collégiale romane ne manque pas d'impressionner. Dans le Confolentais tout proche, la paroisse d'Esse a elle aussi son ostension. Quelques localités de la Creuse également. Les cultures n'ont pas de frontières.

« La véritable tradition dans les grandes choses, ce n'est point de refaire ce que les autres ont fait, mais de retrouver l'esprit qui a fait ces grandes choses et qui en ferait de toutes autres en d'autres temps »
(Paul Valéry).

Ostensions à Saint-Junien : arboration du drapeau à l'église paroissiale.

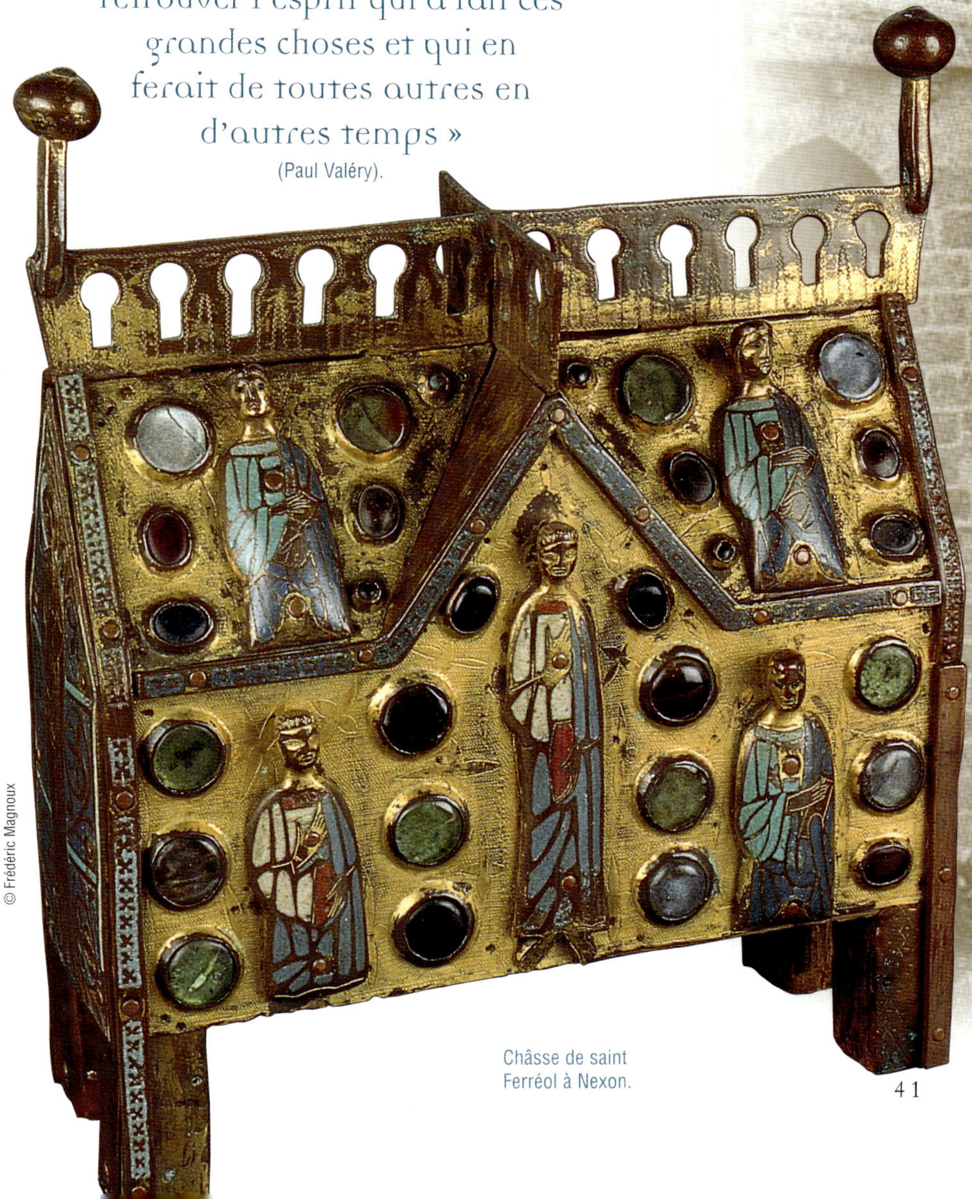

Châsse de saint Ferréol à Nexon.

Et les moines fondèrent

Mars 1098

Robert arrive de l'abbaye bénédictine de Moslesmes avec ses compagnons sur le site de Cîteaux.

Célébration du 9e centenaire de Cîteaux. Remise à chaque communauté de la famille cistercienne d'un écusson en terre de Cîteaux.

D'abord installée près de la Forgeotte, la petite communauté élira domicile quelques années plus tard au bord de la Vouge où l'approvisionnement en eau était plus facile. L'abbaye va s'agrandir et prospérer mais à partir du XVe siècle elle va subir différents pillages et saccages liés à l'histoire. Plusieurs incendies causeront aussi beaucoup de dommages. Le glas commencera à sonner à partir de 1791. Mais comme il ne faut jamais désespérer, un beau jour de 1898, le 2 octobre, ce fut le retour des cisterciens. Comment vivait-on à l'abbaye avant que les malheurs ne s'abattent sur elle ?

Le domaine forestier était immense (4 500 hectares avant la Révolution), provenant soit de dons, soit d'achats. Les moines étaient des gestionnaires avisés ! Le domaine ne dépendait d'un religieux « maître des bois ». Colbert fut à l'origine d'une bonne gestion des forêts du royaume. Des règles très précises pour leur exploitation furent édictées par l'ordonnance des Eaux et Forêts de 1669. C'est en 1681 qu'un arrêt imposera aux ordres religieux de Bourgogne de faire arpenter et borner leurs bois. Cîteaux s'exécuta mais en traînant les pieds… La délimitation se fit au moyen de bornes gravées : sur une des faces une crosse avec, sur la hampe, le C de Cîteaux ; sur l'autre les armes de Bourgogne avec une fleur de lis dans deux des angles.

Dans le cadre de la célébration du neuvième centenaire de la fondation de Cîteaux, l'association Plaine-Action à Saulon-la-Chapelle a imaginé l'opération « Forêt du millénaire » : 12 500 plants de 71 essences différentes plantés dans l'ancien massif forestier de Cîteaux. Les forestiers de l'Office national des forêts ont encadré l'opération, dans le cadre du programme « A l'école de la forêt ». Les arbres auront cent ans lors du millénaire de l'abbaye en 2098. Belle perspective !

Selon saint Benoît, les moines devaient trouver tout ce qui leur était nécessaire dans l'enceinte du monastère. Concernant l'eau, une dérivation du ruisseau la Vouge alimenta l'abbaye jusqu'à la fin du XIIe siècle. Mais la communauté avait grandi et accueillait tous les ans, venus de toute l'Europe, des centaines d'abbés pour le chapitre général. Le problème de l'alimentation en eau se posa donc. Il y avait bien une résurgence au pied de la côte appelée la Cent-Fonts, mais située à quatorze kilomètres au nord de l'abbaye. Comment amener l'eau jusqu'à l'abbaye ? Les moines eurent l'idée d'un canal et le réalisèrent entre 1210 et 1220. Véritable prouesse technique lorsqu'on songe aux moyens de l'époque. Le canal – largeur 5 m, profondeur 1,50 m, pente moyenne 0,04 %, longueur 10 km – fut tapissé d'argile. Il fallut prendre en compte le relief, d'où une construction en tranchée ou en surplomb. Un pont-aqueduc fut construit aux Arvaux pour franchir le ruisseau de la Varaude. Les moines en profitèrent pour aménager des étangs qui leur fournissaient le poisson qui entrait pour une grande part dans leur alimentation. La vente des excédents leur assurait aussi des ressources. Des étangs ont été remis en culture, certains sont restés comme l'étang du Milieu.

Les moines avaient droit à une tasse de vin par jour (l'hémine, qui correspond à un gros quart de litre). Le terrain se prêtait admirablement à la culture de la vigne. Ils commencèrent par le clos Vougeot et, précautionneux pour les générations à venir, continuèrent à planter. Le clos Vougeot appartient maintenant à la célèbre Confrérie des chevaliers du taste-vin, assurant la promotion qu'ils méritent, ô combien, aux vins de Bourgogne.

Le SIVOM de Nuits-Saint-Georges a réalisé une rando en boucle de 50 km. Informations auprès de l'office de tourisme de Nuits-Saint-Georges.

Cîteaux

Carte établie d'après le document aimablement communiqué par le Sivom de Nuits-Saint-Georges.

L'atlas de cîteaux

C'est le nom donné au recueil réunissant les « Plans géométriques des bois, rentes, terres, et autres dépendances de Cisteaux ». L'original (conservé aux archives départementales de la Côte-d'Or) pèse son poids : 17 kilos ! Ses dimensions : 75 cm x 70 cm, reliure pleine peau aux coins ferrés datant de la fin du XIXe siècle. Ces plans ont été établis par André et Bernard Gambu. André Gambu exerça l'office « d'arpenteur-juré de la maîtrise des Eaux et Forêts du bailliage de Dijon ». On lui doit de nombreux plans domaniaux, ainsi qu'à son fils Bernard, « arpenteur-juré de la maîtrise ». L'ouvrage, publié aux éditions de l'Armaçon, a reçu le prix « Pierre-Louis Bessières » de la Société de géographie, qui récompense le « meilleur travail de géographie historique ».
Les illustrations sont dues à dom Etienne Prinstet, moine de Cîteaux et procureur de l'Ordre en cour de Rome. Ses scènes de vie champêtre sont un vrai régal et renseignent sur toutes les activités autour de l'abbaye : pêche, chasse, gardiennage des moutons, soins aux porcs, labours, moisson, etc. Les vues cavalières et les plans permettent une connaissance des bâtiments de l'abbaye et de ses différents domaines. Les plans sont agrémentés d'armoiries, de vignettes et de cartouches d'un trait délicat et d'une grande fraîcheur de tons. L'illustrateur a réellement pris du plaisir, le lecteur d'aujourd'hui aussi !

sur les traces des Templiers

1118/1119

il faut protéger les pèlerins se rendant en Terre sainte, différents ordres sont créés dont celui du Temple.

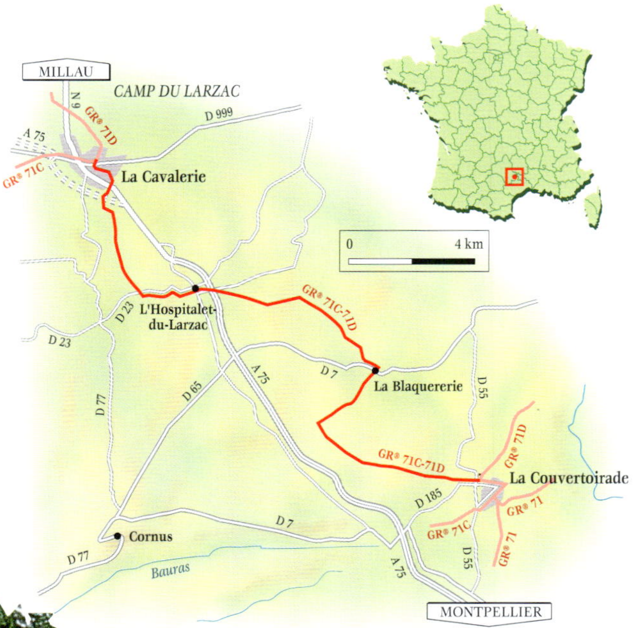

Comment protéger les pèlerins chrétiens qui se rendaient en Terre sainte ? Des ordres chevaleresques, tout à la fois religieux et militaires, vont se créer : celui des Hospitaliers en 1113, des Teutoniques (1128/1130) et l'ordre du Temple, créé vers 1118/1119 par Hugues de Payns et Geoffroy de Saint-Omer. Les « pauvres chevaliers du Christ », comme on les appela d'abord, se soumirent à la règle monastique de saint Augustin. Ils reçurent la protection du roi Baudouin II qui les hébergea dans son palais situé sur l'emplacement du temple de Salomon. Ils devinrent alors les « Templiers ». C'est en 1129, lors du concile de Troyes, que la règle du Temple fut entérinée par le pape.

Ils jouent un rôle militaire efficace. Ils construisent aux points stratégiques des forteresses permettant de résister aux assauts des Sarrasins, Byzantins, Musulmans… Pourtant, en 1291, la forteresse de Saint-Jean-d'Acre tombera aux mains des Mameluks après deux mois de combats acharnés où Templiers et Hospitaliers sont réunis. C'est le repli…

Entre-temps, ces moines-soldats se sont attirés des sympathies en France et en Europe. Ils reçoivent des dons : terres, forêts, vignes, etc., exemptés d'impôts. Ils vivent le plus souvent en autarcie dans leurs commanderies, où ils ont leurs propres artisans. Ils font aussi du commerce. Leur patrimoine est devenu immense. De là à susciter de la jalousie… notamment chez le clergé et les ordres monastiques. Le maintien d'un ordre militaire est-il nécessaire ? La rumeur va se charger du reste… Le 14 septembre 1307, Philippe le Bel et Guillaume de Nogaret décident l'arrestation des Templiers. Les tortures les plus savantes vont être utilisées pour obtenir des aveux. Le pape va, lui, ordonner que dans tous les pays les Templiers soient aussi arrêtés. Les dignitaires de l'ordre sont emprisonnés. Le 18 mars 1314, devant Notre-Dame, Jacques de Molay, grand maître, comparaît devant un tribunal ecclésiastique. Devant la foule réunie, il dénonce les tortures, nie les accusations de sorcellerie, magie, etc. La perplexité des représentants du pape n'a pas le temps de durer. Jacques de Molay et Geoffroy de Charnay, dignitaire normand, seront emmenés et brûlés vifs, sur ordre de Philippe le Bel, sur un bûcher installé sur une île de la Seine. Jacques de Molay aurait déclaré qu'il arriverait malheur à ceux qui l'avaient condamné sans justice. Le pape Clément V et le roi meurent cette même année 1314. La « malédiction des Templiers » est née,

Dans le bourg templier de La Cavalerie.

© Michel Ogier

tout comme le mystère autour de cet ordre. Et le fameux trésor ? Il est sans doute uniquement spirituel. « Rien pour moi, Seigneur, rien pour moi, mais tout pour la gloire de ton nom », c'était la devise des Templiers…

C'est un véritable tour de France qu'il faudrait entreprendre pour découvrir tous les sites templiers. Nos pas nous conduiront d'abord vers le sud du département de la Charente ; pas moins de dix commanderies : quatre d'Hospitaliers et six de Templiers. Après avoir succombé aux charmes du village d'Aubeterre, qui domine la vallée de la Dronne, cap plus au nord pour visiter la chapelle de Cressac, dont les fresques, dans une gamme subtile de tons brun-rouge, représentent quelques scènes des croisades : là un roi à cheval parmi des fleurs de lis, probablement Philippe Auguste, part pour la Terre sainte ; ici des chevaliers partent au combat ; plus loin ils quittent une cité aux tours crénelées pour s'élancer à la poursuite de cavaliers ennemis.

Maintenant direction l'Aveyron et le plateau du Larzac, dont les Templiers se rendirent petit à petit propriétaires. Sainte-Eulalie-de-Cernon abrita la plus importante commanderie du Midi. Celle de La Cavalerie, dont subsiste une partie de l'enceinte fortifiée, se consacrait uniquement à l'élevage : bovins et surtout moutons. A Viala-du-Pas-de-Jaux, dont le seigneur de Tournemire fit don aux Templiers en 1150, subsiste une grange fortifiée. Les Templiers, avec leurs élevages importants, participèrent grandement au développement des activités locales : peausserie, ganterie de Millau, et aussi fromage de Roquefort. Déjà à cette époque il était célèbre ! A L'Hospitalet-du-Larzac, le vicomte de Millau fit construire un hôpital au XIIe siècle pour accueillir les pèlerins. La Couvertoirade se découvre enfin avec ses belles demeures, son château, ses remparts, dont les moines-soldats arpentaient le chemin de ronde, surveillant la vaste étendue du causse… Les Templiers reçurent le village en don entre 1159 et 1200. C'est aux Hospitaliers que l'on doit les fortifications.

®

Rando de 26 km entre La Couvertoirade et La Cavalerie. Topo-guide FFRP Tour du Larzac, Templier, Hospitalier, réf. 710.

Scènes de croisade sur les murs de la chapelle de Cressac.

© Michel Ogier

En route pour les foires de

1125

les comtes Thibaud II et Henri le Libéral s'attachent au développement des foires de Champagne. Marchands et leurs lourds chariots, cavaliers et piétons sillonnent routes et chemins.

Pourquoi en Champagne et dans les quatre villes de Provins, Troyes, Bar-sur-Aube et Lagny ? Certains historiens y voient l'influence des comtes de Champagne, en particulier Thibaud II et Henri le Libéral. Attirer dans ces villes les marchands, c'était leur assurer revenus et possibilités de développement. Ils surent intéresser les établissements religieux à la construction d'hébergements (hôtels, hospices, halles) et aussi à une participation aux « tonlieux », droits sur les foires. Ils créèrent en outre le « conduit des foires » qui assurait aux marchands une protection au cours de leur voyage. Philippe Auguste consolida cette protection lorsqu'il plaça les marchandises en décembre 1209 dans son conduit royal.

Des « gardes de foires » furent institués pour assurer police et sécurité des marchands sur les lieux mêmes. Ils eurent ensuite des pouvoirs de juridiction.

C'était un rendez-vous cosmopolite, haut en couleur. Les marchands italiens mettaient environ trente-cinq jours pour venir de Gênes. Les Flamands descendaient par l'Escaut et la Meuse. Le Rhin et la Moselle étaient empruntés par ceux venant de l'Est. Les marchands du Roussillon, du Languedoc et de Provence remontaient le Rhône et la Saône, tout comme ceux venus d'Egypte ou de Perse, débarqués à Aigues-Mortes, etc.

La durée des foires, initialement de dix à quinze jours, passa à deux mois. A Lagny par exemple, elles duraient quarante-six jours, divisés en trois périodes. Commençait d'abord le commerce des draps. Après une semaine pour installer les étals, suivait une foire aux draps, pendant dix jours : sept pour la présentation et l'examen des marchandises, trois autres pour la vente. Au soir du dixième jour, les gardes de foire proclamaient le « haré », signal de fermeture des échoppes. Durant les onze jours suivants, c'était la vente des cuirs et des pelleteries. La mode voulait que l'on borde certaines parties des vêtements avec de la fourrure. Se côtoyaient sur les étals les peaux de martres, putois, zibelines, écureuils, etc. Pendant les autres onze jours, place aux épices : gingembre, safran de Toscane, muscade et girofle venus de l'Inde, cumin de l'île de Malte, etc.

Le lendemain matin après la proclamation du « haré », les changeurs s'installaient pour traiter leurs affaires pendant un mois. Après, durant quatre jours, on rédigeait les contrats, ou « lettres de foire » avec les sceaux d'usage et la fixation d'un délai pour leur exécution. Ces foires étaient aussi l'occasion de commercer sur l'or, l'argent, les pierres précieuses. Moins glorieux paraissait à côté le commerce du fer, du bois, de

Collection particulière Dominique Hermet

La grange aux dîmes à Provins.

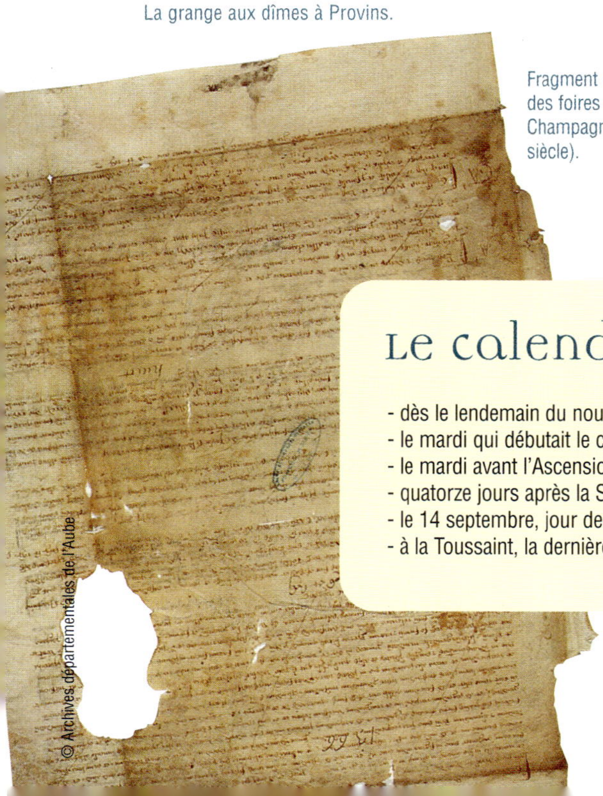

Fragment de compte des foires de Champagne (fin XIIIe siècle).

© Archives départementales de l'Aube

Marchands drapiers (cathédrale de Reims).

© Didier Bernaouda

Le calendrier des foires

- dès le lendemain du nouvel an, s'ouvrait la foire de Lagny près de l'abbaye de Saint-Furcy ;
- le mardi qui débutait le carême, c'était au tour de celle de Bar-sur-Aube ;
- le mardi avant l'Ascension commençait la foire d'été dans la ville haute de Provins ;
- quatorze jours après la Saint-Jean, débutait la foire chaude de Troyes dans le quartier de Saint-Jean-au-Marché ;
- le 14 septembre, jour de la Sainte-Croix, la foire s'installait à Provins près de l'abbaye de Saint-Ayoul ;
- à la Toussaint, la dernière de l'année, la foire froide de Saint-Rémi s'ouvrait à Troyes.

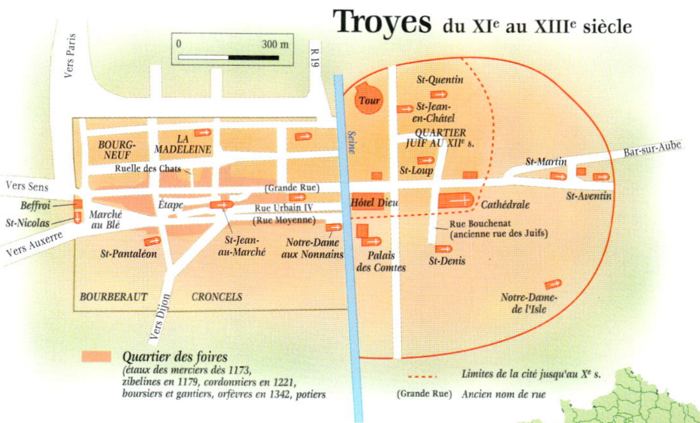

La ruelle aux Chats à Troyes, grouillante de vie lors des foires d'antan.

l'encens, de la soie ou du chanvre. L'animation n'était pas en reste : la foule grouillante se régalait du spectacle des jongleurs, montreurs d'animaux savants, trouvères et autres amuseurs publics.

Ces foires sont à l'origine du droit international. Toute une organisation s'était mise en place. Les villes se firent représenter par des consulats. Des ligues se créèrent, dont la plus importante fut celle des Italiens (« societas et universitas »). Les marchands drapiers du Nord (France et Flandres) se réunirent en un groupement commercial, la « hanse des dix-sept villes ». S'y joignirent les villes du Brabant, de Normandie et d'Ile-de-France. La qualité des draps était contrôlée et une valeur fixe de vente déterminée. Une mesure de longueur (0,823 m), « l'aune de Champagne », fut instaurée.

A l'essor économique apporté par ces foires, s'ajoutait le rayonnement intellectuel. Quatre des grands poètes du Moyen Age ne portent-ils pas des noms comme : Chrétien de Troyes, Bertrand de Bar-sur-Aube, Guiot de Provins et Geoffroi de Lagny. Après cent cinquante années florissantes, s'amorça le déclin des foires de Champagne. Plusieurs raisons sont avancées : excès de fiscalité, transformation de l'économie en Occident avec l'industrialisation italienne par exemple, place de plus en plus prépondérante de Paris, etc.

La Thiérache des églises

1126

saint Norbert, fondateur des chanoines de Prémontré, s'installe près de Vimy, dans l'Aisne, et encourage l'édification d'églises dans le pays.

La silhouette imposante de l'église de Bancigny.

© Maison de la Thiérache

La parole revient pour l'introduction – et la conclusion – à Marc Blancpain*, enfant de la Thiérache : « Plus d'une cinquantaine de villages vivent, en Thiérache, sous la garde d'une église fortifiée où se retrouvent tous les éléments des châteaux forts du Moyen Age. L'église elle-même n'est pas bien riche ; elle n'a pas l'audacieuse beauté que la pierre a permis de donner aux édifices religieux du Laonnois, du Soissonnais ou du Vermandois ; l'église de Thiérache n'a guère pour elle que cette parure guerrière qui semble sortie de l'ombre des temps reculés, porte au songe, à la mélancolie et, quelquefois, à la peur. Car elle est née de la peur, hélas, et de la longue histoire des vilains abandonnés à la rapacité de la soldatesque*. »

Entre Picardie et Champagne, la Thiérache fut en effet de tous temps un lieu de passage, ce qui lui valut de fréquentes attaques guerrières. La paix des Pyrénées en 1659 permit enfin de souffler un peu. Entre-temps, il avait bien fallu résister et protéger les habitants. Naquit l'idée de se servir de l'église, le bâtiment le plus important du village, comme refuge de la population, d'où ces églises romanes ou gothiques fortifiées avec tours, échauguettes, meurtrières, hourds, bretèches, etc. En cas d'attaque, tout le village accourait pour soutenir le siège et se protéger. Plusieurs salles avec des cheminées se trouvaient dans les étages où la vie s'organisait. Le donjon de l'église de Prisches par exemple a une hauteur de 25 m et quatre niveaux de défense. Une centaine de combattants avec vivres et munitions pouvaient y tenir un siège de plusieurs jours.

La partie religieuse a généralement été construite en pierre blanche, provenant vraisemblablement du Laonnois, alors que la partie fortifiée a été édifiée en briques rouges, fabriquées dans les fours de la région.

Architecture religieuse et architecture militaire conjuguées constituent un élément du patrimoine particulièrement intéressant, d'autant que l'intérieur de ces églises témoigne d'une grande richesse artistique. Quelques exemples : les fonts baptismaux romans, comme ceux de l'église de Bancigny. Des ateliers de sculpteurs étaient installés dans le sud de la Belgique. La Thiérache était toute proche pour accueillir leurs œuvres. A Chaourse, l'œil s'étonne de tant de magnificence. Le maître-autel et le retable seraient un don de l'abbaye de Saint-Denis sous la protection de laquelle auraient été placés les habitants de Chaourse, en vertu d'une autorisation du roi Charles V. Le donjon-porche de l'église de Montcornet s'orne d'un portail de style Renaissance, tout comme l'église de Parfondeval.

C'est sous le porche des églises que se tenaient le dimanche les réunions des habitants de la paroisse. C'est là que se traitaient les problèmes de la population rurale et les ventes des biens de la paroisse et de la commune. C'est le produit de la vente de ces biens qui aurait permis bien souvent de financer les fortifications des églises. Les paysans auraient donc contribué à l'édification de leur propre défense.

«… Ce chapelet de demeures religieuses et guerrières est aujourd'hui la parure, songeuse et déroutante, de la contrée des grands bois, de l'herbe toujours verte, des haies profondes, des lourds pommiers et des ruisseaux secrets sous le cresson bleu. »

* Préface de Marc Blancpain figurant dans la brochure « Eglises fortifiées de Thiérache », Ed. Erta, 1976.

fortifiées

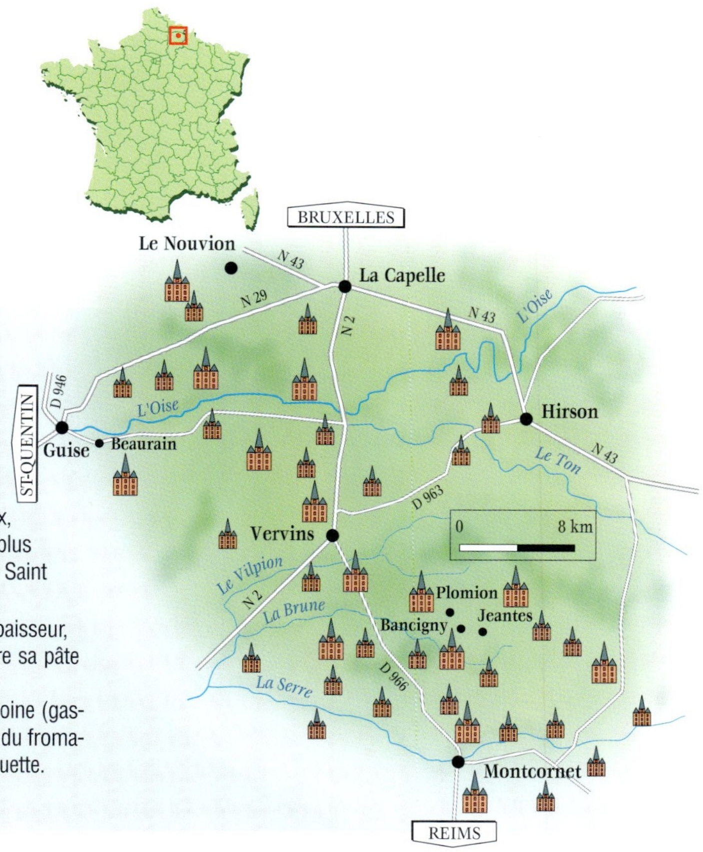

SYNDICAT DU MAROILLES DE THIÉRACHE
APPELLATION D'ORIGINE

Le maroilles (ou marolles)

Ce sont les moines de l'abbaye de Maroilles qui inventèrent vers l'an 960. Il se serait d'abord appelé craquegnon. Au XIe siècle, sa fabrication fut étendue à la terre Saint-Humbert, à laquelle appartenaient les villages de Maroilles, Marbaix, Noyelles et Taisnières. Une dîme sur les fromages était payée par les paysans en plus de leur fermage. Quelques noms parmi ceux qui l'apprécièrent tout de suite : Saint Louis, François Ier, Charles Quint, Fénelon, etc.

Ce fromage au lait de vache a la forme d'un carré de 13 cm de côté, 6 cm d'épaisseur, avec un poids de 720 g environ. Une belle croûte lavée rouge orangé recouvre sa pâte molle.

Une preuve supplémentaire de l'appartenance des églises fortifiées au patrimoine (gastronomique en l'occurrence !) : le logo du Syndicat des fabricants et affineurs du fromage de Maroilles représente une église flanquée d'une tourelle et d'une échauguette.

© Fred Boucher

Le bocage, l'un des attraits des paysages de Thiérache.

Les chemins de compostelle

1130

le moine poitevin Aymeri picaud publie (en latin) le premier guide de randonnée, le « guide du pèlerin de saint-jacques-de-compostelle », qu'il aurait écrit à Asquins, près de vézelay.

Le Guide d'Aymeri Picaud faisait déjà état de quatre grandes voies menant vers le tombeau de l'apôtre :

La Via Turonensis ou voie de Tours
La Via Lemovicensis ou voie Limousine
La Via Podiensis ou voie du Puy-en-Velay
La Via Tolosana ou voie de Toulouse

Les randonneurs sont de plus en plus nombreux à partir vers Compostelle. La démarche qui conduit à entreprendre une telle pérégrination varie : elle peut être spirituelle, religieuse, touristique, sportive, etc. L'année 1999, année jacquaire (ainsi nommée lorsque la Saint-Jacques, le 25 juillet, tombe un dimanche) a vu un regain de fréquentation. Santiago accueille durant tout l'été une foule colorée et émue de toucher enfin au but. Pèlerins et pèlerines, jacquets et jacquines d'aujourd'hui ont, comme ceux et celles d'antan, bien mérité leur coquille !

Sur les quatre voies ci-dessus viennent se greffer une multitude d'itinéraires en France et en Europe.

La Fédération française de la randonnée pédestre s'attache à réhabiliter certains itinéraires. Le chemin de Vézelay est maintenant praticable entre Vézelay et Nevers, ainsi que la liaison Genève-Le Puy. Un raccordement est prévu entre Namur et Vézelay. Les randonneurs belges et suisses vont être contents ! La Via Tolosana (chemin d'Arles) sera également réaménagée sur certaines portions. La FFRP travaille en partenariat avec la Société des amis de Saint-Jacques et l'Association de coopération interrégionale « Les chemins de Saint-Jacques ». La Fondation Gaz de France apporte son soutien à cette entreprise de réhabilitation. Leurs travaux viennent de recevoir leur récompense : les itinéraires de Saint-Jacques-de-Compostelle sont, depuis décembre 1998, inscrits au patrimoine mondial de l'UNESCO.

Les pèlerinages d'antan n'étaient pas sans danger. C'est pourquoi beaucoup de pèlerins préféraient voyager en petits groupes. C'était plus sûr pour résister aux coquillards. C'est-à-dire les bandits et autres détrousseurs. Il existait aussi des faux guides et ceux qui, se référant à des soi-disant règlements pontificaux, prélevaient des péages à certains passages. Franchir les rivières donnait lieu aussi à des droits élevés au profit des bateliers. Il y avait aussi des faux moines et des faux prêtres. Les loups et les chiens errants étaient aussi redoutés. Les zones de montagne, Aubrac et Pyrénées, faisaient peur, surtout lorsque la neige surprenait le pèlerin et lui faisait perdre la trace du chemin. Il fallait aussi se méfier de l'eau, remplir sa gourde n'importe où comportait le risque de troubles intestinaux… Il en est de même aujourd'hui, à la différence que le randonneur a toujours le médicament ad hoc dans son sac ou pourra l'acheter à la pharmacie de sa prochaine étape. La petite histoire dit que des ribaudes guettaient les pèlerins dans les lieux particulièrement déserts du « camino »…

Les pèlerins d'aujourd'hui courent moins de risques, mais attention à Santiago, où une nouvelle race de détrousseurs sévit lorsque la foule est dense.

Carte reproduite avec l'aimable autorisation de la Fédération française de la randonnée pédestre.

© Claude Herlédan

La soupe du pèlerin

La soupe se prépare dans une grande marmite qu'on laissera cuire à petit feu. Coupez le pied de quelques poireaux ainsi que le haut des tiges vertes. Incisez les poireaux de bas en haut sur quatre côtés sans aller jusqu'au pied. Nettoyez-les à l'eau courante pour enlever toute trace de terre. Epluchez quelques carottes, enlevez chaque bout. Pelez quelques oignons. Epluchez quelques pommes de terre. Lavez des courgettes (si elles sont très grosses, épluchez la peau). Prenez quelques tomates, enlevez leur pédoncule. Emincez les poireaux, coupez les carottes en rondelles fines, émincez les oignons finement, coupez les pommes de terre en petits morceaux, coupez les courgettes en petits dés et les tomates en quartiers. Joignez l'ensemble dans la marmite et recouvrez d'eau à hauteur de légumes. Jetez-y une grosse poignée de gros sel.

Après mise à ébullition, laissez cuire doucement jusqu'à ce que tous les légumes se fondent ensemble. Ecrasez au tamis ou au moulin à légumes avec la grosse grille. Servez dans un bol et rajoutez-y une tranche de pain, cuit au feu de bois.

Recette de l'Hôtellerie de Vézelay, extraite de « La Cuisine des châteaux de Bourgogne », Gilles et Bleuzen du Pontavice, Ed. Ouest-France.

© B.N.F

Après une longue étape, la chaleur de l'accueil est appréciée

© Hostellerie de Vézelay

Repas à l'Hôtellerie de Vézelay : le pèlerin raconte son étape.

Les chemins de Compostelle.

Témoignage

Paris, tour Saint-Jacques : euphorie et angoisse du départ béni par la pluie. Le rêve va se matérialiser, pas à pas il va falloir gagner Compostelle. Randonneurs jusqu'à Roncevaux, la traditionnelle bénédiction nous transformerait presque en pèlerins. La supplique finale : « Priez pour nous à Compostelle », nous plonge dans l'histoire du pèlerinage. (...)

Après Cahors, nous avons cheminé de temps à autre avec nos premiers pèlerins : un couple de Danois partis de Copenhague, un Rennais, un Strasbourgeois et une Parisienne qui s'avère être une voisine. Convivialité, connivence… Bueno Camino n'est pas qu'une formule mais une parole sincère. « Radio chemin » fonctionne bien et l'on obtient toujours des nouvelles des uns et des autres. Ainsi nous avons partagé l'hospitalité du refuge d'Hornillos del Camino avec la plus jeune pèlerine de tous les temps : petite fille de cinq mois, guillerette, se déplaçant en poussette depuis Bordeaux. Elle avait été soignée par Karen la Danoise ! Autre lieu d'échanges très apprécié par tous : le « bar ». Ce mot souvent affiché à l'opposé des flèches jaunes, marques du chemin, réjouit le cœur du marcheur et entraîne au détour.

En fait, chacun est étonné d'avancer et d'avancer encore malgré les petites misères physiques d'ailleurs prises en charge en Espagne : comme autrefois, le pèlerin est respecté et protégé.

Les camionneurs eux-mêmes saluent le marcheur à grands coups de Klaxon et de gestes de sympathie, et pourtant ils représentent le plus grand danger sur certains tronçons de route.

Après 2 140 km, comme au départ, la pluie nous accueille. Enfin Santiago ! Sentiments mêlés : tristesse de la fin et bonheur d'être arrivé. La ville est superbe avec ses allures italiennes. Toutefois la cathédrale reste le phare où l'on revient souvent pour retrouver nos compagnons de route. Mais le pèlerin-randonneur, solitaire par nature, ne s'éternise pas en ces lieux. Les motivations des uns et des autres nous restent inconnues, y compris les nôtres, mais chacun garde son chemin dans sa tête.

(Henri et Hélène.
Paris-Compostelle,
11 juin/25 sept. 1998.)

© Henri et Hélène

Est-il encore besoin de présenter Vézelay ? Impossible d'y venir ou d'y retourner sans ressentir la même émotion. Comme beaucoup de sanctuaires religieux, la basilique Sainte-Madeleine a subi bien des dommages : incendies, pillages lors des guerres de Religion et de la Révolution. Béni soit Prosper Mérimée qui, une fois encore, en sa qualité d'inspecteur des Monuments historiques, sera celui qui attirera l'attention sur l'état du monument. C'est Viollet-le-Duc qui, en 1840, aura en charge la restauration de l'édifice, sans se douter qu'un jour il serait classé au patrimoine mondial par l'UNESCO. Vézelay fut à la fois lieu de pèlerinage, point de départ de plusieurs croisades, mais surtout départ de la voie Limousine qui menait vers Saint-Jacques-de-Compostelle. C'était de là le grand départ vers la Galice. Les pèlerinages perdirent toutefois de leur importance à la fin du XIIIe siècle, d'autres reliques de sainte Madeleine ayant été découvertes à Saint-Maximin, en Provence. Mais une partie de ces reliques revinrent à la basilique en 1876 et les flots de pèlerins recommencèrent à déferler vers la colline inspirée. Elle se trouve avant Vézelay, mais il faut nous attarder un moment sur l'église Saint-Jacques d'Asquins. Elle renferme un fort beau buste-reliquaire en bois polychrome de saint Jacques, du XVIe siècle. Après Vézelay, le pèlerin choisissait entre l'itinéraire par Tannay, au cœur du vignoble, ou celui par Clamecy, au cœur du pays des Vaux d'Yonne. Au confluent de l'Yonne et du Beuvron, perchée sur son éperon, la vieille ville regroupe ses maisons autour de l'église Saint-Martin. Clamecy fut pendant des siècles le port principal du flottage « à bûches perdues ».

Prochaine grande étape, après être passé par Varzy, ancienne résidence des évêques d'Auxerre : La

© Hervé Champollion

Vézelay, où s'exprimait avec ferveur la foi médiévale.

Charité-sur-Loire, qui s'étire le long de la Loire. Le prieuré bénédictin et l'église Notre-Dame furent construits au XIe siècle. C'était, après celle de Cluny, la plus vaste église de France. Les moines accueillaient avec beaucoup de générosité les voyageurs, pauvres et pèlerins. Pas de téléphone à l'époque, mais l'information circulait bien. On recommandait d'aller « à la charité ». Le nom resta et se substitua à celui de Seyr. La traversée du fleuve se faisait, comme aujourd'hui, sur le pont de pierre aux dix arches.

Quittons la « fille aînée de Cluny » pour gagner Nevers. La forêt de Bertranges traversée, sans avoir rencontré de coquillards, le pèlerin allait atteindre Nevers, non sans appréhension. Il fallait traverser la Loire, beaucoup plus large qu'à La Charité. Avant les grands travaux du XVIIIe siècle, le lit du fleuve atteignait en effet 580 m (350 m aujourd'hui). Ce n'était pas un pont, mais trois, en bois, qu'il fallait franchir. On s'en remettait à Dieu. Entre le deuxième et le troisième pont, avaient été édifiés un oratoire et une chapelle dédiée à « la Vierge à la colombe » ou « Notre-Dame du bout du pont ». Elle dut entendre bien des suppliques !

La Loire franchie, les pèlerins se dirigeaient vers la porte du Croux et allaient certainement remercier le ciel de les avoir protégés en allant prier à l'église romane Saint-Etienne. Certains préféraient peut-être s'arrêter d'abord à la

© Collection particulière Henri Viaux

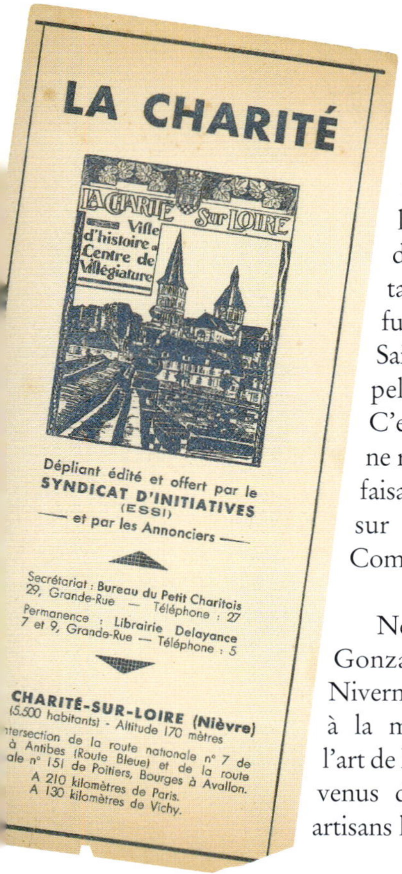

LA CHARITÉ

LA CHARITÉ SUR LOIRE

Ville d'histoire et Centre de Villégiature

Dépliant édité et offert par le
SYNDICAT D'INITIATIVES
(ESSI)
et par les Annonciers

Secrétariat : Bureau du Petit Charitois
29, Grande-Rue — Téléphone : 27
Permanence : Librairie Delayance
7 et 9, Grande-Rue — Téléphone : 5

CHARITÉ-SUR-LOIRE (Nièvre)
(5.500 habitants) - Altitude 170 mètres
ntersection de la route nationale n° 7 de
à Antibes (Route Bleue) et de la route
ale n° 151 de Poitiers, Bourges à Avallon.
A 210 kilomètres de Paris.
A 130 kilomètres de Vichy.

cathédrale Saint-Cyr - Sainte-Julitte dont la fresque du Christ en gloire n'est pas sans rappeler celles de la vallée du Loir. Un peu plus tard, au XVIIe siècle, furent édifiées l'église Saint-Pierre et la chapelle Sainte-Marie. C'est dire si le patrimoine religieux de la ville en faisait une grande halte sur le chemin de Compostelle.

Nevers doit à Louis de Gonzague, duc de Nivernais, d'avoir introduit à la moitié du XVIe siècle l'art de la faïence. Les artistes venus d'Italie initièrent les artisans locaux à leur art.

Rando de 130 km environ entre Vézelay et Nevers.

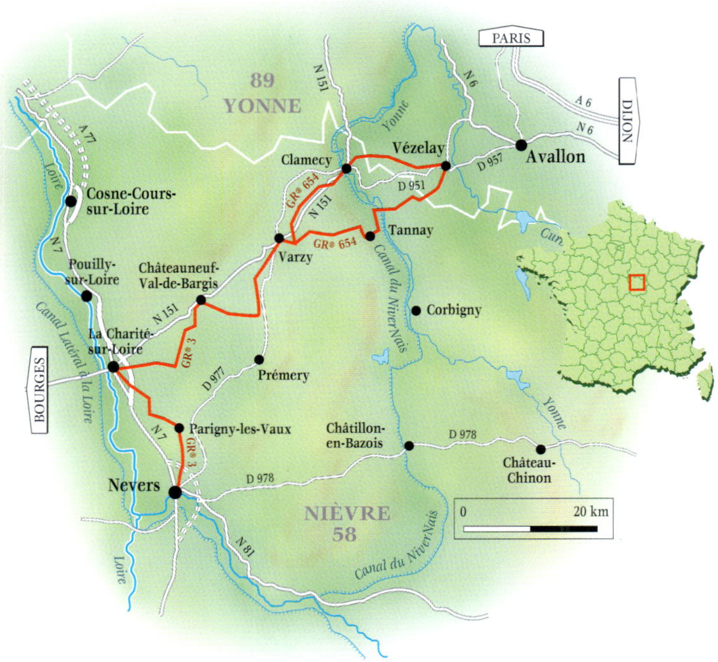

Traverser le pont de Nevers n'effraie plus les pèlerins d'aujourd'hui...

Le long chemin des cath

1208

pierre de castelnau, légat du pape innocent III, est assassiné à saint-gilles. 1209 : le pape réagit en organisant la première croisade des albigeois.

Ceux que l'histoire a appelés les cathares, s'appelaient entre eux Bons chrétiens, les femmes Bonnes chrétiennes. Le pays occitan les appelait aussi Bonshommes et Bonnes Femmes. A leur nom sont toujours associées les images des puissants châteaux dits « cathares » : Montségur, Quéribus, Peyrepertuse, Puilaurens, Puivert, Roquefixade. Ce sont les plus connus mais beaucoup d'autres sites illustrent l'épopée cathare.

Ils se proclamaient effectivement bons chrétiens ces hommes et ces femmes qui allaient par les chemins pour expliquer les Evangiles dans une langue populaire (l'occitan). Les Ecritures devenaient enfin compréhensibles pour tous. Ils refusaient la violence, le mensonge. Pour devenir « Parfait », il fallait donner la priorité à l'âme et à l'esprit sur ce qui était charnel. Pas de luxe, ni dans l'habillement, ni dans la nourriture. La chasteté était aussi de règle. Les cathares rejetaient aussi les églises, les croix, les sacrements. Les « Parfaits » composaient en quelque sorte le clergé cathare, les fidèles étant les « Croyants ». Quatre évêques étaient à la tête de cette nouvelle église : à Albi (primauté qui fut à l'origine du nom d'« albigeois »), Toulouse, Carcassonne et Agen.

La religion nouvelle se propagea dans les villes et les villages du Languedoc, gagnant toutes les classes de la société. Comment l'Eglise de Rome et le clergé pouvaient-ils accepter une remise en question du message du Christ ?

En 1209, après l'assassinat de Pierre de Castelnau l'année précédente, le pape réagit en organisant la première croisade des albigeois. Massacres, combats, mises à sac vont se succéder. Villes, citadelles et châteaux tombent : Béziers, Carcassonne, Minerve où le premier bûcher est allumé, Termes, Lavaur, Varilhes, Roquefixade, les faubourgs de Foix sont attaqués à deux reprises, ainsi que le pays d'Olmes et le Couserans.

Novembre 1212 : Simon de Montfort, qui commande l'armée des croisés, convoque une assemblée à Pamiers. Avec les « statuts de Pamiers » le droit coutumier pratiqué dans le nord de la France supplante le droit écrit méridional. En septembre 1213, c'est la chute de Muret. Montfort meurt en 1217 pendant le siège de Toulouse, où Raimond VI, qui s'était réfugié en Angleterre, était revenu pour reprendre ses terres. Pierre II, roi d'Aragon, venu prêter main-forte, y trouve aussi la mort. La défaite atteint peu à peu l'armée des croisés. Mais Louis VIII, qui a succédé à Philippe Auguste, décide une deuxième croisade. Avignon, Castres, Nîmes, Carcassonne se soumettent. En 1229, signature du traité de Meaux : Raimond VII de Toulouse et Raimond Roger de Foix font allégeance et promettent de chasser l'hérésie de leurs territoires. L'Inquisition est mise en place en 1233 à Toulouse…

Là-haut, en Ariège, perché sur son « pog », à 1 207 m d'altitu-

Montségur tend toujours vers le bleu du ciel occitan sa muraille de pierres…

ares

de, le château de Montségur est devenu le refuge des cathares. Ceux qui voient la mort arriver, viennent y recevoir le consolamentum (bénédiction donnée aux croyants avant la mort). La vie y est relativement tranquille jusqu'au jour de 1242 où des hommes venus de Montségur massacrent l'Inquisiteur

Rando de 5 h entre Montségur et Montaillou. Topo-guide FFRP Sur les traces des cathares, réf. 1097.

Guillaume Arnaud à Avignonet, en Haute-Garonne. C'en est trop. La régente Blanche de Castille décide l'anéantissement de Montségur.

Des milliers de soldats arrivent au pied du château : le siège va durer de mai 1243 à mars 1244. Onze mois de combats et de souffrances. Quelques centaines de personnes contre des milliers. La foi fait des miracles ! Aux alentours de Noël 1243, des soldats aguerris à la montagne envoyés par Hugues des Arcis réussissent enfin à atteindre une plate-forme. Pierre Roger de Mirepoix, qui commande la place, négocie avec le sénéchal Hugues des Arcis. Le 2 mars 1244 une trêve de quinze jours est conclue. Les condamnations pesant sur les défenseurs de Montségur sont amnistiées (y compris l'affaire d'Avignonet), les soldats seront libres, ainsi que les cathares qui abjureront. Pour ceux et celles qui refuseront, ce sera le bûcher.

Quinze jours de trêve pour se préparer à la mort… Le 16 mars 1244, descend une colonne de quelque deux cents personnes. Un bûcher a été dressé dans un enclos ceint par des pieux et des pals. Les flammes s'élèvent vers le ciel…

Fut-ce cette nuit-là que trois ou quatre hommes descendirent le long de la paroi rocheuse au moyen de cordes, emportant avec eux le fameux trésor ? Il aurait été déposé au château d'Usson, puis dans une spoulgae, grotte fortifiée de la haute Ariège, et enfin en Lombardie.

Les cathares n'avaient pas dit leur dernier mot. La lutte continua mais en vain. Beaucoup de cathares choisirent de s'exiler en Lombardie et en Catalogne.

Prisonniers amenés au supplice. Miniature des coutumes de Toulouse, 1296.

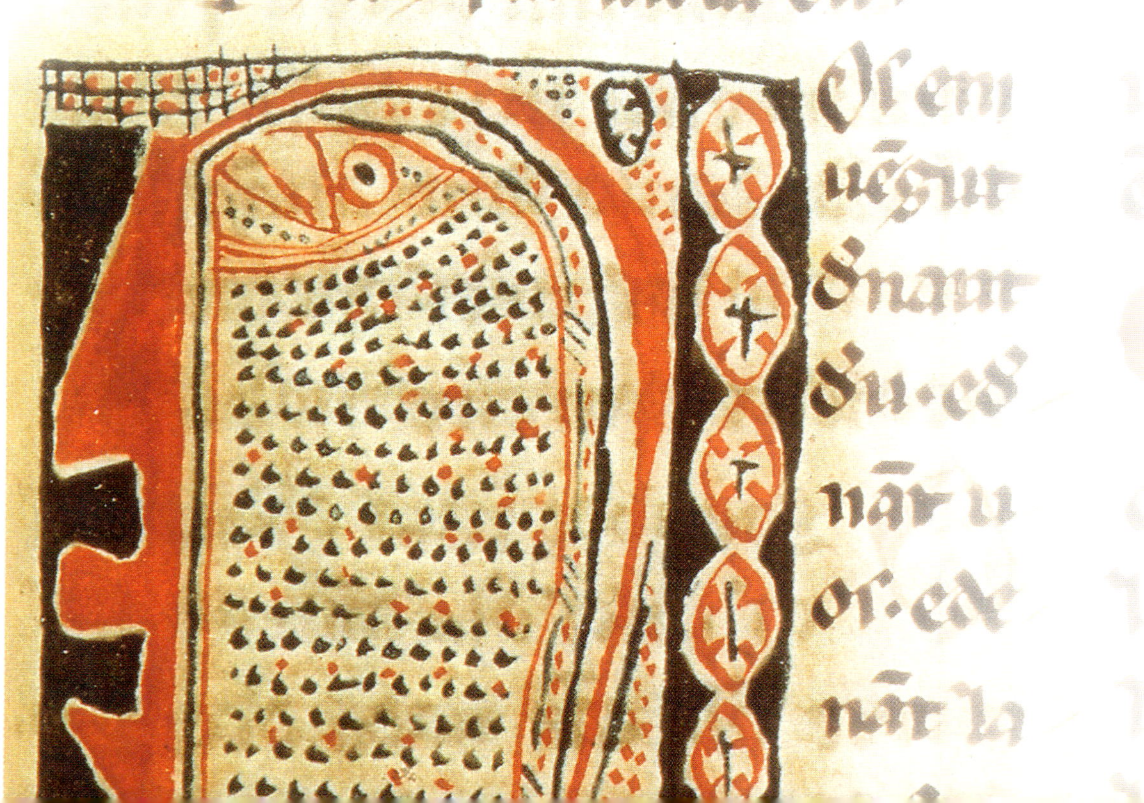

Première page d'un rituel cathare.

sous les couverts des bas

1291

c'est la fête dans le Bas-Armagnac landais. Bernard VI vient de jeter les fondations de Labastide-d'Armagnac.

Cherchez-le ce pays : il est là, tapi comme en secret entre la Douze au nord et l'Adour au sud, en lisière de la forêt, protégeant ses vignes qui ont choisi pour sol, un sol tout léger composé de sables fauves comme l'on dit aussi. Ses chemins respirent l'humour et la poésie : ils s'appellent chemin de Beauregard, chemin de Cœur joli. Même ses lieux-dits chantent la joie de vivre : Cantalaouse (chante alouette), Cantecoucut (chante coucou - bois ou chante le coucou), Pichouret (petit filet d'eau)... Certains s'affrontent, comme Pinteséque (pichet vide, et par extension gosier vide) et Béou l'aigue (bois l'eau) !

© E. Follet

Repos à l'ombre des couverts de Saint-Justin.

Le pays n'a pas échappé, et c'est tant mieux, au mouvement qui toucha le sud-ouest de la France avec la construction des bastides. Ce sont les comtes de Toulouse qui en furent les premiers fondateurs. La première fut Cordes, construite en 1222, et la dernière Labastide-d'Anjou, construite en 1373. Sur les quatre cents qu'avaient projetées les autorités royales ou seigneuriales, trois cents environ sont recensées aujourd'hui. Des motivations économiques, politiques et militaires répondaient à leur construction. C'est un jour de 1291 que furent jetées les fondations de Labastide-d'Armagnac, par Bernard VI, comte d'Armagnac. L'évènement fut grandement fêté. Depuis le matin, des crieurs publics sillonnaient la campagne pour convier la population à partager les festivités et, surtout, lui donner envie de venir s'installer dans la bastide. Et les voici tous, composant une foule disparate. Le « pal » était béni. Il s'agissait d'un pieu portant les armoiries du roi ou du seigneur qui devenaient le symbole de la prise de possession du nouveau village. Venaient alors les arpenteurs. Le plan était dressé : un carré de cinq hectares environ, entouré par un mur d'enceinte percé de trois portes et bordé par un large fossé. Ainsi naissait une « bastide-frontière ». Comme beaucoup d'autres en Aquitaine, elle n'a pas échappé aux tourments de l'histoire. Le Prince Noir (surnom donné au fils du roi d'Angleterre Edouard III) y établira sa garnison. Ensuite, les guerres de Religion et la Fronde mettront à mal la vie de la cité. Mais elle a su résister aux assauts du temps et des hommes.

© Jean-Pierre Bouchard

A Labastide-d'Armagnac, halte pour une pause rafraîchissement.

Il fait toujours bon flâner sous les couverts qui bordent la place royale. La place fut de tous temps un lieu privilégié pour les échanges et les rencontres. Marchés et foires y créaient une animation joyeuse et colorée. S'y trouvait aussi la halle aux grains, qui abritait au premier étage le centre administratif. Une curiosité sur l'un des piliers de la halle : une mesure à grain. Les ruelles entre les maisons deviennent ici des « andrones » ou encore des « carrères » ou des « carrerots ». L'une des maisons de la place reçut à plusieurs reprises la visite d'Henri de Navarre qui venait rendre visite à son compagnon d'armes, le capitaine Malartic. Une légende locale dit que c'est en souvenir de la place de Labastide-d'Armagnac que le bon roi Henri aurait fait construire la place des Vosges à Paris. Quel honneur !

Continuez sur le « camin » ou le « caminot » (chemin) et vous atteindrez la bastide de Saint-Justin, fondée en 1280, par un acte de paréage (partage accordant des droits égaux à chacune des parties) entre l'ordre des Hospitaliers de Saint-Jean-de-Jérusalem et la vicomtesse Constance de Marsan, fille de Gaston VI de Béarn. Située à un carrefour de voies importantes, elle connut elle aussi les affres des guerres. Ce fut, dès le Moyen Age, un grand lieu de foires. De ses anciennes fortifications ne subsistent que deux tours. Saint-Justin s'honore de posséder quatre églises (une par quartier !) et d'avoir vu passer Gaston Phoebus, Jeanne d'Albret, Henri IV, Louis XIII et sa

tides landaises

sœur la Grande Mademoiselle lorsqu'elle vint en 1660 assister au mariage de Louis XIV.

Fermes, châteaux, gentilhommières, parsèment un paysage où les petits cours d'eau s'insinuent entre les coteaux. Pays de vignes, pays de bocage où domine le chêne, que l'on retrouvera dans les murs et les cloisons des vieilles maisons à pans de bois. Le chêne donnera aussi la futaille, où vieillit le précieux armagnac. Il faut prendre le temps de visiter un des domaines où s'élabore, entourée de soins attentifs, l'« aygue ardente ». Un écomusée lui est consacré à Labastide.

Le jeu de quilles au maillet

C'est un jeu traditionnel, très populaire dans les Landes. Le jeu comprend trois quilles de bois d'une hauteur de 55 cm, trois de 50 cm et trois maillets d'une longueur de 30 cm et d'un diamètre de 7 cm. Le bois préféré est le hêtre. Les arbres sont choisis sans nœuds. Ils sont fendus en direction du cœur pour éviter les fentes. Autrefois le jeu se pratiquait individuellement et suscitait des enjeux importants : argent et même bétail (bœuf, vache). Afin de mettre fin aux excès, depuis 1956 le jeu se joue par équipe de trois et sans enjeux.

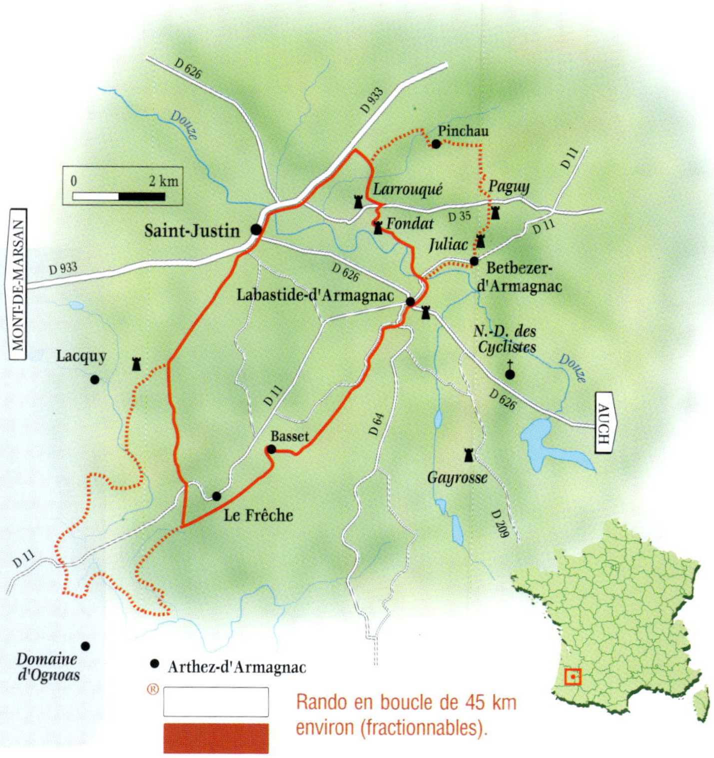

C'est l'été, la fraîcheur des couverts de Labastide-d'Armagnac est appréciée.

Les chemins de la soie dans

1296

Dans un acte notarié apparaît la profession de trahanderius (trahandier : tireur de soie). C'est Raymond de Gaussargues, habitant Anduze (Gard), qui l'exerce.

Deux arbres ont marqué le paysage cévenol : l'arbre à pain, le châtaignier, et l'arbre d'or, le mûrier. Le premier a assuré la subsistance des hommes, le second leur plus grande ressource à l'époque où la sériciculture était à son apogée, le fameux « âge d'or » des Cévennes.

C'est à Henri IV que l'on doit le développement du travail de la soie. Sully fait un peu la tête, considérant la soie comme un encouragement au luxe et propre à nuire aux bonnes mœurs ! Barthélemy de Laffémas et Olivier de Serres, conseillers du roi, finissent par le convaincre. Un jardinier originaire de Nîmes, François Traucat, fait planter plus de 4 millions de mûriers en Provence et en Languedoc. Les Cévennes sont gagnées.

Ce sera ensuite Colbert qui va encourager la manufacture de la soie par des aides. Une prime accompagne chaque pied de mûrier planté. Mais la révocation de l'édit de Nantes entraînera le départ de beaucoup de protestants qui feront bénéficier de leur savoir-faire les pays qui les accueillent : Suisse, Grande-Bretagne, Hollande. On continue cependant à planter. Même l'intendant Basville, chargé de faire appliquer la révocation de l'édit dans les Cévennes, ordonne de planter des mûriers.

Ironie du sort, la sériciculture va connaître son plus grand

La chenille a entamé sa mue.

développement à la suite des dégâts causés par l'hiver de l'année 1709. Châtaigniers et oliviers ne résistent pas aux très fortes gelées. Les mûriers les remplacent. De l'échelon domestique, la production va petit à petit passer à l'échelle industrielle.

Les foires d'Alais et de Beaucaire rassemblent chaque année nombre de marchands. Le Vigan et Ganges se taillent une belle réputation avec la fabrication des bas de soie, brodés à la main, réputation qui a dépassé les frontières et les mers puisque les dames du Pérou raffolent de ces bas, tout comme certaines cours impériales. Les musées de Saint-Jean-du-Gard, Saint-Hippolyte-du-Fort et du Vigan exposent

les cévennes

Le musée de la soie à Saint-Hippolyte-du-Fort

Fascinant voyage que celui auquel vous convie le musée de la Soie à Saint-Hippolyte-du-Fort qui fut à la fin du XVIIIe siècle la seconde ville industrielle du département du Gard. La ville fut aussi le siège des contrôleurs de soie. Sur 400 m², tout le cheminement a été reconstitué ici, depuis l'éducation du ver à soie dans la magnanerie de mai à octobre jusqu'au tissage et/ou tricotage, en passant par la filature où sont dévidés les cocons.

La renaissance de la sériciculture en Cévennes est évoquée sous forme d'une vidéo. Le pavillon de la soie propose à la vente des productions locales. Une tentation aussi douce que cette fibre incomparable, aimée des princes et des rois. Et si pour une fois on devenait princesse ?

Incitation, par voie d'affiche, à planter des mûriers.

quelques beaux exemples de vêtements et bas en soie.

La Révolution va entraîner une baisse de production, mais elle reprendra de plus belle. C'est l'« âge d'or » des Cévennes. Surgit alors en Provence en 1845 une maladie, la pébrine, qui frappe les vers à soie et se propage de façon foudroyante. De 25 000 tonnes de cocons en 1850 on descend à 300 en 1865 ! Pasteur arrive et trouve une prévention : le « grainage cellulaire ». La relance sera de courte durée. 1869 voit l'ouverture du canal de Suez et avec elle l'importation des soies d'Extrême-Orient. Ce sera ensuite l'arrivée de la soie artificielle, d'un prix plus abordable. Petite relance au cours de la Seconde Guerre mondiale avec la fabrication des parachutes. La tentative de 1957 lancée par la Filature française de soie des Cévennes durera jusqu'en 1964. Les amoureux de la soie n'ont jamais baissé les bras. Des actions se sont développées à Monoblet et à Molières-Cavaillac. L'Association pour le développement de la sériciculture en Cévennes illustre son opiniâtreté avec la création du pavillon et musée de la Soie à Saint-Hippolyte-du-Fort. Les vers à soie continuent à être « éduqués » par une dizaine de passionnés. Stade artisanal soit, mais maintien exemplaire d'un patrimoine unique.

L'association « Chemins de la soie » s'est constituée en 1988, regroupant historiens, ethnologues, conservateurs de musée, agriculteurs et industriels, Parc national des Cévennes, institutionnels, etc. La mémoire de la soie est assurée de vivre dans la Cévenne.

Le paysage garde l'empreinte du ver à soie avec les nombreuses magnaneries et filatures qui ponctuent le paysage de leurs hautes silhouettes. A la magnanerie de la Roque (entre Barre-des-Cévennes et Sainte-Croix-Vallée-Française), le Parc national des Cévennes a retracé les étapes de l'éducation du ver à soie à partir d'un récit écrit en 1930 dans Le Petit Cévenol par les élèves de l'école du Pendedis près de Saint-Martin-de-Boubaux.

700 sites dans le Languedoc oriental sont liés à l'histoire de la soie ! Ces sites sont accessibles en voiture bien sûr, mais ils se visitent aussi à pied. Les itinéraires de randonnée ressemblent en pays cévenol à une vaste toile d'araignée dont les fils escaladent les serres, musardent dans les vallées, franchissent les gardons… Et si c'était des fils de soie ?

® Rando entre Sauve et Saint-Hippolyte-du-Fort (21km). Topo-guide FFRP du Rhône aux Cévennes, réf. 603. Documentation : « Les chemins de la soie », Ed. Espaces écrits, 1993.

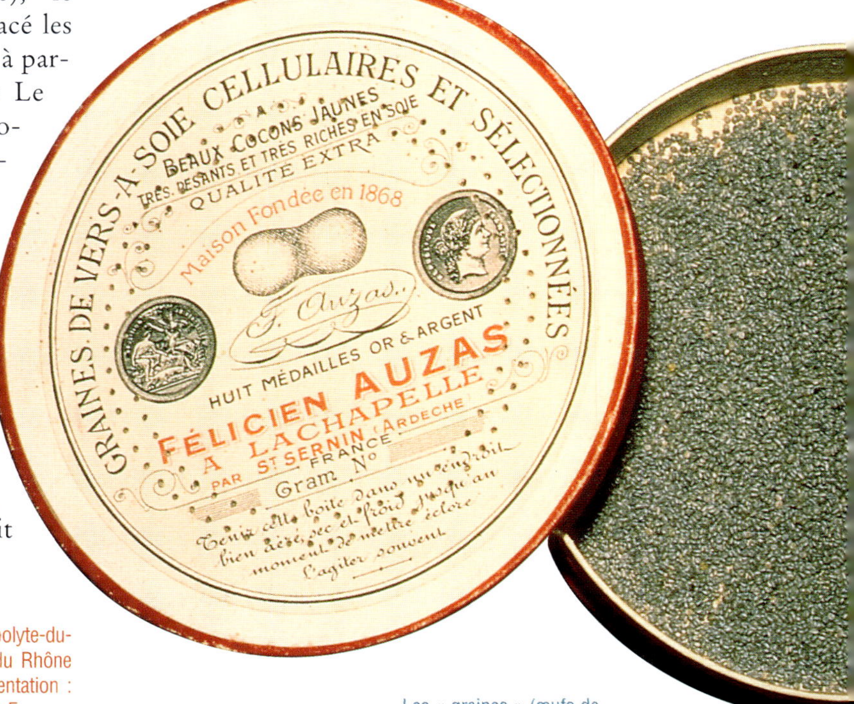

Les « graines » (œufs de papillon) dans leur boîte d'expédition.

Les gabelous pistent les

1340

une ordonnance du roi philippe VI de valois institue la gabelle, impôt impopulaire s'il en fût… gabelous et faux sauniers animent les chemins du sel…

Gabelle : de l'arabe al-qalâba « l'impôt », indique le *Petit Robert*.

L'impôt sur le sel n'était pas nouveau, les seigneurs étaient déjà passés par là… Au départ, la taxe demeura modeste. Charles V eut l'idée de décréter que l'impôt sur le sel devrait être payé à perpétuité. Les rois se succédant, la gabelle augmenta… L'an 1366 vit l'instauration de « greniers à sel » sur les rivières du royaume. Le grenier à sel était un entrepôt de sel et aussi une circonscription dont dépendait un certain nombre de paroisses aux plans fiscal et judiciaire.

La Loire, avec les salines de la baie de Bretagne et celles de Guérande, allait devenir ainsi la première des routes du sel. 14 000 muids de sel arrivaient à Nantes chaque année au XIVe siècle. Le péage de Champtoceaux vit passer 11 688 muids venant du port nantais en 1356. L'Anjou comptait onze greniers. Celui de Saint-Florent-le-Vieil assurait la distribution du sel à une quarantaine de paroisses des Mauges. Bizarrerie du système fiscal mis en place, il n'était pas le même partout. Les hôpitaux et les ordres religieux en étaient exemptés, bénéficiant du « sel d'aumône ». Les différences de prix entre pays étaient considérables. Comment échapper à la tentation de faire passer du sel en contrebande ? C'est ce qui se produisit entre l'Anjou et la Bretagne.

Les habitants des pays de la grande gabelle devaient acheter le « sel du devoir » pour « le pot et la salière » : sept kilos par an et par personne, dès qu'on avait atteint l'âge de huit ans. Et pas le droit d'utiliser ce sel pour ses salaisons, sous peine d'être accusé de faux saunage. Si l'on voulait conserver sa viande ou donner du sel au bétail, il fallait acheter le sel au grenier.

Arriva Colbert, qui réorganisa le système fiscal. En 1681, il décida que les impôts indirects dépendraient d'un seul établissement financier : la Ferme générale, avec des représentants dans toutes les provinces. On recruta des contrôleurs, qui devinrent vite des gabians, puis des gabelous qui se firent vite détester. Le faux saunage s'organisa en bandes qui n'hésitèrent pas à prendre les armes. La petite contrebande était pratiquée par ceux appelés les « porte-à-col » : mendiants, journaliers, anciens prisonniers, veuves, enfants. Même les chiens étaient utilisés, et les pauvres bêtes furent souvent une cible pour les gabelous. Les faux sauniers se déplaçaient de préférence la nuit. Le sel transporté devenait le « sel de lune ».

Le sel qui venait de la baie de Bretagne devait franchir la Loire pour gagner l'Anjou et le Maine. Le fleuve était sous surveillance. Les Fermes avaient leurs « pataches », petits bateaux qui remontaient l'estuaire. A Bouchemaine, qui dépendait du grenier à sel d'Ingrandes, était amarré un ponton. Les « patachoux » tendaient des chaînes pour arrêter et contrôler les bateaux.

C'est à Ingrandes que se trouvait la « frontière » entre l'Anjou et la Bretagne et, qui plus est, c'était la rue principale qui délimitait les deux provinces. D'un côté on était breton, de l'autre on était angevin. De là à engendrer des situations cocasses et quelque-

Sur le seuil de sa cahute, le douanier fait le guet…

faux sauniers

fois tragiques, il n'y avait que la rue à traverser !

Les bateaux qui transportaient les marchandises sur la Loire n'avaient pas le droit de transporter des faux sauniers, sous peine de voir confisquer leurs embarcations. Pas le droit non plus de naviguer la nuit. Une embarcation conçue pour circuler dans les étiers (canaux qui alimentent les salines en eaux de mer) était utilisée par les faux sauniers : la « chatte », bateau pointu à l'avant et à l'arrière, sans proue ni poupe, avait un gouvernail qui pouvait se placer à l'une ou l'autre des extrémités. Permettant de manœuvrer facilement, charger et décharger le sel demandait peu de temps.

Lorsqu'un faux saunier était pris, les sanctions allaient de l'amende aux galères en passant par le cachot et le marquage au fer rouge d'un G (galère ou gabelle ?) sur l'épaule. Le fouet, c'était pour les femmes. La répression ne constituait pas un frein à la contrebande, qui allait s'amplifiant. Des contrôleurs hésitaient à exercer leur mission. Certains avaient été jetés dans la Loire, un autre aurait été retrouvé enfoui sous un mulon de sel, qui l'avait conservé…

Le 16 mars 1806, un décret de Napoléon instituait un impôt sur le sel, mais beaucoup moins important. Le mot « gabelle » disparaîtra des textes législatifs, mais il faudra attendre 1945 !

Excès de zèle pour la morue

« Lorsque les morues arrivaient à Nantes, elles étaient déposées sur des nattes de jonc et séparées par de minces couches de sel pour les préserver pendant les grandes chaleurs et la longueur du voyage. » Celles qui étaient expédiées à Angers, en pays de grande gabelle, étaient traitées de la façon suivante : « Arrivées à Ingrandes, les commis les prennent, les mettent sur d'autres nattes et jettent à l'eau le sel. Puis, on les secoue pour qu'il n'en reste pas un grain. A Saumur, Tours et Orléans, les commis les frappent à nouveau de leurs cannes, pour en faire tomber le sel qui en resterait*. De ce fait, un grand nombre de ces poissons arrivaient à destination avariés. »

* Texte des consuls de Nantes de 1784.
Emile Boutin, « La Baie de Bretagne et sa contrebande », Ed. Siloë, 1993.

Le salage des poissons dans le « Traité général des Pesches » par Henri-Louis Duhamel du Monceau, 1782.

® Rando de week-end en boucle (30 km) au départ de Saint-Florent-le-Vieil, étape à Ancenis. Topo-guide FFRP De l'Anjou au pays nantais, réf. P449.

Chargée de sel, la gabare remonte la Loire.

La dernière randonnée de

1380

Bertrand Du Guesclin chevauche sur les monts de la Margeride. Son destin l'attend à Châteauneuf-de-Randon...

Rando de 35 km (deux ou trois étapes si variante par Ruynes-en-Margeride avec 16 km AR en plus) entre Le Malzieu et Saint-Flour. Topo-guide FFRP Des gorges de l'Ardèche à la Margeride, réf. 407.

En 1320 Bertrand Du Guesclin naît à La Motte-Broons, près de Dinan. La nature ne l'a pas gâté physiquement. Sa mère n'est pas du tout attirée par ce laideron et Bertrand sera élevé sans tendresse. Il partage les jeux des enfants du village et va en garder sa vie durant force et endurance.

Dès 1337, lors d'un tournoi, la chevalerie bretonne remarque son adresse. Son destin est tout tracé : il va s'engager dans la guerre. En 1354, après la bataille de Montmuran, il est fait chevalier. Il doit avoir une devise pour sa bannière. Ce sera : « Le courage donne ce que la beauté refuse. » Il reçoit d'abord la charge de chasser de Bretagne des bandes de mercenaires à la solde des Anglais semant terreur et désolation. Sa réputation s'affermit et les Anglais commencent à s'en méfier.

Une trêve survient : en 1359, après avoir délivré son frère Olivier des mains d'un chevalier anglais, il fête sa victoire dans la demeure du gouverneur de Dinan. Il y rencontre Tiphaine Raguenel. Les regards échangés sont très forts, mais il faudra quatre ans et l'entremise de l'épouse de Charles de Blois pour que Bertrand se décide enfin à demander la main de Tiphaine. Ardent au combat mais timide en amour, notre Du Guesclin !

Les batailles se succèdent : Cocherel, Auray, Najéra en Espagne, La Rochelle, Poitiers... Entre-temps, en 1370, Bertrand a reçu l'épée de connétable de France des mains de Charles V. Des liens d'amitié se sont noués entre les deux hommes depuis le siège de Melun.

La douce Tiphaine va mourir, le laissant sans descendance. Il se lance à corps perdu dans le combat. Le Poitou, la Saintonge et l'Aunis sont repris aux Anglais, ainsi que plusieurs places fortes de Normandie. Le roi l'encourage à prendre une nouvelle épouse, Jeanne de Laval. Le mariage a lieu en 1374 à Montmuran, là même où il a été fait chevalier. L'amour n'est pas au rendez-vous cette fois. La descendance ne sera toujours pas assurée...

En avril 1380, le roi lui confie une mission : délivrer l'Auvergne des pillages des compagnies de routiers et d'occupations anglaises. Objectif : d'abord isoler Carlat, perché sur son rocher, à l'est d'Aurillac, qui « tient » la Haute-Auvergne. Il faut d'abord reprendre les citadelles autour. Et de partir vers celles de la Margeride. Il passe par Moulins, Le Puy où il serait allé invoquer la Vierge Noire, et gagne ensuite Saint-Flour. Le 21 juin, la forteresse de Chaliers tombe au bout de quelques jours de siège.

Imaginons-le, chevauchant avec les troupes de l'armée royale en direction

© Joël Damase

Du Guesclin

de la prochaine forteresse : Châteauneuf-de-Randon. Les hommes de Bertrand découvrent au fur et à mesure de leur avancée les paysages de la Margeride : vallées, collines, plateaux parsemés de blocs de granit, forêts profondes. Ont-ils fait une halte au Malzieu, lieu de passage des pèlerins qui rejoignaient, une dizaine de kilomètres au sud, la Via Podiensis ? Sont-ils passés par le col des Trois-Sœurs ? Ont-ils abreuvé leurs montures dans la Truyère ?

C'est enfin l'arrivée au pied de la citadelle de Châteauneuf-de-Randon, en Lozère. Les troupes installent leurs quartiers à l'Habitarelle. Après deux assauts, une trêve est conclue. Pierre de Galard, qui commande la place, promet de se rendre s'il ne reçoit pas de renforts et laisse des otages pour conforter sa parole. Pas de renforts à l'horizon. Pierre de Galard est sommé de se rendre, il refuse, mais la vie des otages se trouvant en danger, il accepte finalement. Il tient à remettre les clés à Du Guesclin, lui-même, dont il ignore l'état de santé. Depuis quelques jours, l'état du connétable inquiète fort ses soldats. Il demeure sous la tente. De quel mal souffre-t-il ? Sans doute une congestion pulmonaire contractée après avoir bu de l'eau glacée à la fontaine de la Clauze, près de la rivière la Boutaresse. C'est un Du Guesclin quasi moribond qui reçoit les clés de la cité. Il meurt le 13 juillet 1380.

Du haut de ses 881 m, Saint-Flour domine la vallée de l'Ander.

Mort de Du Guesclin devant Châteauneuf-de-Randon, par Nicolas-Guy Brenet.

Le retour de Du Guesclin

Parmi les dernières volontés de Du Guesclin figurait celle d'être enterré dans sa terre natale auprès de ses ancêtres. La chaleur estivale ne facilita pas les opérations de retour. Au Puy, il fallut enterrer ses entrailles à l'église Saint-Laurent. Le cadavre fut mis en bière mais la chaleur continuait son œuvre. A Montferrand, on dut le plonger dans l'eau bouillante afin de faire tomber les chairs qui furent ensevelies dans l'église des Cordeliers. Son squelette aurait été garni de terre glaise pour le conserver rigide. Les révolutionnaires détruisirent l'église en 1793. Le funeste cortège reprit le chemin de la Bretagne, mais par voie d'eau cette fois. Parvenu au Mans, un message royal les attendait. Charles V ordonnait de porter le corps à Saint-Denis, où il souhaitait que son valeureux ami reposât, parmi les rois de France. Seul son cœur rejoignit la Bretagne, où il repose aujourd'hui en la basilique Saint-Sauveur à Dinan.

La statue de Du Guesclin à Châteauneuf-de-Randon.

Le chemin des potiers

XVe siècle

Vingt-deux ateliers de poterie fonctionnent déjà au Fuilet, dans le Maine-et-Loire. Un chemin va jusqu'à la Loire où les pots sont chargés sur les bateaux.

® Rando de 27 km entre Le Fuilet et Saint-Florent-le-Vieil. Topo-guide FFRP L'Anjou à pied, réf. DO49.

Les tessons retrouvés dans les fouilles archéologiques montrent combien la poterie fut importante dans les régions où l'argile était présente. Presque toutes les régions françaises ont eu une production potière. Il fallait bien vendre tous ces bols, cruches, pots, et parfois assez loin du lieu de production. C'est ainsi que se sont tracés au fil des siècles des chemins de potiers. L'un d'entre eux a été réhabilité en Anjou, près du Fuilet.

L'activité potière y remonte au XVe siècle où fonctionnaient vingt-deux ateliers, quarante en 1910, une vingtaine en 1939. Pourquoi ce déclin ? La guerre, la mécanisation vers 1920/1930, la concurrence extérieure, l'arrivée de la matière plastique, l'hésitation des jeunes à reprendre une activité moins florissante. En 1980, huit ateliers fonctionnaient encore et la foire annuelle de septembre connaissait toujours un beau succès. La municipalité se dit alors que si la foire était capable d'attirer en une seule journée plusieurs milliers de personnes, il fallait trouver le moyen de les faire venir tout au long de l'année. C'est ainsi que naquit en 1990 « La maison du potier ». Stages, ateliers, expositions, conduisent maintenant au fil des mois petits et grands jusqu'au Fuilet, qui compte en 1999 douze potiers et un fabricant de carreaux de céramique.

Le village est bordé par des landes, dont le sous-sol est riche en argile. Les ateliers de poterie se sont installés près de ces terrains. Autrefois, l'argile était extraite à la pioche et à la pelle, maintenant les pelleteuses font le travail. Il faut toujours écraser, puis tamiser l'argile pour en séparer les cailloux, mais là aussi les désagrégateurs et les broyeurs sont arrivés. Le cheval ne tourne plus le rouleau de granit…

Après être passée par les malaxeurs et les mouilleurs-mélangeurs, l'argile arrive après le

« La femme s'attribuait la noblesse du travail comme l'abeille dont l'essaim bout, avec la chaleur de midi, dans les courtils palissadés de plaques de schiste et de lames de granit aux profils de menhirs. »
(Florian Le Roy.)

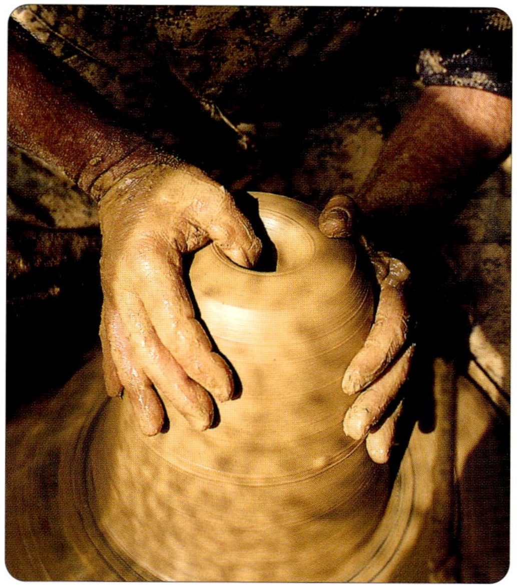

Quelques potiers fabriquent encore leurs pots à la main, sur le tour. Il faut plusieurs années pour devenir potier. Spectacle fascinant : centrer d'abord la boule d'argile, la creuser et élargir le fond. Puis, une main à l'intérieur, l'autre à l'extérieur, «monter» la terre tout en faisant pression avec les deux mains en tirant vers le haut. C'est quasi magique : le pot a pris forme en un temps record, le potier le détache de son support avec un «fil à couper le beurre». C'est bien le nom !

passage à la « boudineuse » prête à l'emploi. Les boules d'argile sont huilées. La presse se met en route et les pots (à fleurs) se fabriquent. Plus de 1 000 à l'heure aujourd'hui, la presse des années 1924/1925 en sortait 400, et le tourneur d'antan quelques dizaines par jour.

Pour le séchage, on récupère la chaleur des fours à gaz dans des séchoirs. Selon leur taille, ils sèchent en un à cinq jours. Ils sont enfournés ensuite dans les fours à gaz où la cuisson, à 980 °C, dure douze heures. C'est la cuisson qui va donner la teinte rouge. Autrefois, on brûlait des « fournilles », ajoncs et petit bois coupés dans les landes. Une échelle permettait aux « cuiseux » de monter surveiller la cuisson par les cheminées. Les fours étaient placés sous la protection de la Vierge Marie, présente dans une niche au-dessus de l'ouverture du four. Le curé venait bénir le four avant la première mise à feu.

Les tuiles dites « tiges de botte » furent fabriquées manuellement jusque dans les années 1930. Les femmes, paraît-il, utilisaient leurs cuisses pour mouler l'argile mouillée afin de lui donner sa forme… Dans le travail de poterie, on confiait aux femmes le perçage du trou au fond du pot ; elles étaient aussi chargées de « l'habillage » : coller anses, boutons, queues, sur les poteries légèrement sèches, avec de la barbotine, poussière d'argile mélangée à l'eau. En plus des pots à fleurs, on fabriquait aussi des « casses » pour cuire fruits, viandes, des « buées » pour aller chercher l'eau au puits, etc. La production était écoulée par la vente directe dans les ateliers, sur les marchés et les grandes foires annuelles de la région et par des grossistes. Les charrettes allaient jusqu'aux bords de la Loire où la marchandise était chargée sur les bateaux vers la Bretagne et la Touraine.

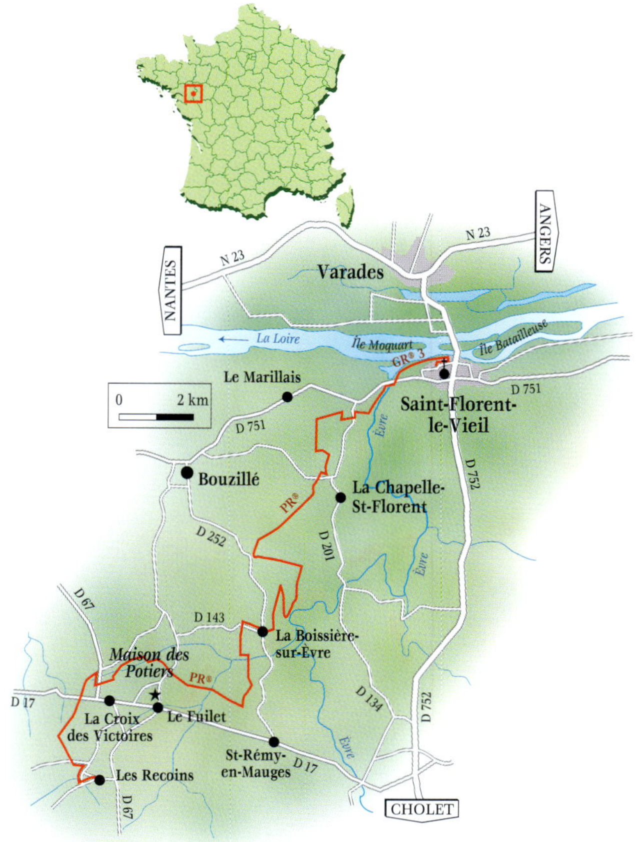

Ce vinaigrier charentais du XVIIIe siècle fait partie de l'impressionnante collection de poteries réunies au musée de la Poterie des hospices de la Madeleine à Saint-Emilion (Gironde) installé dans une immense caverne creusée par des carriers il y a plus de huit siècles. Les poteries racontent la vie quotidienne d'autrefois : cruches de tête pour transporter l'eau, « buires » pour conserver l'huile de noisette, etc. Etonnante cette tuile faîtière permettant aux chats et aux hiboux d'entrer dans le grenier pour chasser les rats ! Le musée est animé par l'Association pour la recherche et la conservation des poteries populaires anciennes.

Les potières de Saint-Jean-la-Poterie

Les archives font état d'un « aveu » de 1420 fixant les droits et les devoirs des « potias » envers le seigneur de Rieux. Chaque ménage devait au seigneur seize sols et deux pots, une personne seule huit sols et un pot payables chaque deuxième jour du mois, devant la chapelle Saint-Jacques. Le corps des potiers devait aussi remettre chaque année une livre de poivre (les épices étaient chères à l'époque). Dans ce bourg morbihannais, près de Redon, pas question de confier le travail de la poterie aux hommes. C'était l'affaire des femmes. Ils aidaient à extraire l'argile, à ramasser les pilles (aiguilles de pin) pour la cuisson, et aussi à vendre la production.
L'extraction de l'argile se faisait à la bêche. Les mottes étaient entreposées sur le « seu », aire de stockage où les intempéries finissaient par donner une certaine souplesse à l'argile, enfin prête pour le tournage. Il fallait auparavant en avoir extrait les « mignons », petits cailloux ou fossiles de coquillages, avec les doigts.
En 1940, quelques vieilles potières continuaient à travailler à Saint-Jean. En 1942, des jeunes vinrent apprendre le métier mais l'époque n'était pas propice… Différentes tentatives de relance furent entreprises, mais en vain… Le passé des « potias » revit à travers la Maison de la Potière et le sentier de découverte.

Des chemins couleur pa

XIVe siècle

la culture du pastel se développe dans l'Albigeois et le Lauragais.

© CDT du Tarn

Le château de Magrin, où est installé le musée du Pastel.

Curieuse cette plante à l'allure de salade dont se couvrent certains champs du Lauragais. Vous donnez votre langue au chat ? C'est du pastel (*Isatis tinctoria*), de la famille des crucifères, dont la culture a repris ces dernières années, après être quasiment tombée dans l'oubli. La plante va garder son aspect de salade la première année. Des tiges (entre deux et cinq) vont poindre au cours de la deuxième année et atteindre jusqu'à plus d'un mètre de haut, tout en se garnissant de feuilles. Puis ce sera la floraison, intense. Les tiges se parent de bouquets de fleurs d'un jaune doux qui vont faire les délices des abeilles avant de muer en petits fruits, les siliques, des toutes petites gousses. La qualité des siliques se détermine suivant leur couleur : violet : c'est bien ; jaune-violet : c'est moyen ; jaune pâle : c'est mauvais.

Le pastel était cultivé dans l'Albigeois et le Lauragais, dans un triangle compris entre Albi, Toulouse et Carcassonne, et considéré comme le meilleur d'Europe. Les feuilles étaient récoltées, puis séchées, en veillant à ce qu'il n'y ait pas trop de fermentation. Passage au moulin ensuite, les feuilles s'écrasaient sous la meule de granit (le Sidobre n'est pas loin) pour devenir une bouillie très fine. La pâte obtenue était alors recouverte d'un mélange d'ail pilé et d'eau, lui assurant ainsi un traitement efficace contre l'atteinte éventuelle des vers. Trois semaines après commençait la fabrication des coques ou cocagnes. C'est à la main que se façonnaient les coques, petites boules de taille variable, placées ensuite sur des séchoirs où elles allaient durcir. C'était le travail du « manouvrier ». Une fois bien dures, les coques étaient broyées au moulin, puis remouillées à l'eau à laquelle on ajoutait de… l'urine. Quatre mois allaient encore s'écouler au cours desquels on prenait soin de cette pâte verdâtre et visqueuse, car c'était là que le pastel « prenait sa force ». On obtenait « l'agranat », qui allait donner ce bleu magique. Séché et concassé, l'agranat était emballé dans des balles de toile, prêt à être acheminé vers les lieux de vente.

La capitale du pastel fut d'abord Albi, puis Toulouse. L'agranat était transporté sur des charrettes tirées par des attelages de bœufs. Imaginez le nombre de convois sur les routes en juillet et août, quand la production annuelle, qui pouvait atteindre trente à quarante mille tonnes,

Coque ou cocagne.

stel

Siliques et graines de pastel.

© Jacques Batigne

Lectoure à la conquête de l'or bleu

Il était une fois… Ainsi pourrait commencer l'histoire que vivent à Lectoure Henri et Denise Lambert, venus de Belgique en 1994. Tout a débuté par l'achat à Lectoure, dans le Gers, d'une ancienne tannerie, comprenant un bâtiment qui fut un hospice sur la route de Compostelle… Le bleu des volets les intrigue. D'où vient-il ce « bleu intense qui avait résisté au temps » ? Leurs recherches les conduisent jusqu'au musée du Pastel au château de Magrin où ils découvrent l'origine de la couleur. C'est le déclic pour le jeune couple qui souhaitait ouvrir « un atelier d'artistes avec une activité de fabrication ». Ils se lancent avec un bel enthousiasme dans l'aventure du pastel. Henri Lambert continue à respecter le processus de fabrication traditionnel, sauf pour la fermentation, pour laquelle il utilise un procédé qui l'active. Le succès de l'entreprise (« Bleus de pastel de Lectoure ») va conduire Henri et Denise à augmenter leur surface de culture. Une collaboration s'est instaurée avec une coopérative locale. La haute couture a été séduite par leurs productions. Le magasin attenant à l'atelier propose des produits pour les beaux-arts et la décoration, ainsi que des textiles où le bleu est roi bien sûr. Des stages sont organisés pour ceux que l'aventure du pastel tenterait.

arrivait sur la Ville rose. Elle doit au commerce du pastel ses beaux hôtels Renaissance. De Toulouse, les négociants organisaient la vente vers les provinces et les pays d'Europe, utilisant voies terrestres, fluviales et maritimes.

L'âge d'or du pastel dura jusqu'au milieu du XVIe siècle. Les navires partent pour des expéditions lointaines, doublant le cap de Bonne-Espérance. Des Indes ils vont rapporter une nouvelle plante : l'indigo (*Indigofera tinctoria*), de la famille des légumineuses, d'un rendement bien supérieur, et d'un prix de revient nettement moins élevé. Le pastel a connu ses heures de gloire et les nombreuses tentatives qui seront faites pour le maintenir ne pourront enrayer son déclin. Quelques champs pastelliers subsistaient encore à la fin du XIXe siècle.

Il y a une quinzaine d'années, quelques passionnés eurent envie de faire revivre le pastel. C'est ainsi qu'une « Route historique du circuit du pastel au pays de Cocagne » a été mise en place par la Caisse nationale des monuments historiques et des sites, qu'un musée du Pastel a été installé au château de Magrin et que la culture a été relancée. Et ce renouveau a touché tous les milieux : agricoles bien sûr, industriels, touristiques, universitaires (une première thèse sur le pastel a été soutenue à l'Ecole nationale de chimie de Toulouse), pharmaceutiques (les graines sont utilisées pour la fabrication de produits cosmétiques). Le pastel n'a pas dit son dernier mot.

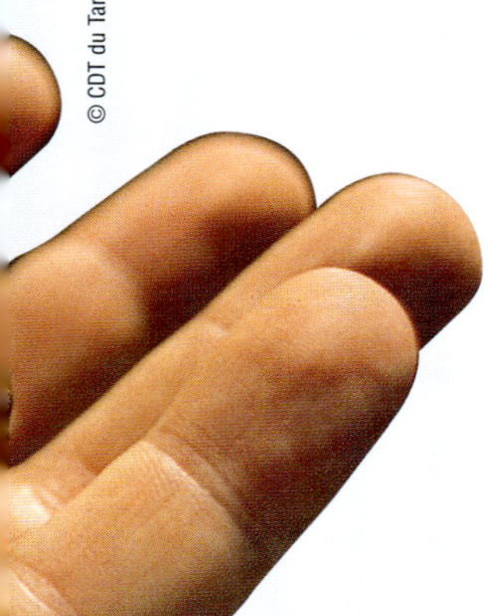

© CDT du Tarn

Un sentier pastel au bord du Tarn : c'est une initiative prise par la Ville d'Albi qui n'a pas oublié qu'elle fut la première capitale du commerce international du pastel, l'or bleu. Les hôtels particuliers de la vieille ville témoignent de ce passé florissant. Un parcours botanique a été réalisé avec, à l'appui, des panneaux informatifs sur la plante, son exploitation et le commerce qu'elle a engendré. Un itinéraire en boucle inclut la cathédrale Sainte-Cécile, le musée Toulouse-Lautrec, et aussi la possibilité d'embarquer pour une promenade fluviale en gabare.

Henri Lambert, devenu maître dans l'art du pastel.

© Tim Clinch

Le tour de France des

1420

ordonnance du roi Charles IV à l'intention des cordonniers de la ville de Troyes : « plusieurs compaignons et ouvriers du dit mestier, de plusieurs langues et nations alloient et venoient de ville en ville ouvrer pour apprendre, congnoistre, veoir et savoir les uns des autres. » De ville en ville, allusion au tour de France...

Chemin de fer ou rabotin.

C'est de la construction du Temple de Jérusalem que seraient issus les compagnons, leurs fondateurs étant le roi Salomon, maître Jacques et le père Soubise.

D'après les documents d'archives, le compagnonnage existe depuis le XVe siècle, mais il est probable que les premières sociétés apparurent à la fin du Moyen Age. Les tailleurs de pierre et les charpentiers auraient été les premiers à s'être ainsi organisés, suivis par les menuisiers et les serruriers. Jusqu'à la moitié du XXe siècle, le compagnonnage fut organisé en trois Devoirs : les compagnons du Devoir, les compagnons du Devoir de Liberté et les compagnons des Devoirs Unis. La société a évolué et avec elle l'organisation du compagnonnage. Les Devoirs se sont transformés en Association ouvrière des compagnons du Devoir, Fédération compagnonnique des métiers du bâtiment et Union compagnonnique des devoirs unis.

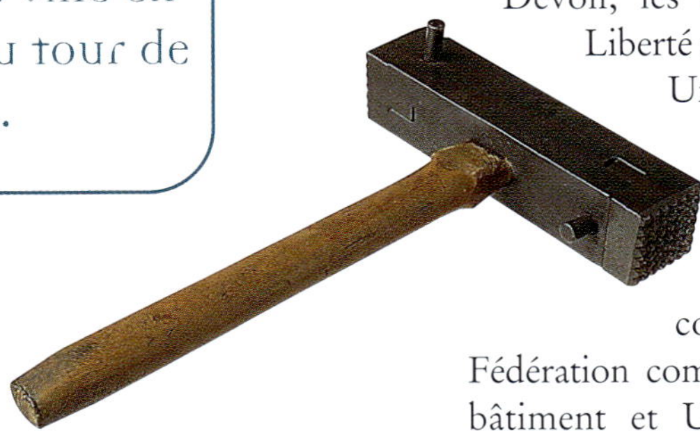

La boucharde du tailleur de pierre.

Quels itinéraires suivaient-ils pour leur tour de France ? En général, l'axe des grands fleuves selon le tracé Orléans-Tours-Nantes-Bordeaux-Toulouse-Marseille-Lyon-Paris. Suivant les métiers, il y avait des villes incontournables. Les tonneliers allaient vers les villes où il y avait des vignes, comme Cognac et Beaune. Les cordiers allaient vers les ports : Toulon, Rochefort, La Rochelle… alors que Lyon, Saint-Etienne, Elbeuf… voyaient arriver les tisseurs-ferrandiniers (du nom de « ferrandine », étoffe à chaîne de soie et trame de laine inventée par un Lyonnais, Ferrand, au XVIIe siècle), etc. Il fallait aussi choisir une ville où l'on était sûr trouver de l'embauche.

Un tour de France – appelé « trimard » ou « brillant » – pouvait durer entre deux et dix ans. Le compagnon était porteur d'une feuille remise lors de son « adoption », sur laquelle, au fur et à mesure de ses étapes, il devait faire apposer les cachets ou signatures attestant de son passage dans la ville. C'est à pied bien sûr qu'il se rendait d'une ville à l'autre. Comme un pèlerin allant vers Compostelle, il portait un bâton sur l'épaule sur lequel il accrochait son baluchon, la « malle à quatre nœuds », et aussi une gourde. Afin d'éviter toute mésaventure en chemin, comme les pèlerins, les compagnons voyageaient souvent par deux ou trois.

Tout comme le randonneur a besoin d'un gîte d'étape, le compagnon avait besoin de trouver un lieu d'accueil. Il s'agissait le plus souvent d'une auberge ou d'un hôtel-restaurant, tenu par « la mère », souvent épouse d'un compagnon, qui prenait le nom de « père ». Avant d'accéder à la fonction de « mère » on était d'abord « dame-hôtesse » (c'est toujours ainsi). La mère a toujours été très respectée, remplaçant un peu celle qu'on a quittée. L'établissement était le siège de la société où se retrouvaient les compagnons. Il avait pour nom « cayenne » mais certaines sociétés l'appelaient « chambre ».

Un chef-d'œuvre de compagnon sabotier. Superbe, mais pas adapté pour un randonneur !

Agricol Perdiguier

Agricol Perdiguier s'attira la sympathie de personnalités du monde politique et littéraire : Victor Hugo, Lamartine, Michelet, Arago, George Sand, à qui il va inspirer son roman « Le compagnon du tour de France ». Elle lui écrit en 1840 : « Je suis très occupée d'un roman qui est plus d'à moitié fait et qui sera lu, je l'espère, un peu, sur le tour de France. C'est votre livre qui l'a inspiré et, s'il y a quelque poésie et quelque bon principe, l'honneur vous en revient […] Il faut que ce que l'on appelle les gens du monde sachent qu'il y a de plus grandes idées et de plus grands sentiments dans les ateliers que dans les salons. »

Les sociétés compagnonniques tiennent George Sand en grande estime et certaines l'ont honorée du titre de « mère d'honneur ».

compagnons

La société comprenait deux autres personnages d'importance : le Premier en ville, élu chaque année ou pour trois ans. Suivant les corps de métiers, il était appelé aussi « capitaine » ou « premier compagnon ». Second personnage : le rouleur, à qui il revenait d'inscrire sur le registre le nom des arrivants, de les placer et de présider aux cérémonies. Le départ d'un compagnon était toujours un moment solennel. Le rouleur portait sa canne tout enrubannée, chacun avait revêtu son plus beau costume et sorti gants blancs et chapeau haut-de-forme. Le rouleur accompagnait le compagnon jusqu'à la sortie de la ville.

Voici notre compagnon parti vers une autre cayenne. Rêvait-il en chemin du chef-d'œuvre qu'il devrait réaliser un jour ? Si l'œuvre et les qualités morales de son auteur l'en rendaient digne, le compagnon était reçu au cours d'une cérémonie lors de laquelle il recevait sa canne, ses couleurs, et adoptait un surnom, comprenant le nom d'une ville ou d'une province :

Pierre le Languedoc, Narbonne l'enfant du progrès, Marche à terre l'Agenais, Pierre le Saintonge, Joli cœur de Salernes, Vendôme la clé des cœurs…

Lorsqu'il se déplaçait, le compagnon préférait mettre ses rubans de soie dans un étui plutôt que de les arborer autour de son chapeau. Il fallait les préserver des intempéries, mais surtout éviter de montrer à quel Devoir on appartenait. L'entente ne régnait pas toujours entre les différents Devoirs. Ce fut Agricol Perdiguier, dit Avignonnais la Vertu, qui dénonça et essaya de mettre bon ordre à cet état d'esprit.

Le XXIe siècle arrive et avec lui une progression de ceux qui rejoignent les différentes familles de compagnons. L'Europe s'y est mise aussi avec la création d'une confédération des compagnonnages européens. Le tour de France sera-t-il complété par un tour d'Europe ? Pays, coteries et gavots continueront à faire de la belle ouvrage. Certains compagnons ont encore à cœur de faire certaines de leurs étapes à pied. La tradition ne veut pas mourir.

Marque de compagnon.

Règlement des couvreurs, Tours 1838. Peinture d'Auguste Lemoine.

Traces vaudoises en

18 avril 1545

le Luberon ruisselait de soleil ce jour-là… pourtant la persécution s'abattit de village en village.

Rando en boucle de 18 km (6 h 30) au départ de Mérindol (18 km à l'est de Cavaillon).
Topo-guide FFRP Le parc naturel régional du Luberon à pied, réf. PN01.

Qui étaient les vaudois ? Les disciples de Pierre Valdès, riche marchand lyonnais qui, vers 1162, traversa une crise de conscience après avoir entendu un ménestrel chanter la complainte de saint Alexis. Il en vint lui aussi à s'interroger sur la façon dont il pourrait se rapprocher de Dieu. Un ami théologien lui rappela ce qu'avait dit Jésus (Evangile selon saint Matthieu) au jeune homme riche : « Si tu veux être parfait, va, vends ce que tu possèdes, donne-le aux pauvres et tu auras un trésor dans les cieux, puis viens et suis-moi. » C'est ce que fit Pierre Valdès, donnant une partie de ses biens à son épouse et ses deux filles et distribuant le reste aux pauvres.

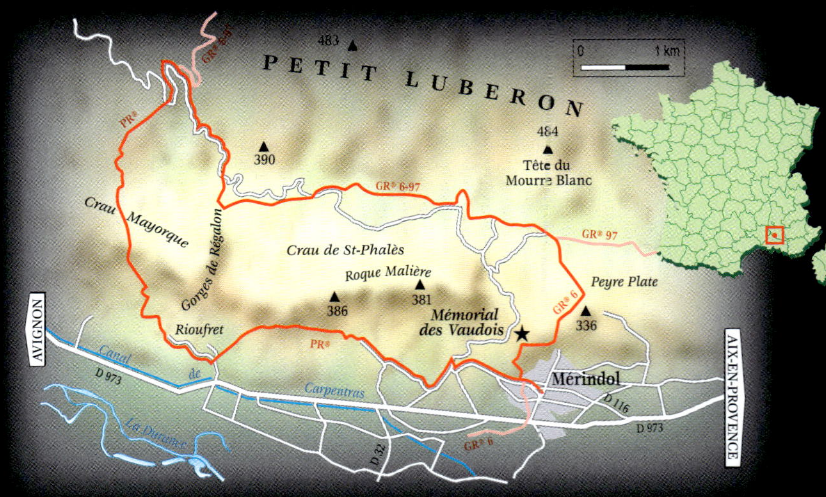

Commença alors pour lui une vie de pauvreté et de prêche de l'Évangile en langue populaire (il s'était fait traduire les Ecritures). Mais les « pauvres de Lyon », ainsi qu'ils s'appelaient entre eux, indisposèrent l'épiscopat lyonnais puis l'Eglise de Rome. Le droit de prédication leur était refusé et en 1184, lors du concile de Vérone, le pape condamna les pauvres de Lyon à l'excommunication. On les appela valdenses, vaudois et ils furent traités comme des hérétiques.

Pierre Valdès avait fait beaucoup d'adeptes et son mouvement se répandit en Bohême, Autriche, Italie. Persécutés, beaucoup de vaudois se réfugièrent dans le Piémont en Italie et, en France, dans le Dauphiné et le Briançonnais. Ils y vivaient dans des conditions difficiles. Vers le milieu du XVe siècle, beaucoup quitteront les Alpes pour descendre en Provence et dans le Luberon en particulier, devenu une terre de désolation à la suite des épidémies de peste et des pillages des routiers. Les seigneurs et les établissements religieux souhaitaient redonner vie et richesse au pays. Ils firent appel aux vaudois qui avaient une réputation de solides travailleurs.

Leurs pasteurs, appelés « barbes », circulaient toujours deux par deux : un ancien et un jeune qui apprenait. Ils habitaient des bastides à l'écart des villages où ils se réunissaient le soir pour lire l'évangile, car ils n'avaient pas d'église. La vie aurait pu continuer ainsi. C'était sans compter avec l'arrivée à Apt, vers 1530, du dominicain Jean de Roma, inquisiteur chargé de mener combat contre les hérétiques. L'Eglise était inquiète de la propagation de la Réforme en France. Ce ne sont pas des luthériens qu'il trouva dans le Luberon, mais des vaudois. Les évènements vont s'enchaîner. En 1540, le parlement d'Aix prononça l'arrêt dit de Mérindol : le village et les autres localités touchées par l'hérésie devaient être rasés et les chefs de famille brûlés vifs. Les vaudois réussirent à en faire retarder l'exécution dont l'autorisation devait être

La grotte de la Barigoule, où se réfugièrent les Vaudois.

Luberon

donnée par François Ier. Mais en 1543 survint un changement de présidence au parlement d'Aix, avec l'élection de Jean Meynier, baron d'Oppède, qui vit là un moyen de récupérer des terres. L'autorisation du roi fut finalement obtenue. C'est sous la conduite du capitaine Polin que les troupes commencèrent leur sinistre tâche.

Ce fut un jour de printemps, le 18 avril 1545, que cinq villages furent mis à feu et à sang : Cabrierette, Cabrières-d'Aigues, Peypin, La Motte et Saint-Martin-de-la-Brasque. Puis ce sera Mérindol où les femmes et les enfants s'étaient réfugiés dans l'église. Un mémorial témoigne aujourd'hui… Et deux jours plus tard, ce sera le tour de Cabrières-d'Avignon, pays d'Eustache Marron, chef de la résistance vaudoise. Le massacre y sera encore plus atroce qu'à Mérindol. La liste n'est pas close. Les villages de Villelaure, Lourmarin, La Roque-d'Anthéron, Lacoste, Sivergues, Murs seront aussi touchés.

En septembre 1545, la sagesse royale se manifesta par une déclaration graciant tous les hérétiques de Provence et les autorisant à revenir chez eux. Il en restait peu chez ceux envoyés aux galères et les rares qui avaient pu échapper au massacre s'en étaient allés vers le Piémont. Le combat des vaudois n'était pas terminé. Ils seront encore l'objet de persécutions. C'est en 1806 que Napoléon décidera le rattachement des églises vaudoises à l'Eglise réformée de France.

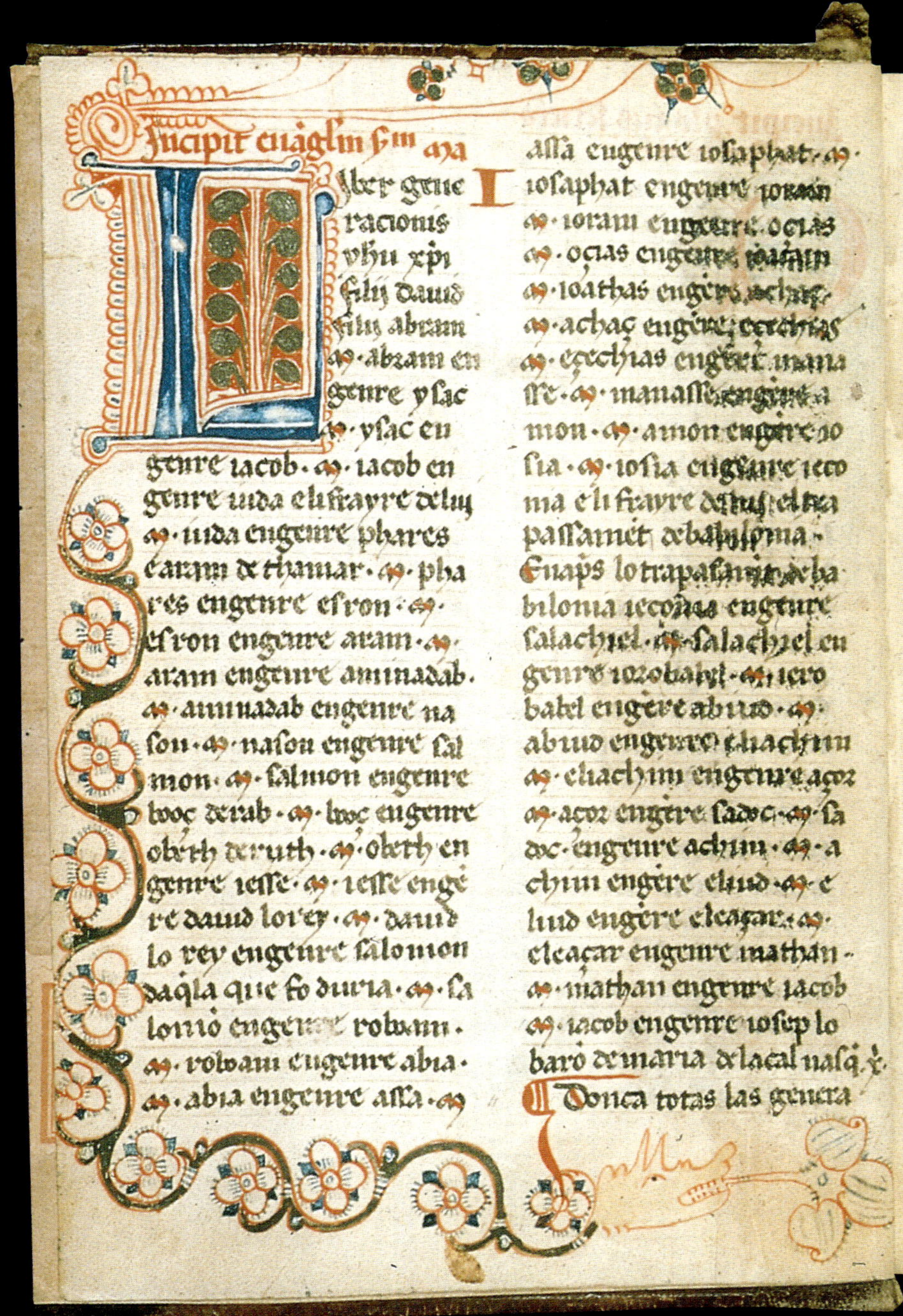

Incipit euāgliu s̄m ma
Liber gene
racionis
yhu xpi
filij dauid
filij abraam
abraam en
genre ysac
ysac en
genre iacob . iacob en
genre iuda e li fraire de lui
iuda engenre phares
e zaram de thamar . pha
res engenre esron .
esron engenre aram .
aram engenre aminadab .
aminadab engenre na
son . nason engenre sal
mon . salmon engenre
booz de rab . booz engenre
obeth de ruth . obeth en
genre iesse . iesse enge
re dauid lo rey . dauid
lo rey engenre salomon
dagla que fo duria . sa
lomo engenre roboam .
roboam engenre abia .
abia engenre assa .
assa engenre iosaphat .
iosaphat engenre ioram
ioram engenre ocias
ocias engenre ioathan
ioathas engenre achaz
achaz engenre ezechias
ezechias engenre mana
sse . manasses engenre a
mon . amon engenre io
sia . iosia engenre ieco
nia e li fraire de lui el tra
passament de babilonia .
E apres lo trapassament de ba
bilonia iechonias engenre
salathiel . salathiel en
genre zorobabel . zoro
babel engenre abiud .
abiud engenre eliachim
eliachim engenre azor
azor engenre sadoc . sa
doc engenre achim . a
chim engenre eliud . e
liud engenre eleazar .
eleazar engenre mathan .
mathan engenre iacob
iacob engenre iosep lo
baro de maria de la cal nasq ihu
Donca totas las genera

Extrait de la Bible des Vaudois

c'était un jour d'avril,
le mois où la campagne provençale commence à ronronner doucement sous le soleil. Les arbres des vergers croulaient sous leurs larges ombrelles de fleurs. La montagne du Luberon veillait sur le renouveau de la nature. Les chemins fleuraient bon le romarin et la farigoule. Tout était vie et harmonie dans ces villages où les vaudois furent l'objet d'une sanglante extermination.

Sur les pas d'Henri IV en

14 décembre 1553

Un bébé vient de naître au château de Pau. Son berceau ? Une carapace de tortue. C'est le futur Henri IV. Il aimait les grandes chevauchées à travers la campagne...

Grand-père du nourrisson, le roi Henri d'Albret s'en empare et l'emporte dans sa chambre. Là, il lui frotte les lèvres avec une gousse d'ail et lui fait respirer une coupe de vin de Jurançon. Le bébé hoche la tête et son grand-père de s'exclamer : « Tu seras un vrai Béarnais ! » Ainsi fut accueilli en ce monde le futur roi Henri IV.

Jeanne d'Albret ne pouvant nourrir son fils, il faudra huit nourrices successives au jeune affamé. Sa petite enfance ressemblera à celle d'un petit paysan. Il court la campagne, se bagarre, même si cela lui vaut des coups de fouet au retour. Il se nourrit de fromage, de pain bis et de soupe à l'ail. Il devient prince puis roi de Navarre. Le 18 août 1572 il épouse Marguerite de Valois, fille de Catherine de Médicis et d'Henri II. Les querelles religieuses s'amplifient et il faut trouver un équilibre entre catholiques et protestants. Les deux époux finissent par s'installer à Nérac le 7 août 1579. Le château de Nérac vient de quatre générations de ses ancêtres. Henri d'Albret y a créé le Jardin du Roi, un lieu plein de délices. Un pont unit ce jardin au parc de la Garenne. Le roi de Navarre y est venu pour de courts séjours, notamment pour chasser et rendre visite aux seigneurs des alentours.

Il faisait bon vivre à Nérac pour Henri IV.

Dans ses « Mémoires », Marguerite évoque les quelques années passées à Nérac comme les plus heureuses de sa vie. Des réparations sont entreprises au château dont les appartements se remplissent de beaux meubles, et même d'ustensiles de toilette (dont un « urinal » d'argent). Le roi apporte même un soin inhabituel à sa toilette. Voulait-il chasser « cette

Le château de Barbaste : le bon roi Henri aimait y séjourner.

val d'Albret

fascheuse senteur de l'aile* et du pied » dont se plaignait son épouse ? Les comptes indiquent « l'achat d'or pour aurifier les dents du roy ». On y fait aussi bonne chère. De Guyenne et de Gascogne arrivent les meilleurs produits. Cette tradition de bonne chère ne s'est heureusement pas perdue ! Nul doute que ces moments passés à Nérac étaient pour le roi des haltes appréciées. Il en profitait bien sûr pour y faire de nouvelles conquêtes. Mais ceci est une autre histoire. Contentons-nous de dire que son surnom de « Vert Galant » n'était pas usurpé ! Nérac fut un rendez-vous prisé : Agrippa d'Aubigné, Montaigne, Calvin, Sully, etc., y séjournèrent.

Du château ne subsistent qu'une tourelle et une aile où court une élégante galerie. La reine aimait sans doute s'y promener les soirs d'été… Le port est toujours près du Pont-Vieux. Les bateaux de plaisance ont remplacé ceux des bateliers. Quelle animation jadis ! De là partaient les balles de tabac, les bouchons de liège (un musée du Liège et du Bouchon se visite à Mézin), la farine et bien sûr les tonneaux de vin de Buzet.

Le Lot-et-Garonne se dit le pays de l'aventure douce. Douce aussi y est l'atmosphère au cœur des diverses bastides où il fait bon flâner sous les arcades par les chaudes journées estivales. Le souvenir du bon roi Henri est encore présent au château de Barbaste en surplomb de la Gélise. Ses quatre tours, chacune d'une hauteur différente, auraient été construites, dit la légende, en souvenir des quatre filles du meunier. Henri IV aimait à y prendre comme son père le surnom de « Moulinié de Barbaste ». Les dix arches du pont roman enjambent la rivière. De nombreux châteaux aussi, disséminés dans la campagne et un patrimoine rural riche de moulins, lavoirs et pigeonniers.

* Orthographe de l'époque pour désigner l'ail.

®

Rando de 150 km (fractionnables).
Avec cet itinéraire les randonneurs retrouvent les sites qui ont charmé autrefois le roi. Un chemin au pied d'un coteau abrupt dans la vallée de l'Osse porte son nom. Il l'empruntait lorsqu'il se rendait à Pau. Il existe aussi un chemin Henri IV entre Pau et Lourdes praticable à pied, à cheval ou à VTT.

Henri IV demeure un des rois les plus populaires de l'histoire de France.

Vergers de pruniers en fleur.

Les pruneaux

Pourquoi l'appellation « pruneaux d'Agen » alors que leur culture se fait plutôt dans la vallée du Lot, entre Aiguillon et Villeneuve ? Certainement parce que les caisses qui les transportaient autrefois par voie d'eau jusqu'à Bordeaux portaient les inscriptions « pruneaux » et « Agen ». L'appellation « pruneaux d'Agen » est réservée à ceux provenant de la prune dite « prune d'ente ». Le Lot-et-Garonne arrive largement en tête des départements producteurs.
Le pruneau ajoute à ses vertus laxatives celle d'être énergétique (fer, potassium, vitamine B). Idéal pour les « petits creux » du randonneur !

Les routes galantes d'Ile-

22 juin 1659

un carrosse emmène le premier amour de Louis XIV vers La Rochelle. Le cardinal Mazarin interdit l'amour de sa nièce Marie Mancini pour le jeune roi. Un premier amour qui devait être suivi de bien d'autres... abritées dans les belles demeures d'Ile-de-France.

© Bruno Barbier

Un endroit propice pour des promenades galantes…

Versailles : c'est le premier nom qui jaillit, accompagné de celui de Louis XIV. Mais avant d'y être dans toute sa magnificence, Louis XIV fut un jeune adolescent touché par un premier amour. Il eut pour nom Marie Mancini. C'était la nièce de Mazarin.

Anne d'Autriche et Mazarin ne voyaient pas l'idylle d'un très bon œil. On décida d'éloigner Marie. Le jeune Louis ne put retenir ses larmes et Marie lui aurait dit : « Ah, sire, vous êtes roi et je pars ! » Racine s'en inspira plus tard dans « Bérénice ». Pendant que Marie pleurait dans le carrosse, Louis partit chasser à Chantilly, essayant de trouver un dérivatif à sa peine. Marie s'installa d'abord à La Rochelle, puis à Brouage dont elle trouvait l'isolement adapté à son chagrin.

On connaît la suite, Louis XIV épousa l'infante d'Espagne Marie-Thérèse et Marie le prince Colonna.

Marie-Thérèse : épouse royale certes, mais dont la vie ne fut pas facile… « Timide, naïve, toujours amoureuse d'un époux qui la trompait sans cesse, elle n'était pas sotte : il

La rivière du Roi-Soleil

Les grandes eaux de Versailles font toujours l'admiration des visiteurs qui se pressent, nombreux, pour assister au spectacle. C'est véritablement un spectacle derrière lequel se cache la belle histoire d'un chef-d'œuvre hydraulique : la rivière royale. Peut-on reprocher au souverain cette idée somptuaire ? Elle permit en effet de faire avancer la technique hydraulique dont les principes sont toujours d'actualité. Tous les grands hommes de l'époque furent mobilisés autour du projet : Colbert, Louvois, Vauban. C'est à ce dernier que l'on doit le réseau dit « des étangs supérieurs ». C'est le long de ce réseau des étangs supérieurs qu'a été aménagé, à l'initiative du Syndicat mixte d'aménagement et de gestion des étangs et rigoles, un itinéraire de randonnée entre Rambouillet et Le Mesnil-Saint-Denis, à l'étang des Noës. La « Grande randonnée des étangs et rigoles du pays d'Yveline » propose un parcours de 30 km, accessible de différentes gares, et praticable par les randonneurs pédestres et vététistes.

Documentation : brochure « La Rivière du Roi-Soleil », Ardea Editions, 1998.

© Bruno Barbier

Le Temple de l'Amour à Versailles.

lui fallut beaucoup de vertu, certes, mais aussi du sang-froid et de l'intelligence pour faire contre mauvaise fortune bonne figure, vingt-deux années durant, tantôt négligée pour des belles, tantôt obligée de les côtoyer sans perdre le sourire*. » Elles furent nombreuses ces « belles » : Louise de La Vallière, Mme de Montespan, Mme de Ludres, Mlle de Fontanges, Françoise d'Aubigné, veuve Scarron, la future marquise de Maintenon, qu'il épousera secrètement…

C'est à Saint-Germain que commença véritablement la liaison entre Louis XIV et Mme de Maintenon. Elle était allée chercher un peu de fraîcheur dans le parc, après une mauvaise nuit. Assise au bord de la fontaine d'une des grottes du parc, elle entendit une voix lui murmurer :

« Auprès de cette grotte sombre
Où l'on respire un air si doux
L'onde lutte avec les cailloux
*Et la lumière avec/que l'ombre**. »*

C'était le roi. Il la vit trembler après quelques minutes de conversation : « Il enleva sa cape et m'en enveloppa. Cela fait, il laissa ses mains sur mes épaules. Je sus en cet instant que j'étais perdue et que, sans

de-france

doute, je l'avais bien voulu. Une dernière fois, je détournai mon regard pour le porter vers la fontaine avant que de couler tout à fait ; puis je fermai les paupières, peut-être dans cette créance qu'ont les enfants qu'en fermant les yeux ils se rendent invisibles**. »

Louis XIV qui avait acheté le château de Maintenon, le lui offrit… Elle y vint même avec Mme de Montespan. La cohabitation était coutumière chez les femmes qui se partageaient les faveurs du souverain : « Il faisait fort joli à Maintenon et Mme de Montespan en fut charmée ; je l'eusse été moi-même sans ses incessantes agitations, auxquelles je crus ne pas résister ; elle sautait de caprices en contrordres, écrivait du matin au soir et, en se couchant, déchirait tout ; elle se promenait la nuit et s'abreuvait tout le jour de vinaigre et d'inquiétude**. »

Louis XIV eut un jour l'envie de s'isoler un peu de la Cour et décida de s'installer à Marly. Toutes ses dépenses n'étaient pas du goût de Colbert et favorisaient l'ironie de Saint-Simon : « Il aima en tout la splendeur, la magnificence, la profusion. Ce goût, il le tourna en maximes par politique, et l'inspira en tout à sa cour. » Parmi les demeures royales qu'affectionnait Louis XIV il y avait aussi Fontainebleau. Il aimait beaucoup chasser et l'antique forêt de Bière constituait un territoire tout approprié. La Cour était un peu nomade et se déplaçait d'un château à l'autre : Saint-Germain-en-Laye (le roi y est né), Vincennes…

** François Bluche, « Louis XIV », Fayard, 1986.*
*** Françoise Chandernagor, « L'Allée du roi », Julliard, 1981.*

® Topo-guides FFRP Les Yvelines à pied, réf. D078 et Les environs de Paris à pied, réf. RE01.

Louis XIV suivi du Grand Dauphin passant à cheval devant la grotte de Thétys à Versailles, avec Madame de Montespan, Mme de Maintenon… (école française du XVIIe siècle).

Le canal du Midi, chemin

octobre 1666

par l'édit de Saint-Germain-en-Laye le roi ordonne que soit « incessamment procédé à la construction du canal de navigation et communication des deux mers Océane et Méditerranée ».

Réunir l'Atlantique à la Méditerranée par un canal : un rêve qui a habité bien des esprits. Charlemagne, François Ier, Henri IV y avaient pensé. Louis XIII ne voulut pas être en reste et sous son règne un nommé Bernard d'Arribat vint proposer son projet aux états du Languedoc. Ses propositions furent finalement rejetées, le 3 mai 1618 à Béziers. Parmi ceux qui avaient pris part aux débats Guillaume Riquet, père de Pierre-Paul, alors tout juste âgé de neuf ans. Entendit-il son père raconter les débats autour du vaste projet ? Toujours est-il que ce fut lui qui devait faire bien plus tard à Colbert les propositions les plus concrètes pour la réalisation du « Canal royal de Languedoc ».

© Collection Gilles Jérôme

Le pont-canal à Béziers.

Richelieu ordonna donc en 1632 de reprendre l'étude du projet, mais on se heurtait toujours à l'alimentation en eau. Pierre-Paul Riquet va bientôt entrer en scène. Il a commencé sa carrière comme sous-fermier des gabelles. Il s'installe d'abord à Revel et parcourt inlassablement la Montagne Noire en compagnie d'un fontainier de cette bastide, Pierre Campmas. Au cours de leurs randonnées, il observe, note, relève le débit des eaux, les dénivelés des pentes. Cette montagne est un véritable château d'eau naturel. Comment rassembler toutes ces eaux et les conduire vers le lieu idéal de partage ? Une de ses randonnées le conduit un jour au seuil de Naurouze. Et c'est l'étincelle ! Il est là le point de partage qu'il cherche !

Il est devenu entre-temps fermier général des gabelles en 1660 pour le Languedoc-Roussillon et la Cerdagne et a acquis le château de Bonrepos près de Toulouse. Il y construit une « maquette » pour tester son projet, dont il va parler à un ami, archevêque de Toulouse, et qu'il emmène avec lui dans la Montagne Noire. Enthousiasmé, le prélat l'invite à parler de son projet à Colbert, ce qu'il fait par lettre le 15 novembre 1662. Colbert est séduit à son tour. Les commissaires royaux examinent les plans, des experts viennent sur place. En novembre 1665, la commission donne un avis favorable. En octobre 1666, c'est l'édit de Saint-Germain-en-Laye. Un arrêt du conseil des finances déclare P.-P. Riquet adjudicataire des travaux.

Le rêve d'un jeune enfant va devenir réalité. La tâche ne l'effraie pas : il est organisé, entreprenant, dur à l'ouvrage. Les ateliers s'organisent. De 1 000 hommes au départ on passera quelquefois à 12 000. Où recrute-t-il ? Parmi les travailleurs agricoles et aussi les artisans et ouvriers qualifiés et même jusque dans la capitale. La troupe lui apportera des renforts par deux fois.

Une nouvelle vocation

Les rives du canal sont aujourd'hui fort prisées par les randonneurs à pied et à bicyclette. Les ouvrages réalisés sur le canal ne manquent pas de surprendre par leur beauté sévère et leur harmonie : écluses (dont celle, octuple, à Fonsérannes) ponts-canaux, aqueducs, etc. La géographie se lit au long des berges : paysages du Lauragais, vignobles joyeusement animés au temps des vendanges, cités historiques comme Toulouse, Carcassonne, Le Sommail, où les « barques de poste » qui transportaient les voyageurs s'arrêtaient pour « la dînée », Narbonne, Bézlers, Agde, Sète. Construit au départ pour le transport des marchandises, il a maintenant pour vocation le tourisme fluvial et l'irrigation des terres de culture. Ce sont les Voies navigables de France qui veillent sur les équipements et les hommes qui y travaillent.

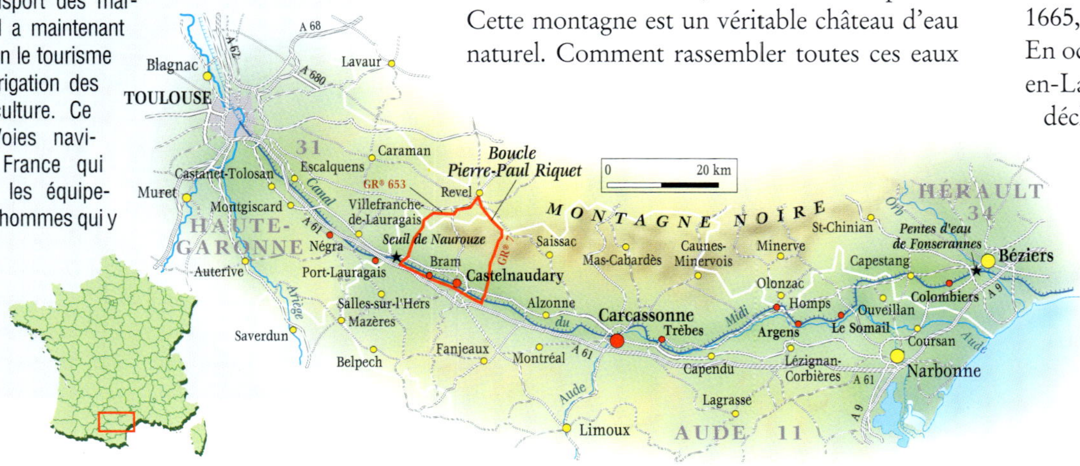

d'eau occitan

Pierre-Paul Riquet (Saint-Ferréol, stèle du tricentenaire de la mort de Pierre-Paul Riquet).

© Jacques Batigne

Les travaux avancent : au mois de février 1667, pose de la première pierre du barrage-réservoir de Saint-Ferréol. En mai 1668 le canal est ouvert entre Toulouse et Naurouze, la mise en eau a lieu en 1670. En 1672, trois fois par semaine, on peut naviguer entre Toulouse et Naurouze. Les travaux en direction de Sète ont été entrepris. Mais Riquet a de graves soucis financiers. Il emprunte pour payer les ouvriers. Les travaux ont coûté beaucoup plus que prévu et l'Etat ne règle qu'irrégulièrement ce qu'il doit. Il informe Colbert de sa situation. Tout en demandant aux états du Languedoc d'accorder leur crédit à Riquet, Colbert dépêche un ingénieur du roi pour soi-disant l'aider. Il s'agit en fait de le contrôler. Mais rien n'arrête Riquet qui va jusqu'à vendre la plus grande partie de ses biens et priver ses filles de dot. Il est de plus en butte à la jalousie et au mauvais esprit de certains. Sa santé s'altère et il meurt le 1er octobre 1680, sans avoir vu l'achèvement de son œuvre. Il ne restait qu'une lieue de terrain à creuser… C'est son fils aîné Jean-Mathias qui achèvera les travaux. Le canal fut complètement mis en eau au mois de mai 1681.

Sous la direction de Vauban certains travaux furent ensuite entrepris, notamment pour l'écoulement des eaux en période de crues, comme l'épanchoir de l'Argent-Double. De la belle ouvrage ! Au seuil de Naurouze, là où se trouve le bief de partage des eaux (appelé aussi seuil du Lauragais ou « détroit des plaines »), un obélisque a été érigé en 1825 à la mémoire de Riquet.

Le canal du Midi a été classé en 1996 au patrimoine mondial de l'humanité par l'UNESCO. Un bien bel hommage posthume pour son créateur.

®

Pour la commémoration du tricentaire de la mort de Pierre-Paul Riquet, un itinéraire de randonnée, « La boucle Pierre-Paul Riquet » (83 km), a été amenagé au départ de Revel Saint-Ferréol. Elle est rattachée au GR® 7 à partir des Cammazes. Topo-guide FFRP Traversée du Haut-Languedoc (dont la Montagne Noire), réf. 716.

© Bruno Barbier

Béziers compose un décor de choix au canal.

Les chasse-marée au grand

26 avril
1671
Vatel, le maître d'hôtel du prince de Condé, attend l'arrivée des poissons que doivent apporter les chasse-marée depuis les ports de la Manche. Ils tardent… Vatel se juge déshonoré et se donne la mort…

® Itinéraire de 80 km, entre Dieppe et Rouen. Topo-guide FFRP Pays de Caux-Côte d'Albâtre, réf. 202.

Il arrive parfois que les rêves, même fous, se réalisent. André Pilet, « un Normand qui bouge », ainsi qu'il se nomme dans le titre d'un de ses ouvrages*, a pu aller jusqu'au bout de l'aventure dans laquelle il fut entraîné. Tout débuta un jour pluvieux de novembre 1969. Il était avec un groupe d'amis aux environs de Rouen en train de reconnaître un nouvel itinéraire de randonnée pédestre. Ses yeux tombèrent sur une appellation entre Fontaine-le-Bourg et Saint-Georges-sur-Fontaine : chemin des chasse-marée. Que signifiait cette mystérieuse appellation ? Il en aura un peu plus tard l'explication par un élu d'Héricourt-en-Caux qui lui prête un ouvrage** sur le sujet. Il le dévore et s'aperçoit que son auteur, Claude Rogère, s'est lancé dans la découverte après avoir trouvé un grelot dans le grenier familial, grelot de bronze décoré de quatre chevaux marins dressés comme des hippocampes. Pour Claude Rogère le début de l'aventure ce fut le grelot, pour André Pilet ce sera une appellation sur une carte.

Alors, qui étaient-ils ces chasse-marée ? Des équipages composés de quatre ou six chevaux (jusqu'à douze) qui tiraient une charrette légère montée sur deux hautes roues. Et que transportait cette charrette ? Du poisson de mer, des crustacés et des coquillages, qu'il fallait acheminer sur les grandes villes, Rouen et Paris notamment. La marchandise devait être livrée dans le meilleur état de fraîcheur possible. Ce sont des ports de la Manche : Boulogne, Calais, Saint-Valery, Abbeville (qui fut un port avant l'ensablement de la baie de Somme), Ault, Cayeux, Berck, Fécamp, Dieppe que venaient les chasse-marée. Pas question de flâner en chemin, d'où l'expression : « mener un train de chasse-marée ».

Ils quittaient Dieppe en fin d'après-midi et devaient être à Paris en moins de douze heures. L'attelage recevait du renfort en chevaux dans les montées et toutes les sept lieues (une lieue = 4 km environ), les bêtes étaient relayées. Le relais de Tôtes pouvait accueillir jusqu'à 100 chevaux. Le fouet claquait et le convoi repartait, dans le joyeux tintamarre du grelot accroché au poitrail du cheval de tête. Le voiturier, coiffé de son bonnet rouge de matelot, et son commis, le « voiturin », chantaient. Les habitants des villages et hameaux traversés reconnaissaient le bruit familier du chasse-marée.

Au petit matin, pour ceux qui allaient jusqu'à Paris, c'était enfin la halte à l'auberge du Compas d'or, rue Montorgueil. Faubourg Poissonnière, rue des Poissonniers… la capitale a conservé le souvenir des chasse-marée.

La corporation souffrit des guerres, du blocus des ports et du mauvais état des voies de communication. Le glas sonna le 29 juillet 1848 : on inaugurait ce jour-là à Dieppe la ligne de chemin de fer. Le cheval-vapeur prit petit à petit la place du cheval de trait…

André Pilet est un sympathique obstiné. Retrouver le chemin d'antan des chasse-marée

Animation sur le port de Dieppe pour le marché aux poissons.

trot vers paris

Cette fois, le chasse-marée était arrivé à temps. « Le festin du roi et des reines », dessiné et gravé par Israël Silvestre. Fête « Les plaisirs de l'île enchantée » donnée par Louis XIV à Versailles en 1664.

c'était bien, mais si on pouvait reconstituer aussi un attelage, ce serait encore mieux. Rien n'arrêtera notre Normand qui reçoit en 1988 le premier prix de la Fondation de France. Les troupes sont cette fois galvanisées : on fabrique une copie du grelot, les possesseurs d'attelages se mobilisent, etc.

Le grand jour arrive enfin : le 23 avril 1989 l'attelage du chasse-marée prend le départ, entouré d'une foule enthousiaste. Sept jours de chemin jusqu'à Gisors pendant lesquels ce sera la fête au village au fil des lieues parcourues. L'itinéraire emprunté par le chasse-marée entre Dieppe et Rouen a été retracé au plus près de l'ancien cheminement. Les chasse-marée ne sont plus mais Dieppe garde toute son atmosphère maritime, dont celle des grandes pêches à la morue de jadis. Ce fut aussi la ville des « ivoiriers » installés ici pour profiter des arrivages d'ivoire d'Asie ou d'Afrique. Les lieues se succèdent. L'arrivée se faisait jadis place du Vieux-Marché à Rouen, en passant par l'ancienne « rue du Chasse-Marée » devenue aujourd'hui la rue Guy-de-Maupassant.

* *Éditions Bertout, 1997*

** *Claude Rogère, « Sur une route d'autrefois, le chasse-marée, voiturier de poisson de mer », 1975.*

une victime des chasse-marée : vatel

Madame de Sévigné écrit à sa fille, madame de Grignan, pour lui conter l'affreuse nouvelle : Vatel s'est suicidé par un beau dimanche de printemps à Chantilly. Comment cela est-il arrivé ? Vatel était déjà contrarié : deux tables du grand dîner donné en l'honneur du roi avaient manqué de rôti et le feu d'artifice avait été raté, couvert par un nuage. « A quatre heures du matin, Vatel s'en va partout, il trouve tout endormi, il rencontre un petit pourvoyeur qui lui apportait seulement deux charges de marée ; il lui demanda : « Est-ce là tout ? » Il lui dit : « Oui, monsieur. » Il ne savait pas que Vatel avait envoyé à tous les ports de mer. Il attend quelque temps ; les autres pourvoyeurs ne viennent point ; sa tête s'échauffait, il croit qu'il n'aura point d'autre marée [...] Vatel monte à sa chambre, met son épée contre la porte, et se la passe au travers du cœur [...] il tombe mort. La marée cependant arrive de tous côtés ; on cherche Vatel pour la distribuer [...] on le trouve noyé dans son sang. »

« La nuit, quand les mareyeurs dans leurs charrettes passaient sous ses fenêtres en chantant La Marjolaine, elle s'éveillait [...] Et elle les suivait dans la pensée, montant et descendant les côtes, traversant les villages, filant sur la grand-route à la clarté des étoiles. » (Gustave Flaubert, «Madame Bovary ».)

Les villes du pré carré de

1673

Louvois écrit à Vauban : «… si vous m'en croyez, monseigneur, prêchez toujours la quadrature, non pas du cercle, mais du pré. »

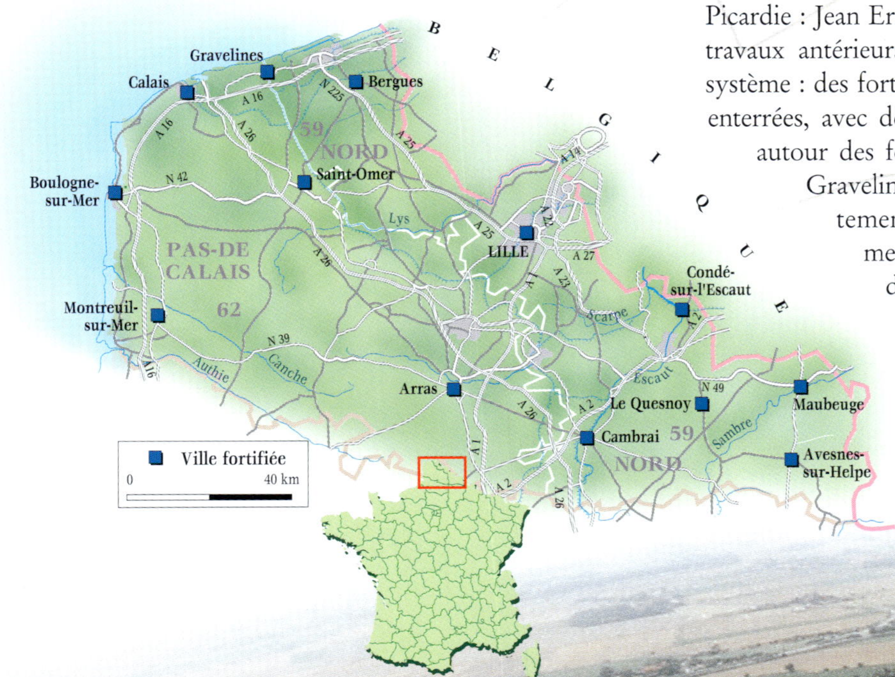

L'histoire du nord de la France se raconte en partie à travers ses villes fortifiées. L'Espagne et l'Angleterre se sont disputé son territoire pendant plusieurs siècles. C'est Louis XIV qui s'attaqua à sa conquête. Avec le traité de Nimègue en 1678, le Hainaut et le Cambrésis furent rattachés au royaume de France. Mais il fallait protéger les nouvelles frontières entre le royaume de France et les Pays-Bas espagnols.

Un ingénieur militaire s'était déjà illustré en matière de fortifications dans le Nord et en Picardie : Jean Errard. Vauban s'inspirera des travaux antérieurs pour réaliser son propre système : des fortifications rasantes, en partie enterrées, avec des bastions angulaires, avec autour des fossés profonds, inondables. Gravelines, par exemple, est complètement entouré d'eau. Vauban mettait un point d'honneur à donner une valeur esthétique à ses ouvrages, notamment en faisant édifier des portes monumentales comme à Bergues.

Il s'attacha à mettre en place un « pré carré », c'est-à-dire une double ligne de villes fortifiées. Elles seront vingt-quatre au total, réparties entre les départements du Nord et du Pas-de-Calais et l'ouest de la Belgique.

L'évolution des armements fit perdre leur utilité aux fortifications et beaucoup d'entre elles subiront des atteintes irréversibles. Heureusement, celles qui y avaient échappé furent classées monuments historiques. Les villes ont pris conscience de leur patrimoine. C'est ainsi qu'une association des « Routes des villes fortifiées en Nord-Pas-de-Calais » s'est constituée pour la mise en valeur des espaces fortifiés. Treize villes se sont ainsi regroupées : Arras, Avesnes-sur-Helpe, Bergues, Boulogne-sur-Mer, Calais, Cambrai, Condé-sur-l'Escaut, Gravelines, Le Quesnoy, Lille, Maubeuge, Montreuil-sur-Mer, Saint-Omer.

Outre leurs fortifications, toutes ces villes ont leur charme propre. Qu'elles soient en bordure du littoral ou à l'intérieur des terres, elles ont toutes cette ambiance inégalable, propre aux villes du nord de la France.

Un dépliant a été édité pour chacune des villes, avec « la meilleure marche à suivre » pour les découvrir.

vauban

Fortifications à Boulogne-sur-Mer.

Qui était vauban ?

Sébastien Le Prestre de Vauban naquit en 1633 à Saint-Léger-de-Foucheret, près de Quarré-les-Tombes, dans le département de l'Yonne. Vauban serait le nom d'un fief acquis par son arrière-grand-père. D'abord cadet dans le régiment du Grand Condé, il devient en 1655 ingénieur du roi avant d'être nommé Commissaire général des fortifications en 1678 et maréchal de France en 1703. Il prit part à 48 sièges. Une brillante carrière, au cours de laquelle il équipa les frontières terrestres et maritimes d'un grand nombre de places fortes. Il disait : « L'art de la fortification ne consiste pas dans des règles et des systèmes mais uniquement dans le bon sens et l'expérience. »

C'était un travailleur acharné et aussi un économiste et un réformateur social en avance sur son temps. Il avait le souci constant de rechercher vérité et justice. Ses écrits n'étaient pas du goût de tout le monde, notamment son « Projet de dîme royale » qui fut interdit. Il eut même l'audace de faire transiter par Louvois, à l'intention du roi, un plaidoyer en faveur du rappel en France des huguenots qui s'étaient exilés après la révocation de l'édit de Nantes. Louvois lui répondit : « J'ai lu votre mémoire où j'ai trouvé de fort bonnes choses ; mais, entre nous, elles sont un peu outrées ; j'essaierai de les lire à Sa Majesté. » Il s'inquiéta aussi de la disparition progressive des futaies dans son « Traité de la culture des forêts » et plaidait en faveur d'une politique de reboisement. Comme tout l'intéressait, même les porcs firent l'objet d'un mémoire intitulé « De la cochonnerie ou calcul estimatif pour connaître jusqu'où peut aller la production d'une truie pendant dix années de temps ». Il arrivait au chiffre de 6 millions !

Saint-Léger-de-Foucheret est devenu Saint-Léger-Vauban et une « maison Vauban » y a été installée, initiée par le parc naturel régional du Morvan. Vauban repose dans l'église de Bazoches, au sud-ouest d'Avallon, là où il avait pu acquérir le château en 1675. Napoléon Ier avait fait placer son cœur aux Invalides.

Gravelines demeure un joyau de l'art militaire et l'unique ville fortifiée complètement entourée par des fossés en eau.

Les chemins des camisards

18 octobre 1685

Louis XIV révoque l'édit de Nantes.

24 juillet 1702 : l'abbé du Chayla, qui détient des prisonniers protestants, est tué au pont-de-Montvert. La guerre des camisards est déclenchée...

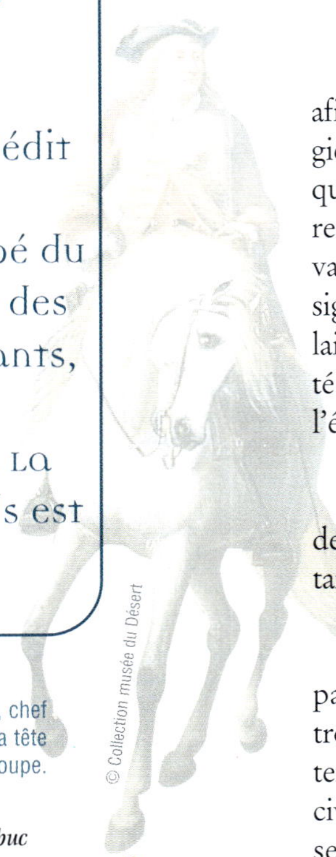

Jean Cavalier, chef camisard, à la tête de sa troupe.

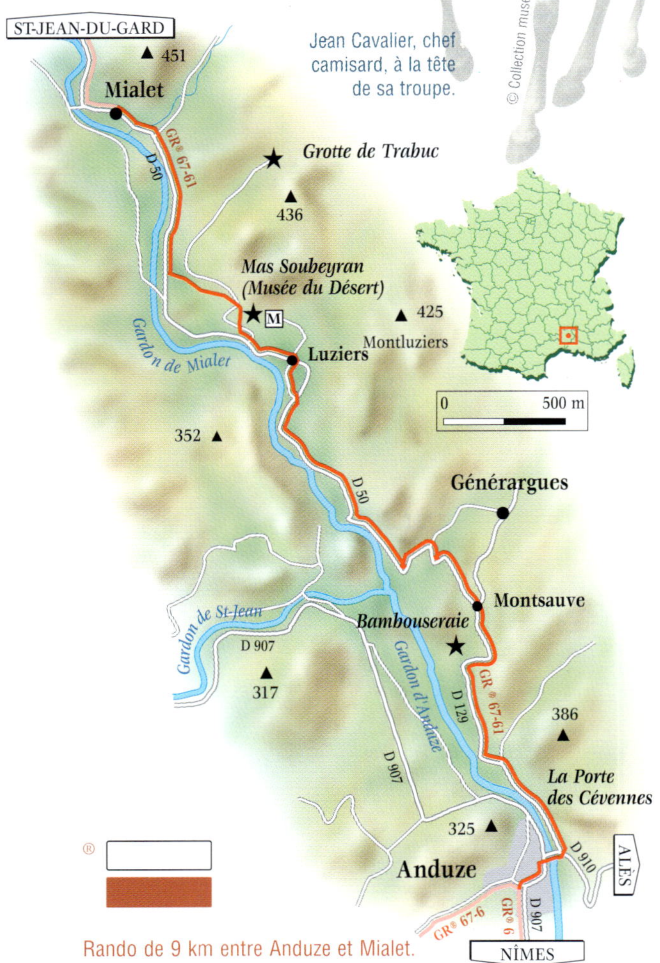

Rando de 9 km entre Anduze et Mialet.
Topo-guide FFRP Tour en Pays cévenol, réf. 611.

Avril 1598 : Henri IV signe l'édit de Nantes afin de mettre un terme aux querelles religieuses qui ont ensanglanté la France. Après quelques années pendant lesquelles l'édit est respecté, la persécution contre les protestants va reprendre. En 1629, Louis XIII et Richelieu signent la « paix d'Alais » : la liberté de culte est laissée aux protestants, mais les places de sûreté qui leur avaient été accordées en vertu de l'édit de Nantes sont supprimées.

18 octobre 1685 : Louis XIV révoque l'édit de Nantes. La pratique de la religion protestante est frappée d'interdit.

La résistance s'organise en Languedoc et particulièrement dans les Cévennes. Les troupes royales déploient leur stratégie : écoles, temples, hôpitaux détruits, privation de droits civiques, galères, tortures, etc. Les protestants se retrouvent la nuit en assemblées au « Désert » dans la montagne cévenole. Chants de psaumes, déclarations des prédicants et des prophètes, confortent dans la détermination de ne pas abjurer sa foi.

Le 24 juillet 1702, sur la montagne du Bougès, une petite troupe dont font partie Abraham Mazel et Pierre Séguier, dit l'Esprit, se réunit et décide de descendre au Pont-de-Montvert, là où l'abbé du Chayla, qui terrorise la population, détient des prisonniers protestants. Il va trouver la mort dans le combat.

La guerre des camisards ou guerre des Cévennes est déclenchée. Pourquoi ce nom de « camisards » ? L'origine viendrait de la chemise, « camiso » en languedocien, que les paysans cévenols portaient par-dessus leurs vêtements. La répression ne se fait pas attendre. Pierre Séguier, arrêté, est livré au capitaine Poul et brûlé vif le 12 août au Pont-de-Montvert. La lutte reprend de plus belle. Les résistants connaissent admirablement le terrain : chemins, sentes, combes, bois, crêtes, cavernes, vallées, n'ont pas de secrets pour eux. Ils sont partout. L'intendant Nicolas de Lamoignon de Bâville, chargé de l'application de l'édit dans le Languedoc, décide d'ouvrir de nouveaux chemins, plus larges, permettant aux troupes royales de se déplacer plus facilement. La population est soumise à la corvée des chemins. Mais aucune nouvelle voie ne remplacera la connaissance qu'ont les Cévenols de leur terrain où ils déploient une grande mobilité. Dans les grottes naturelles (les baumes) trouvent place les réserves de vivres. On y soigne aussi les blessés. S'y ajoutent les grottes creusées par les fidèles, avec des sorties permettant de se sauver en cas d'attaque. Il y a aussi les caches dans les habitations. La population est complice et veille. Vont se succéder succès et défaites pour les camisards, sous la conduite de leurs chefs, dont Gédéon Laporte, Jean Cavalier, André Castanet, Rolland, Abraham Mazel, Salomon Couderc, etc. Du côté des troupes royales, le maréchal Montrevel a remplacé le maréchal de Broglie, le brigadier Julien est chargé du « breuslement » des Cévennes. En avril 1704, arrive en Languedoc le maréchal de Villars. On commence à parler de négociations. Après la mort de Rolland le 14 août 1704, beaucoup de camisards abandonnent le combat. Abraham Mazel essaiera en vain de continuer la lutte, il sera tué le 14 octobre 1710 près d'Uzès. Cavalier, retourné en Angleterre, sera nommé en 1738 gouverneur de l'île de Jersey. Ainsi va l'histoire…

Un des paysages où évoluèrent les camisards.

Suivra alors une période de quasi-clandestinité. Ce n'est qu'en 1787 que Louis XVI promulguera l'édit de Tolérance, et il faudra attendre la Déclaration des droits de l'homme pour que les protestants deviennent des citoyens à part entière. Chaque année, le premier dimanche de septembre, des milliers de protestants venus de France et des pays du Refuge (Allemagne, Suisse, Hollande, Etats-Unis, Afrique du Sud) viennent se recueillir à Mialet. La mémoire de tous ceux qui se sont tant battus pour conserver leur foi est là, bien vivante dans la foule rassemblée à l'ombre des arbres…

© Alain Bastide

Les ruches cévenoles sont le plus souvent creusées dans des troncs de châtaignier et couvertes d'une lauze en schiste. Elles se chauffent au soleil au pied des terrasses qui prennent ici le nom de faïsses, bancels ou traversiers. La Bible, fidèle compagne des camisards, parle ainsi du miel : « Mon fils, mange du miel car il est bon. Un rayon de miel sera doux à ton palais. De même, connais la sagesse pour ton âme » (Proverbes, chapitre 24, versets 13-14). Les bibles étaient bien sûr interdites. Les soldats des troupes royales savaient déchiffrer les mots « Bible » ou « Genèse », les premières pages étaient donc arrachées. Beaucoup de bibles datant de cette époque ont un aspect noirci : elles trouvaient souvent place dans des cachettes dissimulées dans les cheminées.

Le musée du Désert à Mialet

C'est au mas Soubeyran, maison natale du chef camisard Pierre Laporte, dit Rolland, qu'a été installé le musée du Désert à Mialet, haut lieu du protestantisme. Les salles du musée racontent la vie des hommes et des femmes traqués, leurs cachettes, leurs armes, les mariages et les naissances au Désert, la façon dont on vivait en pays cévenol au XVIIIe siècle, etc. Un montage audiovisuel rappelle ce que fut la Réforme et ses conséquences tragiques. Les camisards se battirent farouchement pour garder leur liberté de conscience. La longue marche pour y parvenir est racontée ici.
Bibles, psautiers, gravures, tableaux, etc., témoignent d'un passé que la mémoire n'a pas oublié. L'histoire d'un peuple dont André Chamson disait qu'il « est allé jusqu'au bout de la plus magnifique expérience que peuvent faire les hommes ».

© Collection musée du Désert, Mialet en Cévennes

Un épisode de la guerre des camisards (une des rares représentations de l'époque. Huile sur bois, auteur inconnu).

or, pourpre, azur... du

1545-1563

suite au concile de Trente, un nouvel art religieux se met en place. L'art baroque fleurit en Savoie au XVIIe siècle d'église en église.

Couple d'angelots à Avrieux.

© Photothèque musée de Chambéry

®

Rando de 8 h 30 entre Bonneval-sur-Arc et Bramans, sur le « chemin du Petit Bonheur », permettant la visite des édifices religieux de Villaron, Bessans, Lanslevillard, Lanslebourg, Termignon et Bramans. Topo-guide FFRP La Vanoise, réf. 530.

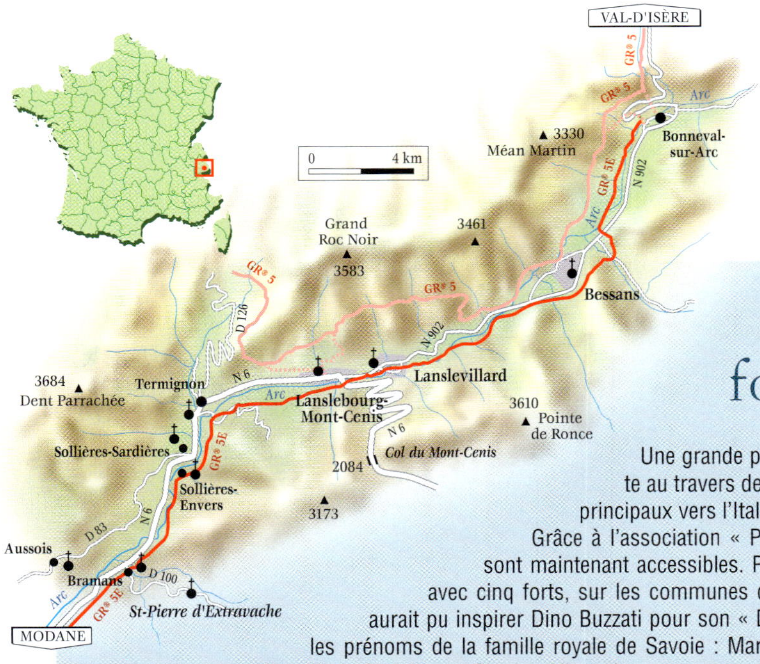

Le sport au service du patrimoine. C'est ce qui s'est produit en Savoie avec l'organisation des jeux Olympiques d'hiver en 1992. Le conseil général a profité en effet de ce grand rassemblement international pour faire connaître le patrimoine baroque, jusque-là un peu méconnu. L'opération « Chemins du baroque » fut lancée et avec un succès durable. Le visiteur est surpris par tant de magnificence à l'intérieur des églises et des chapelles dont l'extérieur est toujours très sobre. A peine se permettait-on de décorer le portail. Mais quelle surprise dès que l'on franchit ce portail !

Les montagnards, dont la vie était rude, trouvaient un certain réconfort lorsqu'ils venaient exprimer leur foi au milieu de tous ces ors, ces peintures, sous le regard des angelots perchés çà et là. Comment devinrent-ils artistes si habiles pour sculpter le pin cembro, le mélèze, le tilleul ou le noyer ? Ils apprirent certainement au contact des artistes italiens, venus notamment de la Valsesia, haute vallée située au pied du mont Rose. Avec leurs gouges ils faisaient naître des rinceaux, des fleurs, des feuillages, des grappes de raisin. Ils savaient donner des joues bien rebondies aux angelots, exprimer la douleur sur le visage d'une statue, auréoler de bonheur Marie et

Les pierres fortes de Savoie

Une grande page de l'histoire de la Savoie s'est écrite au travers des fortifications qui contrôlaient les axes principaux vers l'Italie et les différents cols.

Grâce à l'association « Pierres fortes de Savoie », quinze sites sont maintenant accessibles. Parmi ceux-ci, la barrière de l'Essaillon, avec cinq forts, sur les communes d'Aussois et Avrieux. Un ensemble qui aurait pu inspirer Dino Buzzati pour son « Désert des Tartares ». Les forts portent les prénoms de la famille royale de Savoie : Marie-Thérèse, Victor-Emmanuel, Charles-Félix, Marie-Christine et Charles-Albert. Les quatre premiers ont été classés Monuments historiques et le fort Marie-Christine a été aménagé en porte du parc national de la Vanoise. Ils furent tous construits entre 1819 et 1833. Les bâtiments sont impressionnants et le décor grandiose, car dominé par la dent Parrachée. L'accès aux quinze sites est différent suivant leur situation et peut être difficile dans certains cas. Les visites sous la conduite de guides locaux est conseillée. Toujours se renseigner auprès des offices de tourisme locaux sur l'état de l'itinéraire.

baroque savoyard

Jésus, tresser la couronne d'épines du Christ. Mais il fallait aussi savoir dorer, peindre.

Les retables sont souvent des compositions aux dimensions impressionnantes où rivalisent les ors et les couleurs. Les personnages religieux sont entourés d'une foule d'anges. Les séraphins ont six ailes, les chérubins quatre. Ils donnent un air de joie à l'ensemble. L'un souffle dans une trompette, un autre manie des tenailles. Mais il y en a aussi avec un air un peu boudeur. Les petits montagnards ont-ils inspiré les artistes ? En tout cas les anges ont des visages d'enfants épanouis, aux joues rosies par le grand air.

C'est surtout en Tarentaise qu'ont exercé leur talent les artistes valsesians. Les kilomètres à pied ne leur faisaient pas peur. Ils pouvaient parcourir jusqu'à 400 km pour rejoindre leur lieu de travail, après être passés par le col du Petit-Saint-Bernard ou celui du Grand-Saint-Bernard. Par contre, ce sont des artistes locaux qui ont travaillé en Maurienne, sauf à Sollières dont le retable est attribué à des Valsesians installés à Moûtiers. Les artistes travaillaient aussi au-delà de leur commune. Ainsi les Dufour, de Saint-Michel-de-Maurienne, furent-ils peintres de cour à Turin. A Saint-Jean-de-Maurienne se sont illustrés Jacques Duc et Jean-Baptiste Jomard. La haute Maurienne compte bien sûr les générations des Clappier qui ont, peut-on dire, institué un « style ». Le retable du rosaire de Lanslevillard par exemple est l'œuvre de Jean Clappier et celui de la chapelle Saint-Claude à Bessans celle de Jean-Baptiste Clappier.

Termignon, Avrieux, Bramans eurent aussi leurs artistes.

Le Beaufortain a lui aussi ses témoignages de l'art baroque à Hauteluce, Queige et Beaufort.

La Maurienne a son « Espace baroque » qui peut donner toutes informations, notamment sur les visites conduites par les guides du patrimoine, des enfants du pays, quelquefois descendants d'une lignée de sculpteurs…

Les églises et chapelles servent aussi de cadre pour des concerts. Ecoutez, les premières notes s'égrènent, les angelots ont ouvert leurs oreilles toutes grandes. Le soleil couchant entre par la fenêtre, inondant de lumière la poutre de gloire…

Charme d'un visage d'angelot dans l'église de Lanslevillard.

Chapelle Notre-Dame-de-la-Vie à Saint-Martin-de-Belleville.

Le mur de la peste

25 mai 1720

le «Grand Saint-Antoine» accoste dans le port de Marseille avec une cargaison de textiles, venant de Syrie.

« Et ce serpent ruiné sans rien qui tienne ensemble ces écailles. Le long cheminement qui est ce qui reste d'une muraille. »
(Aragon, « Prose du bonheur d'Elsa ».)

L'association a souhaité rendre accessible aux randonneurs certaines parties du mur. Un circuit (3 h 30) a été réalisé par la mairie de Lagnes. Il suit une partie du mur, et peut être combiné avec d'autres itinéraires autour du village.

Le capitaine Chataud signale à la consigne sanitaire que huit personnes sont mortes à bord, décès qu'il attribue à la peste. La purge des marchandises susceptibles d'apporter la contagion est fixée à 40 jours, période pendant laquelle elles seront exposées au soleil et à la rosée du soir. Elle sera ramenée à 26 jours, commerce oblige…

Des décès surviennent chez les portefaix. Le 8 juillet on reconnaît enfin que la peste est responsable de ces décès, et le 31 juillet, la peste est déclarée officiellement à Marseille.

Le vice-légat du Comtat Venaissin interdit le commerce avec la Provence et met en place une première ligne sanitaire sur la rive droite de la Durance. Le mal gagne, la peste se déclare le 25 septembre à Apt. Une seconde ligne sanitaire est installée de la Durance au mont Ventoux, tandis que la France en établit une sur la rive droite du Rhône, entre Bollène et Embrun. Elle interdit du même coup au Comtat de commercer avec le Languedoc et le Dauphiné. Les travaux de culture et de cueillette sont compromis.

Désenclaver ? Il est décidé en février 1721 qu'une ligne commune formée par la France et le Comtat protègera les Etats pontificaux. Le Comtat accepte même de construire une muraille en pierres sèches, qui suivra la crête du plateau du Vaucluse, du col de Lagas, près de Monieux, à Bourbourin, entre Lagnes et Cabrières-d'Avignon, moyennant quoi la ligne du Dauphiné sera levée après son édification.

Les travaux commenceront en mars. 500 hommes sont appelés à participer à l'édification du mur prévu d'une hauteur de six pieds et d'une largeur de deux (1 pied = 0,324 m). Les hommes sont volontaires ou… tirés au sort. Il faut avoir moins de soixante ans, ne pas être fils unique ni chargé de famille et… apporter ses outils. Le salaire ? 10 sols par jour. Les travaux ne vont pas aussi vite que prévu, il faut revoir l'organisation. Chaque village aura à charge de réaliser une portion de la muraille. De 10 sols par jour, la rémunération passe à 12 sols par canne de mur (1 canne = 1, 985 m). La cadence reste lente. Le vice-légat resserre la pression auprès des villages et menace de représailles.

Fin juillet, la muraille est achevée avec postes de garde, guérites de section demi-rondes et enclos pour entreposer vivres et fourrage pour les chevaux et mulets. Un millier de soldats comtadins sont affectés à la surveillance. Le Dauphiné et le Languedoc lèvent leurs

Borne sur le chemin du mur : silhouette d'un médecin de la peste avec son manteau de cuir dont l'odeur éloignait les puces. Le long nez du masque était rempli d'herbes odorantes.

lignes. Le commerce va pouvoir reprendre entre le Comtat et le royaume de France, sauf la Provence.

Août : la peste a gagné Avignon. Les troupes royales prennent la relève des troupes pontificales pour contrôler le passage entre Comtat et Provence, tout en assurant protection au pays d'Apt où la peste n'est plus. Une troisième ligne sanitaire est installée entre Cavaillon et Orange. Les frontières sont fermées avec le Languedoc et le Dauphiné. Le Comtat se trouve de nouveau isolé.

Le 2 octobre 1722, la peste a fui Avignon. Le 1er décembre le Comtat lève ses barrières et le 31 janvier 1723 ce sera la levée de toutes les lignes. Les troupes françaises quittent le Comtat.

C'est à l'association « Pierre sèche en Vaucluse » que l'on doit la réhabilitation de cette muraille avec le soutien des communes concernées et des collectivités du département. Et aussi au bel enthousiasme des chantiers de jeunes bénévoles qui ont travaillé à sa remise en état depuis 1986. Pas toujours évident lorsque le soleil de l'été provençal darde ses rayons, d'où le nom de « Cayenne provençal » donné au chantier !

Peste de 1720 à Marseille : le Chevalier Roze à la montée des Accoules, par Jean-Baptiste Duffaud.

Le culte de saint Roch

En dehors des consignes sanitaires, la population invoquait aussi saint Roch…, qui aurait contribué à l'arrêt du terrible fléau. Saint Roch, atteint par la peste au XIVe siècle, s'était retiré au fond d'une forêt italienne. Le chien d'un riche gentilhomme serait venu lui apporter du pain chaque jour. Saint Roch continue à être fêté à Rognonas, dans les Bouches-du-Rhône, le dimanche qui suit le 16 août. Char portant la statue du saint, offrandes de fruits, légumes et fleurs, bénédiction. Les offrandes sont distribuées ensuite aux anciens du village. On perpétue ainsi la bonté que le saint prodiguait autour de lui. Un itinéraire de randonnée a été mis en place, reliant les sept communes du Val de Provence : Barbentane, Châteaurenard, Eyragues, Graveson, Maillane, Noves et Rognonas. Le fléau ne les épargna pas mais maintenant leurs noms parlent de mas aux façades couleur d'ocre, de marchés colorés aux odeurs d'olives, de crèches avec leurs santons… « Entre Alpilles et Durance, il fait bon vivre, Dieu le sait », écrivait Mistral (natif de Maillane). Qui oserait le contredire ?

Le chemin de la mâture

1772

sous la direction de l'ingénieur Leroy, les hommes réalisent une formidable entreprise, celle du chemin de la mâture, dans les Pyrénées-Atlantiques.

Mât de beaupré du *Superbe*.

Nous sommes en mai 1766. Paul-Marie Leroy travaille depuis treize ans à la Compagnie des Indes à Lorient. Il est affecté à Bayonne où, nommé ingénieur en chef des ports et arsenaux de la Marine, il se voit confier successivement l'exploitation des forêts d'Issaux, au-dessus d'Athas, de Pacq au-dessus d'Etsaut et Borce et du Bénou au-dessus d'Escot. Homme minutieux et observateur, il s'attacha à son nouveau pays d'adoption et laissera un « Mémoire sur les travaux qui ont trait à l'exploitation de la mâture dans les Pyrénées », agrémenté d'une foule d'observations sur les paysages, la faune, le pastoralisme, etc. Un des « premiers classiques du pyrénéisme » disent les spécialistes.

C'est Colbert qui, poursuivant l'idée de Richelieu, décida d'exploiter les forêts pyrénéennes pour la fourniture des mâts nécessaires à la construction de la flotte royale. Voici donc l'ingénieur Leroy à pied d'œuvre dans la forêt du Pacq. Ce sont bien sûr les arbres les plus hauts qui feront les plus beaux mâts. Beaucoup de soins sont donc apportés à leur coupe. Leur chute se trouve amortie par les plus petits que l'on a coupés d'abord. L'abattage cela va encore, mais comment faire pour descendre ces grands troncs jusqu'au port d'Athas au bord du gave d'Aspe ? Il faudra procéder en deux étapes : la première consistera à les faire glisser jusqu'à un chemin d'où ils seront ensuite acheminés jusqu'au gave. Mais ce chemin, il va falloir le construire. Nous y voilà.

Le chemin du Pacq – 12 pieds de large et 12 pieds de haut (1 pied = 33 cm) – fut taillé dans une falaise verticale en surplomb du ravin (profond de 400 pieds sur 800 toises de longueur) au fond duquel coule le Sescoué. Il fallait que les mâts de 100 pieds de long puissent tourner sans danger. « On estime qu'il a fallu faire sauter environ quatre mille toises cubes de rochers pour la construction du chemin » (1 toise = 1, 95 m).

Reconstruction de *l'Hermione* à Rochefort.

Coupes d'arbres dont les différentes parties seront affectées à la fabrication du bateau © Musée de la Marine, Paris

Randonneurs sur le chemin de la mâture.

Voici les troncs arrivés au port d'Athas, où ils vont être triés. Ne seront conservés dans leur longueur que les plus beaux, les autres seront débités et mis à l'abri en attendant le printemps où la fonte des neiges grossira le courant du gave d'Aspe.

Les radeleurs n'avaient pas la tâche facile. Il fallait éviter que le radeau ne soit emporté par le courant ou qu'il n'aille s'échouer entre les rochers ou sur un champ du bord de la rive. Les radeleurs venaient généralement du Comminges où ils avaient l'habitude de flotter du bois sur la Garonne. Ils étaient relayés à Navarrenx, où le cours se faisait plus calme, par des radeleurs béarnais. Eux s'en revenaient à pied jusqu'au port d'Athas. Arrivés à Peyrehorade, on faisait des « trains » de radeaux qui étaient halés sur l'Adour jusqu'à Bayonne. Le voyage depuis la forêt pyrénéenne était terminé. Les plus beaux troncs allaient ensuite en commencer d'autres, beaucoup plus lointains, à travers les mers…

cherchons l'ours…

Le GR® 10 emprunte le chemin de la mâture après Etsaut. Il passe avant à Borce, village-musée dit-on, avec ses maisons béarnaises aux fours à pain en saillie. Le bénitier de l'église s'orne d'un personnage barbu, portant bourdon et coquille. Nous sommes ici sur la Via Tolosona venant d'Arles et menant les pèlerins vers le col du Somport. Dans le village voisin, à Etsaut, le parc national des Pyrénées a sa maison d'accueil, installée dans l'ancienne gare. Une exposition y est consacrée à l'ours : sa vie au fil des saisons, ses déplacements, sa nourriture. Mais aussi les bergers et les chasseurs.

® Rando de 4 h aller et retour entre Etsaut et le plateau de Baigt-Sencours. Topo-guide FFRP GR® 10 Pyrénées occidentales, réf. 1086 et Promenades dans le parc national des Pyrénées, vallée d'Aspe.

Gravure ancienne : les hommes recherchent les futurs mâts.

En Martinique, mystère

1773

l'appellation de « château Dubuc » apparaît pour la première fois sur les cartes de la Martinique. Comment l'ancêtre de la famille, originaire de Normandie, parvint-il jusqu'ici ?

© Hervé Champollion

Presqu'île de la Caravelle : l'anse de l'Etang.

© Jean-Pierre Bouchard

Une végétation qui fait rêver...

C'est avec la colonisation que le terme « habitation » apparut aux Antilles pour désigner un ensemble comprenant les bâtiments d'une exploitation, les surfaces de terre, la maison du propriétaire et les cases où étaient logés les esclaves.

Pierre Dubuc, originaire de Normandie, prit part à plusieurs expéditions contre les Indiens Caraïbes ; il se vit récompenser par une concession dans la région de La Trinité où il s'installa à partir de 1671. L'un de ses fils, Balthazar, choisit de s'établir à la pointe de la Caravelle sur l'habitation Spoutourne. Ce sera son petit-fils Louis qui construira l'habitation Caravelle dont l'importance lui vaudra l'appellation de « château Dubuc ».

L'habitation est isolée en bordure de la baie du Trésor, isolement propice à la pratique d'autres activités que celle de la culture de la canne à sucre. Contrebande, trafic d'esclaves ? Des activités hors la loi étaient certainement exercées en ces lieux où l'arraisonnement de navires croisant à proximité était facile... On imagine le débarquement des marchandises dans les baies bien dissimulées par les raisiniers, mancenilliers* et palétuviers.

On n'était pas sans se poser des questions sur l'île. Ainsi le marquis de Pénelon s'en ouvrit à Choiseul : « A La Trinité, à La Tartane, tout est Dubuc... Je suis très fâché d'être obligé de dire que monsieur Dubuc et le quartier de La Trinité sont très suspects et que je serais fort aise de prendre un de ces messieurs ou quelques habitants de La Trinité sur le fait. »

Les entrepôts étaient très importants et nombreux étaient les cachots. Sur les murs du grand cachot situé sous la maison du « maître », des dessins de bateaux parlent de rêves d'évasion... Un terrible cyclone endommagea sérieusement le domaine en 1766, sa gestion n'était pas des meilleures et en plus les Anglais

Les quimboiseurs

La religion n'empêche pas la superstition. Ici, mémoire et apports afro-caribéens aidant, c'est encore plus vrai qu'ailleurs. Ce qui explique le succès des quimboiseurs et des séanciers, à ne pas confondre les uns avec les autres. S'ils pratiquent tous la sorcellerie, ils le font de manières différentes, avec des objectifs différents, et selon des méthodes qui ne sont pas, par exemple, celles du vaudou haïtien.
Le quimboiseur, comme son nom l'indique, « fait des quimbois » – de « Tiens, bois » – à la demande, et généralement pour faire « du mal » à quelqu'un. Dans la recette fournie au client en même temps que le mode d'emploi, on trouvera toutes sortes d'ingrédients, de la gousse de vanille à la pincée de terre prélevée à la nuit dans un cimetière, en passant par la corne de lambi, le piment ou le poil d'un animal. Le séancier, lui, peut « voir vos affaires ». Un peu comme un médium, il vous dira ce qui ne va pas, d'où (et de qui) vient votre malchance, et vous donnera, moyennant finances évidemment, les moyens, méthodes et recettes censés remettre les choses à leur place [...].

Extrait de l'ouvrage « La Martinique », de Simone Branglidor et Christian Crabot, Ed. Ouest-France, 1995.

au château Dubuc

venaient se produire de temps en temps. Il fut donc abandonné petit à petit à partir de 1770.

Une histoire est attachée aux lieux. Une jeune fille de la famille Dubuc, Aimée, avait séjourné quelque temps à Nantes et s'en revenait à la Martinique, avec sa nourrice noire. Le bateau sur lequel elles avaient embarqué fit naufrage. Sauvées par un navire espagnol, le sort continua à s'acharner sur elles. Le bateau fut pris par des pirates qui les vendirent comme esclaves à Alger. Aimée était jeune et bien jolie ; le dey d'Alger l'acheta pour l'offrir au sultan de Constantinople, qui en fit son épouse.

Le parc naturel régional de la Martinique s'attache à la restauration et à la mise en valeur du site. Un petit musée rassemble différents objets qui y ont été retrouvés. Des sentiers de découverte conduisent le visiteur à travers les vestiges du domaine, donnant une bonne idée de l'activité d'une habitation sucrière.

La presqu'île de la Caravelle compte parmi les plus beaux sites de la Martinique. Forêts, savanes, falaises, mangroves, le dépaysement est total. Une partie de la presqu'île est classée en réserve naturelle. On peut se renseigner auprès du parc régional de la Martinique sur les sentiers qui ont été aménagés autour du château Dubuc.

** Attention danger ! Ils sécrètent un lait toxique pouvant occasionner de graves brûlures.*

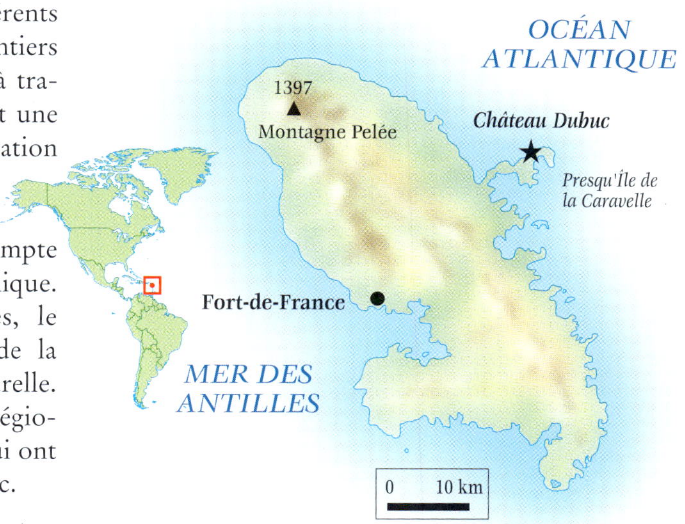

Les vestiges du château Dubuc où la vie d'autrefois s'en est allée…

Les bornes de la principauté

1753

la principauté de Montbéliard est rattachée à la France. Entre-temps, la frontière a été jalonnée de centaines de bornes. Un balisage original pour un cheminement historique

C'est à la fin du XIVe siècle que ce territoire, grand de 530 km², de culture franc-comtoise, devint une enclave würtembergeoise. Le comté de Montbéliard entendait bien cependant préserver son identité. Il deviendra un refuge pour les protestants, la Réforme y ayant été introduite en 1541. On y pratiquait par ailleurs le libre échange et le tabac s'y vendait bien… Il fallait être vigilant sur les frontières qui s'étendaient sur 160 km. Pourquoi ne pas marquer son territoire avec des bornes ? C'est ce qui fut entrepris.

1993 : commémoration du 200e anniversaire du rattachement de la principauté de Montbéliard à la France. C'est dans le cadre de cette commémoration que l'équipe de l'association du Doubs « La randonnée hérimoncourtoise » va se lancer dans l'aventure : recenser et remettre debout les bornes-frontières. Déjà démarré en 1978, le travail de recensement va se poursuivre. Plus de 300 bornes vont être repérées. Les « esborneurs » d'aujourd'hui vont parcourir plus de 800 km à pied et 3 500 km en voiture dans les multiples allers et retours sur le terrain. La passion les habite. Chaque nouvelle borne repérée donne immédiatement envie d'en trouver une autre.

Leurs travaux sur le terrain reposent sur de minutieuses recherches dans les archives départementales, communales et aussi suisses.

Cartes d'état-major, boussoles, pioches, pelles, décapants, brosses métalliques, etc. L'équipement est à la hauteur de la tâche. Mais ils ne travaillent plus dans le secret comme autrefois. Dans son ouvrage *Delle au XVIIIe siècle*, Michel Colney raconte : « Ils étaient deux ou trois avec un responsable par secteur. La pose d'une borne se déroulait dans le plus grand secret. On chassait tous les témoins, puis on déposait au fond du trou des morceaux de tuile ou d'autres objets de céramique avant de mettre la borne en place. »

Certaines bornes ont mal résisté à l'usure du temps et se sont érodées, d'autres avaient tout simplement disparu, dissimulées sous une épaisse couche d'humus. Il a fallu les remettre debout, les nettoyer, les réassembler. Rien n'a arrêté les esborneurs. Parfois, à côté de grandes bornes, s'en trou-

Le père Alexis, insaisissable contrebandier de la Faucille

La contrebande

Près de la borne n° 57, non loin de la commune de Glay, se trouve la ferme des Buissons au cœur d'un vallon boisé. Elle aurait, dit-on, fait les beaux jours des contrebandiers il y a une centaine d'années. Un autre lieu qui vit aussi passer bien des contrebandiers : celui des Echelles de la Mort dans la vallée du Doubs.

Douane et contrebande appartiennent à l'histoire de la Franche-Comté. C'est ainsi que le Musée de Pontarlier en a fait le thème d'une exposition en 1992.

Chaque brigade de douaniers possédait sa zone d'action, du nom de « penthière » dans le quadrillage mis en place sur la zone frontalière. A l'intérieur de cette penthière, neuf quartiers. Si quelques points de contrôle portaient des appellations séduisantes comme « La haie aux grives » ou « Le bosquet amoureux », d'autres donnaient froid dans le dos : « Champ aux serpents », « Guillotine », etc. La grande peur des contrebandiers : entendre une patrouille de nuit crier « Halte à la douane ». Les douaniers leur tendaient des embuscades, emportant avec eux leur « bagnole », sorte de lit en toile qui leur permettait de prendre quelque repos. Ces embuscades se terminaient souvent par des luttes au corps à corps.

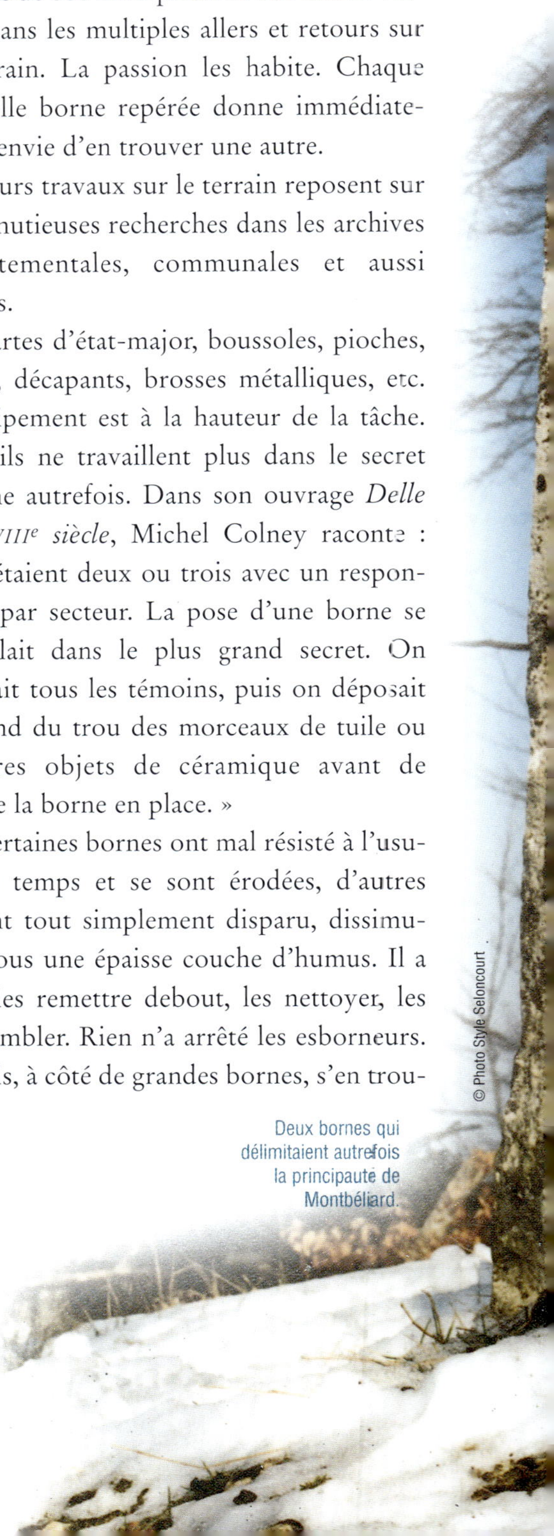

Deux bornes qui délimitaient autrefois la principauté de Montbéliard.

de Montbéliard

vent de plus petites, autrefois appelées « guidons ».

Ces bornes sont pour la plupart historiées. Les identifier a ajouté encore au plaisir. Dates de l'année d'implantation, fleurs de lys, avec ou sans couronne, écu des Würtemberg, blasons des comtes de Montbéliard, de Habsbourg ou des seigneuries d'Héricourt, de Belfort, écusson avec ramures de cerfs et bars de la comtesse Henriette de Montbéliard, dite « La Bonne Dame », écus de Mazarin (une nièce du cardinal Mazarin avait épousé le comte de la Suze, « propriétaire » du comté de Belfort. On appelle ces bornes, « bornes mazarines »). Et aussi écu bernois, blasons des évêques de Bâle sur la frontière avec la Suisse, etc. Le mystère demeure pour quelques-unes. Par exemple, sur la face d'une borne qui regarde vers l'abbaye de Lure, une main droite a été gravée, paume de face et les doigts écartés. Avis aux chercheurs d'énigmes.

Passionnés mais aussi généreux, les découvreurs de bornes ont voulu en faire profiter les autres. Une plaquette présentée par « La randonnée hérimoncourtoise » publie le recensement de 313 bornes. L'histoire s'écrit au fil des bornes et de leur situation.

Il y a, paraît-il, encore d'autres trésors à trouver. La belle aventure des bornes n'est pas terminée.

® Sentier des bornes historiques (50 km — fractionnables — permettant la découverte de plus de 200 bornes). Guide « Des rives du Doubs aux crêtes du Jura », 50 circuits de randonnée pédestre/La randonnée hérimoncourtoise.

© Photo Randonnée hérimoncourtoise

chemins des chouans

19 mars 1793

le courage d'un jeune homme est remarqué au cours de l'affrontement qui oppose Blancs et Bleus à Mané-Corohan. Qui est-il ? C'est Georges Cadoudal.

Rando en boucle de 3 km au départ du village de La Forest (14 km d'Auray et 23 km de Lorient). Guide « Randonnées en famille en Morbihan » (collection Chemins d'histoire, sentiers de légendes, Ed. Ouest-France, 1998).

Les paysans de l'Ouest accueillirent d'abord favorablement la Révolution, mais leurs espérances furent vite déçues. Les premiers « remous » commencèrent en Bretagne en 1791 avec les décrets sur la Constitution civile du clergé. Beaucoup de prêtres refusent de prêter serment. Les événements se précipitent au fur et à mesure que l'Histoire avance : victoire de Valmy le 20 septembre 1792. La Convention proclame la République, abolit la royauté. Louis XVI est guillotiné le 21 janvier 1793 et le 23 la Convention décrète de lever trois cent mille hommes pour renforcer les effectifs des armées. Le choix du recrutement est laissé aux autorités locales : tirage au sort, volontaires ou élection. C'en est trop, c'est le soulèvement général un peu partout : Vannes, Pontivy, La Roche-Bernard, Redon, Auray, Fougères, etc.

En Vendée, l'armée catholique et royale voit le jour. La Convention fait envoyer des renforts. Les insurgés sont défaits à Cholet. La population s'enfuit et passe la Loire à Saint-Florent-le-Vieil. Les vendéens marchent sur Granville, qu'ils ne pourront prendre. C'est le repli sur Le Mans où les morts ne se comptent plus… et la fin de l'armée vendéenne à Savenay le 23 décembre 1793. Des noms sont restés, liés à jamais à l'Histoire : Cathelineau, Stofflet, Lescure, La Rochejaquelein, Marigny, Charette, Royrand, Bonchamps, etc. « La guerre des chouans sort des débris de la grande armée vendéenne », avait dit Chateaubriand. Ce fut en effet le début de la chouannerie avec, à sa tête, Georges Cadoudal. Le pays de bocage, théâtre des affrontements, sert les chouans, qui en connaissent tous les chemins creux, toutes les caches. Ils bénéficient en plus de la complicité des paysans qui leur apportent vivres et nouvelles.

Mais ce ne sera pas suffisant pour résister aux assauts des troupes républicaines qui

Une attaque de chouans.
Lavis de G. Bourgain
(fin XIXe siècle).

Insigne vendéen.

avaient repris le contrôle des villes. La Terreur s'installe : pardons interdits, calvaires et croix brisés, statues brûlées, les prêtres réfractaires sont pourchassés, etc. La République cherche la voie de la pacification, tandis que les royalistes préparent le débarquement de Quiberon. Le 27 juin 1795, près de 5 000 émigrés débarquent en baie de Quiberon, venus d'Angleterre. Jonction avec les chouans de Cadoudal : ils sont 12 000. Les chouans passent à l'offensive. Les Bleus résistent, sous la conduite du général Hoche. Les chouans sont seuls à combattre, les régiments d'émigrés sont restés à Carnac, d'Hervilly, un de leurs chefs (avec Puisaye), refusant de les aider. Le 5 juillet, d'Hervilly replie ses troupes à l'abri de Fort-Penthièvre. Il faut battre en retraite. Georges Cadoudal se distingue avec « l'armée rouge » (3 000 hommes en uniforme rouge). Alors qu'ils sont à Châtelaudren, ses hommes et lui apprennent la prise de Quiberon dans la nuit du 20 au 21 juillet. La répression sera sanglante : emprisonnements, exécutions, mais n'arrêtera pas le combat. Le 18 fructidor an V (4 septembre 1797), c'est le coup d'Etat : le Directoire annule les élections dans les 47 départements gagnés par les royalistes. Les mesures en faveur des émigrés et des prêtres réfractaires sont annulées. Le 5 septembre 1798 : la loi Jourdan instaure le service militaire par conscription. Le 12 juillet 1799 : vote de la loi des otages. Cela fait beaucoup. Les chouans reprennent les armes et s'emparent de plusieurs villes : Le Mans, Laval, Guérande, Saint-Brieuc, Locminé, etc., mais ne peuvent s'y maintenir.

Bonaparte débarque à Fréjus le 9 octobre et les 18 et 19 brumaire an VIII (9-10 novembre 1799), c'est le coup d'Etat. Bonaparte supprime la loi des otages, décide de réouvrir les églises catholiques au culte et confie une mission de pacification au général Hédouville. Après une ultime bataille dans les landes de Lanvaux, au pont du Loch, près de Grand-Champ (10 km au nord de Vannes) le 25 janvier 1800, Cadoudal acceptera de faire taire les armes. Il rencontrera le 10 février 1800 le général Brune au château de Beauregard près de Vannes. Bonaparte nomme Bernadotte à la tête de l'armée de l'Ouest. Les consignes sont sans appel : se débarrasser des royalistes. Le premier sur la liste : Julien Cadoudal, le jeune frère de Cadoudal. Le coup est très rude pour Georges Cadoudal, d'autant que le mois précédent, son ami Mercier dit « La Vendée », a lui aussi été abattu. En 1803, il projette d'enlèver Bonaparte. Trahi, il est arrêté et guillotiné le 25 juin 1804.

Portrait de Georges Cadoudal par Aimable-Paul Coutan (1827).

cadoudal

C'est la joie le 1er janvier 1771 dans une chaumière de Kerléano, hameau de la paroisse de Brech, tout près d'Auray. Un fils vient de naître : il s'appellera Georges. Dès l'enfance, ses traits sont marqués par l'énergie. La Révolution fait naître chez lui un formidable espoir, partagé avec ses camarades du collège Saint-Yves à Vannes, dont certains deviendront chefs chouans : Jean Rohu à qui l'on doit de précieux Mémoires ; Julien Berthelot qui sera à ses côtés pendant les guerres de Vendée ; Jean Jan, à la tête des chouans du pays de Baud, etc. Son premier engagement sur le terrain fut celui de Mané-Corohan, le 19 mars 1793. Les Bleus eurent raison des Blancs et la répression s'abattit sur la campagne. On recherchait particulièrement un jeune homme dont le courage avait été très remarqué. Ce fut le début d'une brillante mais courte destinée.

Il sera guillotiné le 25 juin 1804, en criant « Vive le Roi ». Il n'avait que trente-trois ans. Il repose avec son ami Mercier la Vendée dans un mausolée érigé à Kerléano. Le randonneur peut retrouver son souvenir à Locoal-Mendon, tout près de la rivière d'Etel. Il a emprunté ce chemin bordé de chênes séculaires, trouvé refuge dans une cache dissimulée par les fougères, le cœur battant, attendant que les Bleus s'éloignent…

Des barques attendaient toujours à la pointe de Beg Er Lannec, prêtes à transporter Cadoudal et ses officiers s'il y avait danger.

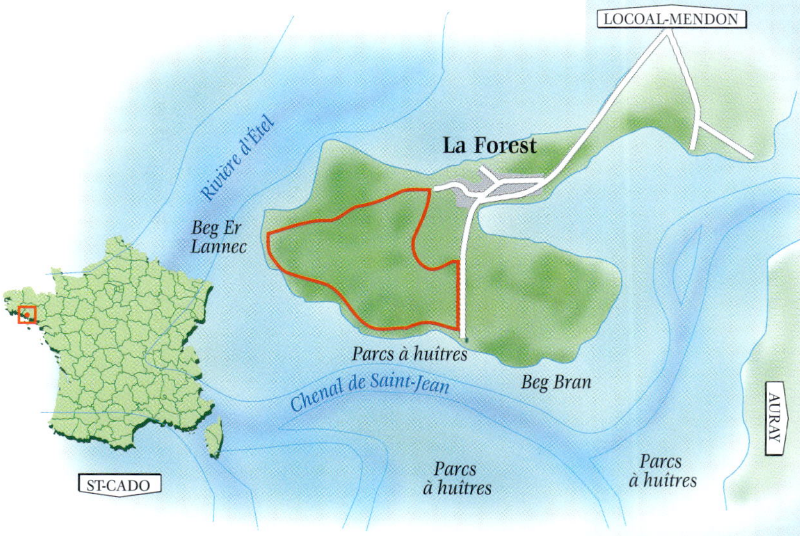

Les sentiers des muletiers

1765

à Pradelles, en Haute-Loire : les muletiers font étape ce soir ici, après être venus du Vivarais par monts, vaux et chemins.

© Jean-Philippe Vantighem/Musée de la Châtaigneraie à Joyeuse

Les soles, chaussures utilisées pour « repiser » les châtaignes (enlever la deuxième peau).

Le châtaignier

Le châtaignier est indissociable du paysage cévenol. On peut parler d'une véritable civilisation du châtaignier. Il fut d'abord cultivé pour la fourniture du bois, les fruits servaient à nourrir les cochons. Il devint ensuite l'arbre à pain pour les populations à qui il permit de survivre. Elles auraient bien sûr préféré du pain, mais étaient trop pauvres pour acheter blé ou farine. Les feuilles servaient de litière pour les bêtes avant d'être répandues comme fumier, dans les vignes en particulier. Châtaigneraies et vignobles sont liés. Les branches du châtaignier fournissaient des bois échalas. Les tonneaux remplacèrent aussi les outres en peau et les cuves de pierre. Le vin y gagna en qualité. Les outres continuèrent à être utilisées pour le transport.
Ardèche et Lozère entendent bien conserver cet élément de leur patrimoine après les périodes difficiles qu'il a connues. Le musée de la Châtaigneraie installé à Joyeuse (Ardèche) dans l'ancien collège des Oratoriens (XVIIe siècle) le fait revivre.

C'est fête aujourd'hui pour les enfants de Pradelles. Les muletiers sont là et leur caravane est impressionnante ! Ils dormiront ce soir à l'auberge. Etape réparatrice sur la route qui les mènera jusqu'au Puy où ils iront livrer le précieux chargement de leurs mulets : du vin, produit dans le Bas-Vivarais, là où terre et soleil permettent la culture de la vigne. Et depuis le haut Moyen Age, dit-on. Le chargement comprend aussi parfois de l'huile d'olive, du sel et de la mercerie.

La production locale est plus forte que la consommation locale et il faut écouler l'excédent. Le vin produit à proximité de la vallée du Rhône trouve là une voie d'eau pour leur transport, mais celle du Bas-Vivarais est transportée par les mulets vers Le Puy, Murat, Saint-Flour. Les muletiers, eux, sont originaires de Loubaresse, Villefort, Le Bleymard, Le Béage, Le Petit-Paris, Saint-Etienne-de-Lugdarès, Saint-Laurent-les-Bains, etc. Ceux situés sur la voie Régordane (Le Luc, La Veyrune, La Bastide, La Garde-Guérin) la suivent jusqu'au Puy.

Le muletier a fière allure : belle taille, cheveux longs noués à l'arrière, démarche imposante. Sur la tête : un bonnet de laine rouge qu'il ne quitte jamais et sur lequel il pose un large feutre. Ses bords le protègent du soleil, de la pluie et de la neige car le climat est rude sur les hauts plateaux qu'il traverse avec ses bêtes. Il porte une veste de cadis blanc et une culotte de cadis vert, moulante. Des jarretières rouges tiennent les guêtres blanches. Du rouge aussi pour la cravate, le gilet et la ceinture. En cas de mauvais temps, une cape protège ce bel ensemble vestimentaire.

Pour prétendre au titre de muletier, il faut avoir une « couble » d'au moins six mulets. En dessous, il faut se contenter d'être « rafardier ». Un détail qui différencie le patron des autres muletiers : les anneaux d'oreilles en or. Une ancre est accrochée aux anneaux du patron, un fer à mulet à ceux des muletiers.

Les mulets ne sont pas en reste pour l'équipement. Juste retour des choses : ce sont eux qui portent les outres, ou « boutes ». La charge d'un mulet peut aller jusqu'à 170 kilos ! La plupart des outres viennent du Puy, où elles sont fabriquées avec de la peau de bœuf ou de vache solidement cousue. Grâce à la souplesse de la peau, elles épousent parfaitement la forme du bât. Des cordes les fixent afin d'éviter le ballottement au cours du voyage. Les mulets ont heureusement le pied sûr sur les routes et les chemins pierreux.

La coquetterie n'est pas en reste, même chez les mulets. Ils portent sur la tête, outre le rutilant plumet de laine rouge, des plaques de cuivre qui, sous le soleil, sont du plus bel effet. Elles leur servent d'œillères et sont souvent armoriées ou portent des devises : « J'aime le lys, J'aime la rose, J'aime l'honneur sur toute chose » par exemple.

Le repas sera joyeux, les muletiers n'engendrent pas la mélancolie. Tôt le matin, ils s'en sont allés… Les enfants attendront le prochain passage.

Au retour, les mulets reviendront encore chargés : céréales, légumes secs, dont les fameuses lentilles du Puy, lard, viande fumée,

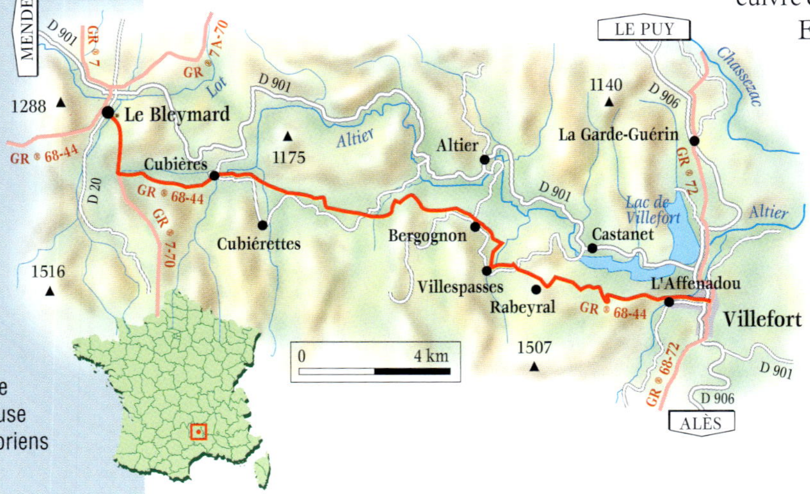

du vivarais

fromage, et aussi échalas pour les vignes et petite tonnellerie.

Et puis un jour les mulets furent réquisitionnés pour cause de guerre, la maladie gagna le vignoble et le chemin de fer apparut. Ce fut trop pour les muletiers qui disparurent petit à petit.

Documentation : « Muletiers, postes et diligences en Vivarais et au-delà ». Albin Mazon, Ed. FOL Ardèche, 1997

L'itinéraire entre Villefort et Le Bleymard (rando de 7 h 30) fut emprunté jadis par les muletiers. Le lieu-dit « L'Affenadou » rappelle qu'il y avait là un relais d'affenage pour l'alimentation des mulets en fourrage.
Topo-guide FFRP : Tour du mont Lozère et du causse Méjean, réf. 631.

Au Puy-en-Velay, muletiers devant la tour Pannessac.

La haute Ardèche déploie l'immensité de ses paysages.

sur le canal de Nantes à

1822

la compagnie des canaux de Bretagne voit le jour.

L'utilisation des voies d'eau n'est pas nouvelle. Les premiers hommes les ont empruntées pour se déplacer et les générations qui leur ont succédé ont essayé d'améliorer leur navigabilité. Ce fut le cas en Bretagne.

C'est François Ier qui autorisa la ville de Rennes à rendre la Vilaine navigable jusqu'à Messac. Les projets vont se succéder et les évènements de l'histoire aussi. Il faut absolument relier Nantes à Brest par voie fluviale. La Commission de la navigation intérieure est créée en 1783. Les lettres patentes données à Versailles en octobre « autorisent les états de Bretagne à faire faire les canaux & autres ouvrages nécessaires pour la navigation intérieure de ladite Province ». La même année commencent les travaux entre Redon et Rennes. Arrive la Révolution. En 1799, on relance le problème des canaux en Bretagne. Avec la chute de l'Empire en 1814, les travaux sont momentanément interrompus.

Le chantier repart. La liaison Nantes-Brest sera complètement réalisée en 1855 avec l'ouverture de la dérivation de l'Oust près de Redon. 360 km de long, 236 écluses, biefs, déversoirs, jetées, maisons d'éclusiers, etc. Le plus vaste chantier de l'histoire de la Bretagne. Le canal sera terminé alors que la menace anglaise avait disparu. Il va servir au développement de la province. En 1923, la construction du barrage de Guerlédan interrompra la liaison…

Lorsque débute en 1783 le chantier du tronçon entre Redon et Messac, on recrute dans toute la province. On vient se faire quelques sous ici, même si les conditions de vie sont éprouvantes. Les hommes sont mal logés, mal nourris, souvent atteints par les épidémies.

© Michel Ogier

La tradition des fleurs s'épanouit à l'écluse de Josselin.

© Yvon Boëlle

Halte sur le canal à Redon.

Le musée de la Batellerie de Redon

Il est situé sur le port, juste en face du bassin à flot. Impossible de ne pas le voir, deux grosses portes d'écluse marquent son entrée. Il témoigne de l'intense activité de la batellerie dans l'Ouest, depuis l'ouverture du canal de Nantes à Brest au XIXe siècle jusqu'aux années 1970 où l'activité s'acheva. Maquettes, objets de la vie de tous les jours, film, vous entraînent au fil de l'eau. Il y a même une maquette-écluse qui fonctionne. C'est un lieu unique en Bretagne pour raconter l'histoire de la batellerie.

Charly Bayou, le directeur du musée, déclare : « Pour les anciens mariniers, ce musée, c'est leur maison, un lieu où ils se retrouvent, se reconnaissent. Des professionnels encore en activité dans d'autres régions y viennent aussi. Nous recevons beaucoup de classes et c'est très sympathique de voir les enfants y venir ensuite avec leurs parents. »

Deux témoignages du livre d'or : « Exposition qui démontre bien que l'esprit batelier est le même partout ». « Fils, petit-fils et arrière-petit-fils de mariniers du canal de Nantes à Brest, moi-même marinier pendant quatre ans sur la Loire et la Mayenne, et trente-cinq ans sur la Seine, capitaine de « pousseur », merci de m'avoir fait revivre cette épopée ».

Brest

Le travail est particulièrement pénible. L'ouverture du chemin de la Corbinière aura été difficile, mais creuser dans le marais de Redon n'est pas de tout repos non plus. Des soldats du régiment de Condé y sont affectés et pataugent à longueur de journée dans une tourbe gluante et malodorante. Le percement de la tranchée de Penfao aura été aussi un terrible chantier. Pas facile de creuser dans le schiste, et sous une chaleur torride qui fit tarir sources et puits…

Difficile d'imaginer ce chantier gigantesque lorsqu'on se promène aujourd'hui sur les berges du canal. Redon fut autrefois un port important où transitaient les marchandises vers Rennes, Vitré, Fougères, et même Saint-Malo. Vins de Bordeaux, de Nantes, sel, fer, bois, chanvre, lin, ardoise, marrons, etc. Le bassin à flot accueille aujourd'hui les bateaux de plaisance. Le lundi, les rues s'animent avec le marché tandis que sous les halles flottent de bonnes odeurs de galettes. Chaque automne, la foire Teillouse rassemble les amateurs de marrons et châtaignes, tandis que le festival de chant et musique de Haute-Bretagne bat son plein.

De Redon partent les amateurs de navigation fluviale. Direction la basse vallée de l'Oust, classée « grand site naturel », pour amorcer le voyage. Les falaises abruptes (prisées par les clubs d'escalade) de l'île aux Pies plongent dans l'Oust. C'est là que Paul Féval a situé « La Femme blanche des marais »… Les berges du canal accueillent promeneurs en famille, randonneurs à pied et à VTT. Des signes amicaux s'échangent avec ceux qui sont sur l'eau, bonheur tout simple de partager un moment heureux dans la nature. Malestroit, dite « perle de l'Oust », a conservé des maisons anciennes qui s'ornent de lucarnes, gargouilles et sculptures facétieuses comme celle de la Truie qui file. Sa situation sur l'Oust lui valut un commerce florissant : cuirs, toiles, draps, etc. Puis viendra Josselin et la silhouette altière de son château, ses vieilles maisons près de la basilique Notre-Dame-du-Roncier.

Le voyage s'arrête là pour cette fois mais il peut continuer jusqu'à Lorient. Le Comité de promotion des canaux bretons est à même de donner plein d'idées en matière de tourisme fluvial.

Près de l'écluse de Beaumont, avant Malestroit.

Fresques et peintures enlumi

1841

les peintures murales de la chapelle Saint-Gilles à Montoire sortent de l'ombre…

® Rando de 28 km sur le GR® 35. Circuits de promenade et randonnée dans le topo-guide FFRP La vallée du Loir à pied, réf. P491.

Peinture de la chapelle Saint-Gilles à Montoire.

© Michel Ogier

Après avoir pris sa source dans le département de l'Eure-et-Loir, le Loir coule nonchalamment, à travers la campagne, prenant tout son temps, avant de se marier avec la Sarthe, pour musarder à son aise dans des paysages tout empreints de douceur de vivre.

Ce pays de la douceur de vivre, écrivains et artistes l'ont aimé aussi. C'est pourquoi les petites églises romanes abondent ici. En Loir-et-Cher, ce qui leur donne un intérêt tout particulier, ce sont leurs peintures et fresques. Leur découverte remonte au milieu du siècle dernier. Elles avaient été recouvertes d'enduits ou badigeonnées. Peut-on s'en plaindre ? Cela a peut-être été la meilleure façon de les protéger. Ces témoignages de l'art médiéval font maintenant l'objet de soins attentifs.

Une fois encore, c'est Prosper Mérimée qui va se produire. En sa qualité d'inspecteur des Monuments historiques, il commanda en 1838 un relevé des peintures murales de l'abbatiale poitevine de Saint-Savin-sur-Gartempe. 412 m² de peintures ! Le mouvement était lancé. En 1841, ce fut au tour des peintures de la chapelle Saint-Gilles à Montoire. Cette chapelle dépendait du prieuré bénédictin de Saint-Calais, dont Pierre de Ronsard – né non loin de là au manoir de la Possonnière – fut prieur entre 1566 et 1585. Un christ en majesté orne chacune des voûtes des trois absides, chaque christ étant d'une facture différente. Montoire voyait passer les pèlerins en route vers Tours où ils allaient sur le tombeau de saint Martin. Certains y rejoignaient la Via Turonensis qui descendait sur Compostelle.

Avant Montoire, les pèlerins s'arrêtaient à Saint-Jacques-des-Guérets. Quelle symphonie de couleurs pour réviser l'histoire sainte ! Le martyre de saint Jacques, la Cène, la Crucifixion, etc. A remarquer aussi deux statues en bois polychrome, dont une de saint Jacques bien sûr. La maladrerie Sainte-Catherine construite à Troo, village situé sur l'autre rive du Loir, permettait de reprendre des forces.

Prochain arrêt : Lavardin, où l'église Saint-Genest apparaît comme un livre d'images dont les pages se lisent au fil des piliers : Arbre de Jessé, délivrance de saint Pierre, baptême du Christ, etc.

Puis ce sera Vendôme, où la chapelle Saint-Jacques constituait une halte sur le chemin de Compostelle pour les pèlerins venant de Calais, via Rouen, Evreux, Châteaudun et Chartres. C'est à la faveur de travaux de restauration dans l'abbaye de la Sainte-Trinité que l'on découvrit

© Jean Cantaloube

Les habitations troglodytiques

Les hommes ont vécu dans les habitations troglodytiques du Vendômois depuis fort longtemps. Certaines remonteraient à la plus haute Antiquité. La « capitale » du troglodytisme en Loir-et-Cher reste Troo (son nom viendrait de la prononciation de « trou » par les occupants anglais). Le village occupe trois niveaux : la ville basse, la ville intermédiaire avec les troglodytes, et la ville haute qui surplombe la vallée du Loir. C'est dans la rue Haute que se trouvent les vestiges des plus anciens habitats que l'on appelle ici les « caforts ». Il fut une époque où la majorité de la population vivait dans la roche. On venait boire un coup de blanc de Loir au café des Roches. Les femmes se retrouvaient autour du lavoir souterrain (un des rares existant en France). Les caves s'enfoncent souvent très profond dans la roche. Ce fut jadis de bons refuges lorsque le village était attaqué. L'habitat troglodytique n'est pas mort. Certaines caves, bien aménagées, sont habitées de façon permanente, d'autres sont devenues des maisons secondaires, tout comme en Touraine ou le Saumurois.

© Michel Ogier

Habitat troglodytique à Troo.

nent la vallée du Loir

des peintures dans la salle capitulaire. Elles n'existent plus dans leur intégralité, mais on peut cependant identifier la pêche miraculeuse du lac de Tibériade, le repas d'Emmaüs, etc.

Tout près de Vendôme, les peintures de la petite église d'Areines séduisent par la fraîcheur de leurs couleurs.

Ce n'est qu'un petit aperçu des richesses du département du Loir-et-Cher en églises, où l'école de la vallée du Loir s'est si bien illustrée. Poncé-sur-le-Loir, Saint-Firmin-des-Prés, Thoiré-sur-Dinan, Longpré, Lutz-en-Dunois, Cloyes-sur-le-Loir, etc., offrent également au regard leurs décors hauts en couleur.

Ces couleurs étaient obtenues à partir de pigments provenant de terres, comme l'ocre jaune, l'ocre rouge, des terres vertes. Des oxydes métalliques donnaient le vert et le bleu. Pour ce dernier, le lapis-lazuli fut quelquefois utilisé, d'où ce bleu profond comme à Saint-Jacques-des-Guérets. Les teintes se font tantôt vives, tantôt tendres ; elles forment les drapés ; tissent les mailles des filets, comme à Vendôme sur la scène représentant la Pêche miraculeuse ; donnent de l'envol aux anges comme ceux portant la mandorle de la Majestas Domini à Montoire ; brodent des arabesques ; composent des frises, etc.

Dans l'église d'Areines, peinture d'un guerrier.

© Michel Ogier

A Lavardin, symphonie de couleurs à l'église Saint-Genest.

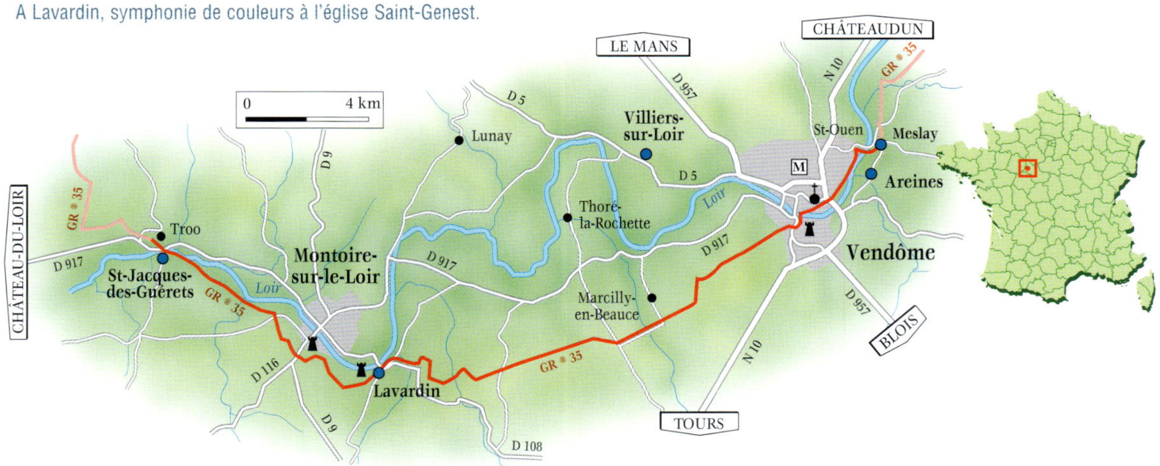

chemins et tournées de

1863

la distribution du courrier à domicile devra être assurée chaque jour, sauf dimanche et jours fériés, dans toutes les communes de France.

Le facteur fait partie de notre quotidien. Comment s'est-il déplacé ? C'est très varié : à pied, à bicyclette, en voiture, à cyclomoteur, à moto, à skis, à raquettes, en scooter des neiges, en barque, en pirogue (en Guyane), en traîneau, à dos d'âne, de mulet ou de cheval, dans une voiturette tirée par un chien, et même sur des échasses et en hélicoptère lorsque la neige empêche toute communication ! Un éventail de modes de locomotion sans pareil.

La venue du facteur, c'est le lien avec l'extérieur. N'a-t-on pas vu un paysan vivant isolé en Camargue avec ses chevaux et ses taureaux, s'être abonné à un journal quotidien, qu'il n'ouvrait jamais, uniquement pour être assuré d'avoir au moins une visite dans la journée, celle du facteur ? Leur conscience professionnelle leur fait braver toutes les intempéries. Un facteur du Cantal n'hésita pas à ôter son pantalon d'uniforme pour traverser les eaux glacées d'une rivière dont le cours avait grossi. La malice n'était pas absente non plus des tournées. Un facteur du Queyras tendait des lignes dans la haute vallée du Guil et surveillait ses cannes pendant sa tournée !

Les tournées des facteurs d'aujourd'hui ne manquent pas non plus d'originalité. Deux exemples parmi d'autres : une factrice de Carantec, dans le Finistère, doit prendre en compte l'heure des marées pour aller distribuer le courrier sur l'île Callot ; en Alsace, le facteur qui assure la distribution du courrier dans les fermes-auberges est reçu à la table familiale et prend quelquefois son plat principal à un endroit et le dessert dans une seconde ferme-auberge.

Le facteur à bicyclette

Le vélocipède fut autorisé au début du siècle. La Manufacture française d'armes et de cycles de Saint-Etienne fabriquait dès 1901 deux modèles « Hirondelle-facteur » : un à 130 F, l'autre à 160 F. Elle proposait même une vente à crédit. La bicyclette verra son utilisation généralisée en 1920 : « Un

Prêts à partir pour la tournée (années 30).

facteurs...

parcours à bicyclette, de 8 km au moins, est considéré obligatoirement comme tournée à bicyclette. » La bicyclette n'a jamais complètement disparu, malgré l'apparition de la motorisation. Un modèle spécial a même été conçu ces dernières années.

Le facteur de Corse

Il ne marche pas, il court le facteur. Il prend le courrier au bureau de poste de Partinello, va en voiture jusqu'au col de Bocca a Croce et de là en chemin pour Girolata dans un cadre que beaucoup de facteurs lui envieraient ! Les odeurs du maquis l'assaillent : myrte, arbousiers… Il ne transporte quand même pas les gros paquets. Le bateau y pourvoit. (On n'accède à Girolata qu'à pied ou par bateau.) Il avait un âne il y a quelques années, Tchou-Tchou, mais il lui a préféré ses jambes et l'âne broute paisiblement dans un pré, rêvant de ses tournées d'autrefois… où il se régalait de feuilles de cistes… Trouvera-t-on un autre facteur-randonneur lorsque le départ à la retraite aura sonné ?

Guy Ceccaldi, le facteur de Girolata, avec Tchou-Tchou (songeur !).

…et de la Réunion

Un décor de vacances pour accomplir sa tournée ! Soit, mais il a fallu quand même beaucoup d'endurance à Angelo Tiburce pour parcourir à pied les sentiers du cirque de Mafate et assurer la distribution régulière du courrier. Un entraînement que beaucoup de randonneurs peuvent lui envier !

Les facteurs en barque

Il en existe encore un : Bernard Benoît dépend du bureau de poste de Saint-Omer et effectue une partie de sa tournée dans le marais audomarois (Pas-de-Calais). La Poste a passé un contrat de location avec un loueur de barques à l'Auberge du Bon Accueil à Salperwick. C'est de là qu'il part pour sa tournée dans le marais : une dizaine de kilomètres à travers les canaux (« watergang » en flamand). Les boîtes à lettres sont installées en bordure de la rive. « Un jour d'hiver, raconte-t-il, il y a eu des « prises de gelées », des couches de glace flottaient sur les canaux. Une plaque plus grosse que les autres a éventré la barque. Je n'ai eu que le temps de me rapprocher du bord et de m'y accrocher. » Le facteur rend aussi des services en apportant le pain et les médicaments. Le Marais poitevin fut lui aussi desservi par des facteurs en barque. Pas de moteur à l'époque, il fallait savoir manœuvrer avec la « pigouille », une longue perche qui sert à faire avancer la barque.

Les facteurs à skis

Certains facteurs utilisent encore les skis pour leur tournée, comme à Lautenbach et à Willer-sur-Thur dans le Haut-Rhin. A Saintes-Maries-aux-Mines, durant l'hiver 1998, il y eut tellement de neige que les facteurs assurèrent la distribution à pied, en tirant les luges où ils avaient entreposé les sacs de courrier. A Saint-Gervais, en Haute-Savoie, c'est aussi à ski que se fait la tournée.

Une tournée pour le moins originale dans les Landes : un facteur sur échasses !

Pas toujours facile de déposer le courrier avec les pieds dans une embarcation !

Le Petit Journal

ADMINISTRATION 5 CENT. SUPPLÉMENT ILLUSTRÉ 5 CENT. ABONNEMENTS

22me Année Numéro 1.052

DIMANCHE 15 JANVIER 1911

LES FACTEURS DES ALPES EMPLOIENT LE SKI POUR FAIRE LEUR TOURNÉE DANS LA NEIGE

chemins et tournées de

« Heureux l'homme libre,
brave et travailleur,
le rêve d'un paysan.** »

Le facteur Cheval en uniforme. Pensait-il à son Palais idéal en posant pour la photo ?

Le facteur cheval

Ferdinand Cheval naît le 19 avril 1836 à Charmes, un petit village au nord de la Drôme, situé près de Hauterives (47 km au nord-est de Valence). La campagne l'attire et devenu adolescent puis adulte, il y fait de longues randonnées. Son entourage le considère tout juste bon à marcher. Alors, pourquoi ne porterait-il pas le courrier ? Le voilà devenu « piéton » (c'était le terme administratif pour le facteur rural). D'abord nommé à Anneyron, il est ensuite muté à Romans, puis à Hauterives en 1869.

« Vagabond salarié, il marchait sans trêve et songeait au long des routes drômoises, comme Rimbaud dans les chemins ardennais. Il a dit plus tard combien de longues journées furent riches de révélations et ce qu'il y contemplait : non pas comme « l'homme aux semelles de vent, un salon au fond du lac », mais, doublant les lignes de peupliers et d'ormes, de haies vives et de plat pays, un palais démesuré*. »

Ce palais démesuré, il va le réaliser.

Un jour de 1879 « mon pied avait rencontré un obstacle qui faillit me faire tomber. Je voulus voir de près ma pierre d'achoppement. Elle était de forme si bizarre que je la ramassai et l'emportai. Je retournai le lendemain au même endroit et en trouvai de plus belles encore qui, rassemblées sur place, faisaient un si joli effet que cela m'enthousiasma ». C'était parti.

Il va se mettre à ramasser des pierres et toujours des pierres au cours de ses tournées. Il commence à les rapporter sur son dos dans un panier mais il s'organise et fait des petits tas et revient les chercher le soir après sa tournée (32 km, voir la carte) avec une brouette. Il part quelquefois la nuit, ses petits tas sont parfois à 10 km de Hauterives.

Autour de lui, on s'étonne un peu mais on se contente de lever les yeux au ciel… Première construction : une fontaine, une vasque, puis une autre, puis encore une autre, et ainsi de suite. Une grotte prend forme. Il y aura travaillé pendant deux ans. Et le rêve continue : un temple égyptien, un temple hindou, un château féodal, un chalet suisse, etc., des statues gigantesques qu'il appelle César, Vercingétorix et Archimède. Le bestiaire est très vaste : loutre, guépard, ours, boa, crocodile, éléphants, oies, aigles, etc.

Une question se pose : comment alimentait-il son imagination ? Il circulait à l'époque des publications populaires illustrées (par Gustave Doré notamment). Peut-être possé-

facteurs

dait-il aussi un dictionnaire illustré ?

Il va demander sa retraite en mai 1895, et pourra ainsi se consacrer entièrement à son palais. Lorsqu'il estimera son palais achevé, il placera dans une cavité ses outils avec, au premier plan, sa brouette, le tout fermé par une grille, et surmonté d'une inscription. La brouette déclare :

« Je suis la fidèle compagne
Du travailleur intelligent
Qui chaque jour dans la campagne
Portait son petit contingent. »

La mosquée, façades sud et ouest.

Il va aussi édifier un étonnant tombeau dans le cimetière, où il sera inhumé en août 1924. Le palais du facteur Cheval sera classé monument historique en 1969. La Poste lui rendra hommage en éditant un timbre représentant le Palais idéal. Elle lui devait bien ça !

Claude Boncompain, « Le Facteur Cheval, piéton de Hauterives », Ed. le Bouquin, Peuple libre, 1988.

Ferdinand Cheval aura consacré trente-trois ans de sa vie à édifier son palais, utilisant 3 500 sacs de chaux et de ciment. 10 000 journées, 93 000 heures de travail !
« C'est de l'art, c'est du rêve, c'est de l'énergie »**

**(deux des nombreuses inscriptions gravées).

Les voitures tirées par un chien

Certains facteurs utilisèrent une petite voiture tirée par un chien, comme le faisaient des commerçants ambulants, dont les représentants des épiceries « Au planteur de Caïffa ». Les cartes postales anciennes en montrent notamment dans le Loiret et le Loir-et-Cher. Mais en 1897, l'utilisation des chiens fut interdite dans un certain nombre de départements et strictement réglementée. Il était notamment interdit de prendre place dans la voiture lorsqu'elle était chargée. La règle fut quelquefois tournée en attelant deux chiens ! L'arrivée de la bicyclette fit disparaître l'usage de ces voiturettes chez les facteurs.

© Musée de la Poste, Caen

Un singulier attelage à Vienne-en-Val (Loiret).

Les chemins des colporteurs

Entre
1880 et
1890
en Oisans, 18 communes
sur 22 « fournissent »
des colporteurs qui s'en
vont vendre leurs
marchandises par les
routes et les
chemins de France,
d'Europe et du monde.

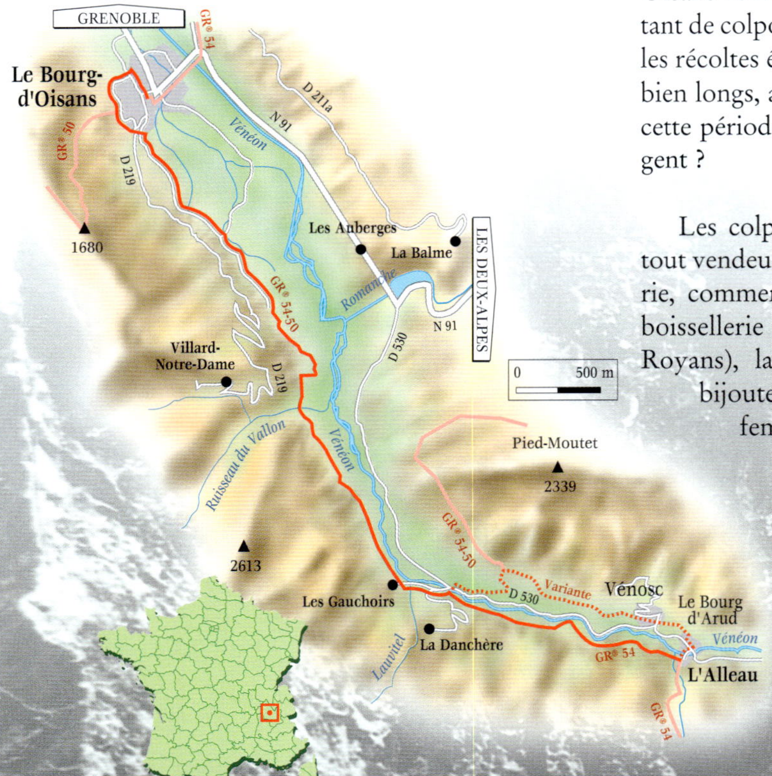

De redoutables marcheurs que les premiers colporteurs. Le poids de leur hotte ou de leur caisse en bois devait excéder celui d'un sac à dos. Plus le choix des marchandises était vaste, plus on accroissait les chances de vendre. Dès qu'ils le pouvaient, ils s'adjoignaient un mulet et pour les plus fortunés une carriole tirée par un cheval. Leur silhouette a animé les campagnes où leur passage était attendu. Venus de régions diverses, ils apportaient une note d'exotisme dans la vie de tous les jours. Les colporteurs ont pratiqué les premiers la communication. Journaux, livres, almanachs ont véhiculé l'information jusqu'au plus profond des pays de France.

D'après les archives, le colportage en Oisans remonterait au XVIe siècle. Pourquoi tant de colporteurs ? Le pays était rude. L'été, les récoltes étaient maigres. Les hivers étaient bien longs, alors pourquoi ne pas profiter de cette période pour faire rentrer un peu d'argent ?

Les colporteurs de l'Oisans étaient surtout vendeurs de toiles, cotonnades et mercerie, commerce complété quelquefois par la boissellerie (fournie par les Bauges et le Royans), la quincaillerie, la coutellerie, la bijouterie et la bimbeloterie dont les femmes étaient friandes. S'y ajoutaient aussi les lunettes, achetées à Morez, pour répondre à la demande des dentellières et brodeuses de l'est de la France. Certains vendaient aussi, du « thé des Alpes » (la dryade à huit pétales), des

Planche de colporteur avec une gentiane.

herbes pour les liqueurs, et aussi des paquets de simples de leurs montagnes, aux vertus bienfaisantes. De là à exagérer un peu sur les remèdes miracles…

Ils allaient dans toute la France, sauf le Nord, la Normandie, les Pyrénées et le Languedoc. Leur départ et leur retour étaient parfaitement réglés. Lorsqu'ils descendaient avec leurs balles sur le dos, les habitants de la vallée savaient que l'hiver était proche.

Les colporteurs de Venosc, Mont-de-Lans et Le Freney étaient, eux, spécialisés

La route — impressionnante ! — de Bourg-d'Oisans à Saint-Christophe. Au fond, la vallée du Vénéon.

La famille Sonnier, du village de La Garde (1918). L'homme à gauche sur la photo était colporteur.

dans les semences et les bulbes. Les planches sur lesquelles figuraient les dessins des marchandises vendues étaient très colorées… et prometteuses ! Tel ce fraisier avec des fruits énormes, des fleurs aux teintes parfois surprenantes : une rose verte par exemple. Ils s'approvisionnaient en Ile-de-France et dans le Val-de-Loire. Certaines pépinières d'Anjou ont été fondées par des colporteurs fleuristes de Venosc et sont encore exploitées par leurs descendants. Ils étaient très entreprenants et n'hésitaient pas à s'expatrier, partant le plus souvent à plusieurs. L'Europe était pour eux un territoire proche et ils partaient au-delà des mers : Afrique du Nord, Egypte, Grèce, Russie, et même le Mexique, le Chili et le Brésil. Certains y firent de mauvaises affaires, n'en revinrent pas, mais d'autres y firent fortune.

La pratique déclina petit à petit. La Grande Guerre arriva. Le colportage reprit, mais de façon sporadique.

Les colporteurs de Chamagne

Chamagne est à 30 km environ au nord d'Epinal. Le peintre Claude Gellée, dit « le Lorrain », y naquit en 1600. C'est dans sa maison natale, devenue musée, que s'est tenue en 1990 une exposition consacrée aux colporteurs, fruit d'un travail de deux ans de trois classes, de la maternelle au CM2, dans le cadre d'un Projet d'action éducative, réalisée à partir de 460 « passeports à l'Intérieur » délivrés à des Chamagnons par la police générale du royaume puis la police générale de France.

Les Chamagnons s'en allaient plusieurs mois de l'année proposer livres, images d'Epinal, dentelles de Mirecourt, mercerie, aux populations du Nord, de l'Ouest et du Sud-Ouest. Quelques-uns allaient jusqu'à Grenoble. Les secteurs des Alpes, Pyrénées, sud du Massif central et Alsace n'étaient pas visités. Ils avaient leurs propres colporteurs, pas question d'empiéter chez eux !
Un tiers des colporteurs étaient des femmes, dont 66 % partaient seules, et 29 % avec leur progéniture. Les colporteurs se faisaient aussi chanteurs de complaintes, commentant les images qu'ils vendaient et les scènes religieuses figurant à l'intérieur de la boîte de colportage qui, une fois ouverte, se présentait comme un triptyque.

Rando de 3 h entre L'Alleau et Le Bourg-d'Oisans (d'Alleau on peut aller jusqu'à Venosc, village des colporteurs fleuristes et utiliser la variante). Topoguide FFRP Tour de l'Oisans, réf. 508.

Les galvachers par monts

1874

l'abbé Henry écrit au sujet de la région de Quarré-les-Tombes : « on compte quatre classes d'émigrants : les galvachers, les manouvriers, les jeunes gens et les nourrices. Les premiers, appelés aussi charretiers, exercent cette profession depuis plusieurs siècles*. »

Bûcherons, sabotiers, jouguiers, boisseliers, scieurs de longs, écorceurs (qui travaillaient pour les tanneries), charbonniers, etc. Tous ces métiers ont été exercés dans le Morvan, pays du bois. Un métier manque à cette liste, celui de charretier appelé aussi « bœutier » ou « voiturier par terre » et bien sûr « galvacher ».

Philippe Berte-Langereau, auteur de l'ouvrage « Les galvachers et charretiers du Morvan* », indique que le mot galvacher serait « d'origine berrichonne, avec une connotation péjorative pour parler de ces « étrangers » venus d'une région plus pauvre ». Il demeure employé pour parler de ces Morvandiaux dont le savoir-faire en matière de débardage était fort apprécié et qui n'ont pas hésité à partir plusieurs mois de l'année loin de leur terre natale pour améliorer leurs conditions de vie. Tout comme l'ont fait les nourrices qui laissaient leur enfant au pays. Partir, c'était l'espoir de pouvoir acheter un nouvel attelage, une parcelle de terre supplémentaire ou, pourquoi pas, avoir enfin sa maison.

La galvache n'était pas uniquement pratiquée par le Haut-Morvan. Les archives indiquent que des localités comme Avallon, Quarré-les-Tombes, Dun-les-Places, Marigny-l'Eglise, Saint-Prix, etc., ont compté elles aussi des voituriers. Ce sont bien sûr dans des villages comme Arleuf, Athez, Planchez, Saint-Brisson, Montsauche, Ouroux, Anost, etc., que la galvache était la plus pratiquée.

Le départ avait lieu au printemps, toujours après que les pommes de terre eurent été plantées. Ceux de la « montagne » se réunissaient au

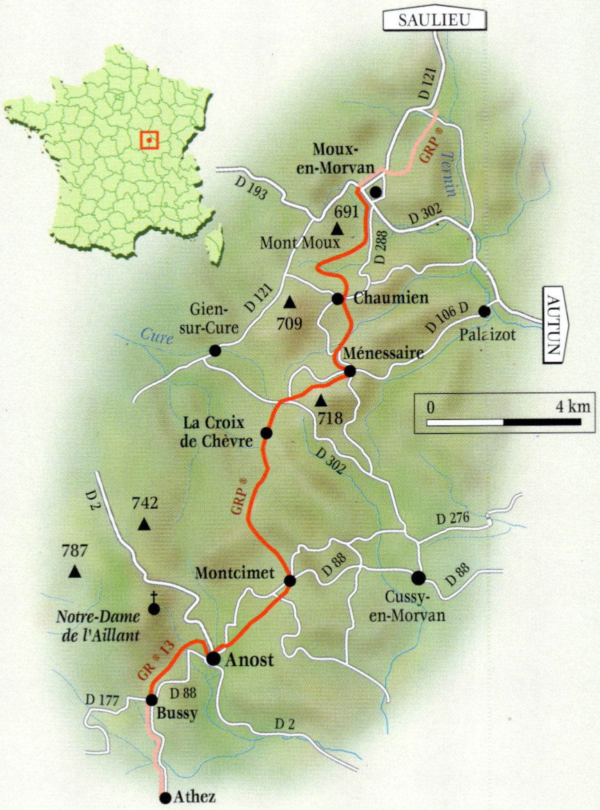

hameau de Bussy, près d'Anost. Une petite goutte à l'auberge et c'était le départ. Il était courant de retourner plusieurs années de suite chez le même marchand de bois, qui retenait ses charretiers d'une année sur l'autre. Le retour avait lieu vers la mi-novembre pour ceux qui revenaient passer l'hiver au village. Certains se fixaient dans le pays qui les avait accueillis.

L'Yonne, la Côte-d'Or, la Nièvre, l'Aube, la Marne et la Haute-Marne, le Loiret, l'Indre, l'Allier accueillaient les galvachers, mais aussi la Normandie, la Lorraine, les Ardennes, le Jura.

Les étapes étaient de 25 km par jour. Pour les destinations les plus lointaines, les voyages duraient de 10 à 12 jours. Pas de surprise pour l'itinéraire et les étapes (comme pour un randonneur pourvu

A Saulieu, le taureau de François Pompon, sculpteur animalier.

et par vaux

© Parc régional du Morvan/Alain Millot

Brume matinale dans la vallée du Coterin, près d'Anost.

d'un topo-guide !). Au long des années tout un réseau s'était constitué. Même avec l'arrivée du chemin de fer, beaucoup continuèrent à se rendre à pied sur leurs lieux de travail. D'autres laissaient leurs charrettes sur place et transportaient leurs bœufs par le train.

Les attelages de bœufs variaient suivant les moyens des charretiers. Ils pouvaient aller de deux à... quarante-deux, plus un bœuf pour un remplacement éventuel ! Il s'agissait alors d'une véritable entreprise, ce qui était plutôt exceptionnel. On achetait les bêtes aux foires locales ou des environs : Autun, Avallon, Saulieu. Il y avait aussi chaque année une grande foire à Anost, là où a été installée, à l'initiative du parc naturel régional du Morvan, la Maison des galvachers. Les bêtes, bien traitées, étaient des nivernais, des salers, des charolais, etc. Leurs noms chantent encore dans les mémoires : Marin, Negro, Marmot, Libertin, Cadet, Joli...

Ed. Nourrices du Morvan, 1996

© Collection privée Philippe Berte-Langereau

L'Yonne a transporté des milliers de trains de bois...

Le flottage du bois

Au début du XVIe siècle une crise atteignait Paris : son alimentation en bois. Les forêts de l'Ile-de-France épuisées, il fallut chercher plus loin l'approvisionnement. Pourquoi pas dans les forêts morvandelles ? Vingt-deux ports de jetage furent ainsi aménagés sur le cours supérieur de l'Yonne. Au printemps, les troncs qui y avaient été accumulés étaient tous jetés à l'eau pour le « grand flot ».

Des « perthuis » (arrêts en bois) stoppaient les troncs et chaque port installé autour de Clamecy allait recevoir une quantité déterminée. Les bûches marquées à leur extrémité d'un signe distinctif pour chaque propriétaire étaient triées par un « triqueur ». Puis c'était l'empilage jusqu'à la mi-juillet et l'attente de la fabrication des « trains ». Jusqu'à la fin du mois d'août se faisaient les transactions de vente. Puis c'était le grand départ des « trains » en septembre. Au travail ! Il fallait au moins six personnes pour confectionner un train : un radeau composé de 200 stères de bois sur une longueur de 75 m et une largeur de 4,5 m. Les « rouettes », un lien tressé en branchage souple, servaient à assembler les bûches. Dès que 50 à 100 trains étaient prêts, c'était le départ pour Paris, dont on arriverait aux portes après 11 jours, à une vitesse de 20 km par jour. L'année 1804 fut une année record, avec 3 535 trains de bois, auxquels s'ajoutèrent les 1 051 construits à Vermenton avec les bois acheminés par la Cure.

Les flotteurs revenaient à pied, après une petite pause dans la capitale. Ils en revenaient porteurs de nouvelles. Le Nivernais se trouvait ainsi bien au courant de ce qui se passait à Paris.

Et puis un jour de 1923 ce fut le dernier retour des flotteurs. Le charbon avait remplacé le bois... L'association Randonièvre a aménagé des itinéraires de randonnée pour une découverte en profondeur de l'histoire du flottage du bois.

® Rando de 4 h entre Bussy et Moux. Topo-guide FFRP Tour du Morvan, réf.032.

Galvachers à Château-Chinon, au début du siècle.

© Collection privée Philippe Berte-Langereau

Le chemin des écoliers...

1890

le ministère de l'Instruction publique suscite la création d'écoles de hameau. Les distances vont se réduire pour beaucoup d'écoliers.

Sur la route couleur de sable,
en capuchon noir et pointu,
le « moyen », le « bon »,
le « passable »
vont, à galoches que veux-tu,
vers leur école intarissable.

Maurice Fombeure, « Pendant que vous dormez », Gallimard.Texte aimablement communiqué par le musée de l'Ecole rurale en Bretagne à Trégarvan (Finistère).

Ils éveillent bien des souvenirs chez celles et ceux appartenant à une génération déjà un peu avancée… surtout lorsqu'ils ont vécu à la campagne et partaient chaque matin à pied pour gagner l'école. Je me souviens du mien bordé d'aupébines et d'églantiers. Venait le temps des coquelicots. Nous récoltions les boutons pour en faire un jeu : si le bouton éclaté laissait apparaître des pétales blancs, c'était un poussin, s'ils étaient roses c'était une poule et s'ils étaient rouges, c'était un coq ! L'orge queue-de-rat faisait aussi nos délices : nous glissions l'épi sous une de nos manches et le faisions monter. A l'époque de la fête des mères, nous cueillions une sorte d'avoine dont nous entourions les épillets avec du papier argent (celui des tablettes de chocolat conservé précieusement). Nous composions ainsi des bouquets argentés pour nos mamans. Nous passions devant la place du marché, bordée de marronniers. Avec la rentrée arrivaient les marrons, le cartable s'alourdissait… Les feuilles des platanes fournissaient un thème de dessin lié chaque année à la rentrée. La feuille choisie était conservée entre deux buvards. Souvenirs…

A la campagne, le chemin de l'école se limite maintenant bien souvent à la distance séparant la maison du lieu du ramassage scolaire. En ville, les enfants sont la plupart du temps conduits en voiture jusqu'à la porte de l'école. Autres temps, autre façon de vivre.

Dans le Finistère, le musée de l'Ecole rurale en Bretagne

Nous voici à Trégarvan, dans l'école communale de filles construite en 1907, contiguë à celle des garçons, pas question de mixité à l'époque. Les élèves venaient des nombreux villages situés autour de la commune. Certains faisaient chaque jour une dizaine de kilomètres. Force était de constater que l'un des principaux obstacles à une fréquentation scolaire régulière était l'éloignement. C'est en 1890 que le ministère de l'Instruction publique suscita la création d'« écoles de hameau », de façon à réduire les distances. C'est ainsi que fut créée l'école de Trégarvan, mais en dehors du centre du bourg, au carrefour de deux routes, de façon à être plus accessible. Ici aussi, les encriers de porcelaine sont en place, sur un des tableaux un poème de Sully Prudhomme… Le parc naturel régional d'Armorique et l'association des Amis du musée de l'Ecole rurale en Bretagne animent ces lieux qui accueillirent des élèves jusqu'en 1974.

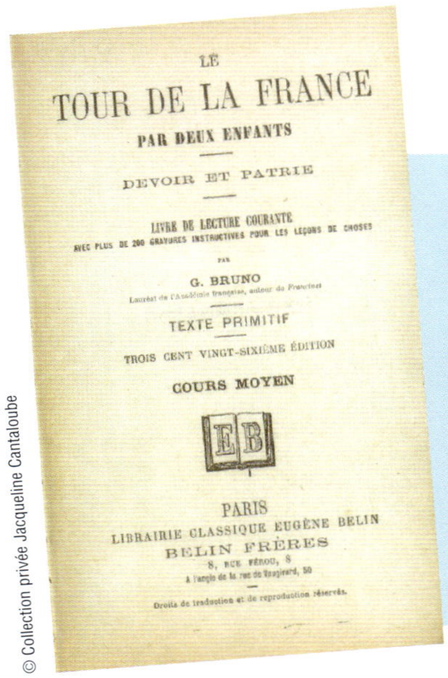

LE
TOUR DE LA FRANCE
PAR DEUX ENFANTS
DEVOIR ET PATRIE
LIVRE DE LECTURE COURANTE
AVEC PLUS DE 200 GRAVURES INSTRUCTIVES POUR LES LEÇONS DE CHOSES
PAR
G. BRUNO
Lauréat de l'Académie française, auteur de *Francinet*
TEXTE PRIMITIF
TROIS CENT VINGT-SIXIÈME ÉDITION
COURS MOYEN
EB
PARIS
LIBRAIRIE CLASSIQUE EUGÈNE BELIN
BELIN FRÈRES
8, RUE FÉROU, 8
à l'angle de la rue de Vaugirard, 50
Droits de traduction et de reproduction réservés.

© Collection privée Jacqueline Cantaloube

Le tour de la France par deux enfants

« C'est une sorte de catéchisme laïque pétri de morale et de bons sentiments, propre à réconforter, au surplus, ceux qui ont chanté Vous n'aurez pas l'Alsace et la Lorraine. Patriotique et plein de cocoricos, exaltant l'unité et la diversité de la France, entretenant le respect dû aux grands hommes comme ce Bayard, sans peur et sans reproche, dont le nom se donne aux seigneurs chevaux. Il raconte l'histoire, il décrit la géographie, il célèbre les inventions anciennes et nouvelles, il parle des métiers et de la terre, voyez-vous ça ! […] On y parle précisément de choses que nos paysans voudraient bien voir de préférence s'ils avaient le temps et les moyens de voyager […] C'est un sacré livre et qui semble autant fait pour eux que pour leurs enfants » (Pierre Jakez Hélias, « Le Cheval d'orgueil », Plon, 1975).

© Bertin/Courault

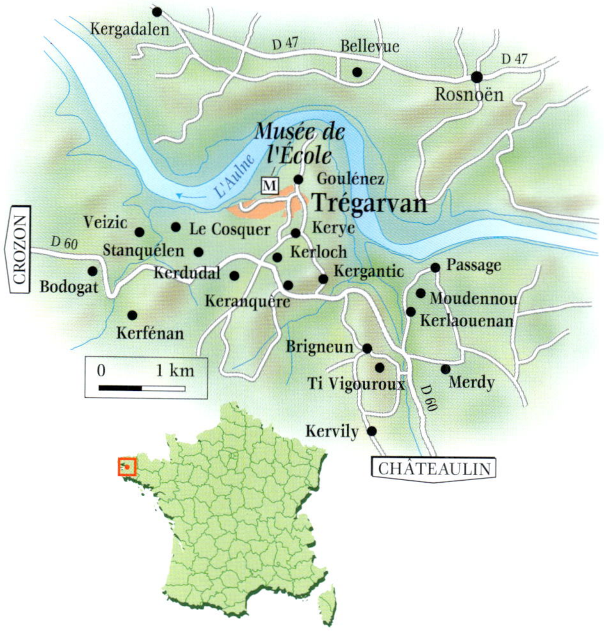

A Bothoa (Côtes-d'Armor), le Musée rural de l'Education

Toute l'atmosphère d'une classe de 1930 est vivante ici, dans cette petite école près de Saint-Nicolas-du-Pélem. Le musée a eu la bonne idée de le faire visiter à des classes enfantines en les y conduisant, à pied, par le chemin de l'école d'autrefois. Les enfants racontent ensuite : « Plus loin un petit passage encombré de ronces se présentait devant nous… qui débouchait dans un champ jonché de bouses de vache. Un enfant pas très malin a marché dans une bouse. Après, bonjour l'odeur ! […] Quand nous sommes arrivés, peu restaient debout (moi particulièrement) j'avais mal aux pieds et j'ai dû tout de suite enlever mes bottes pour les remplacer par mes fidèles baskets » ou encore « l'ambiance était super, le paysage aussi. C'était bien de sauter, gambader, rire, s'amuser. Mais je n'aurais pas voulu faire ça tous les jours comme les enfants d'autrefois ».

Des témoignages des écoliers de 1930 ont aussi été récoltés. Traduction de l'interview en breton : « Deux enfants grimpaient aux grands arbres de Porzh Magourou à la recherche de nids de buses, à califourchon au-dessus du sol, le béret à la bouche et les œufs dans le béret. » A la question que faisiez-vous des œufs, ils ont répondu : « Nous les mangions ou nous jouions à « bazh-dall », il nous arrivait de boire les petits œufs en route. »

A Bothoa, bonheur de patauger dans l'eau en reprenant le chemin des écoliers d'autrefois.

Le chemin des écoliers

© Musée de Bothoa.

École de Saint-Caradec : Edouard Robin et ses élèves en 1918

En Haute-Saône, le sentier des écoliers

Nous sommes dans les Vosges du Sud, au nord de la Haute-Saône, entre les départements des Vosges et du Territoire de Belfort. Un pays où la balade est reine : forêts du Ballon de Servance (1 216 m), plateau des Mille Etangs, eaux vives de l'Ognon, etc.

C'est dans ce cadre qu'ouvrit en 1843 l'école du Haut-de-Them. Les enfants devaient aller auparavant jusqu'à Servance. Pendant l'hiver, certaines familles louaient les services de maîtres ambulants, ce qui évitait aux enfants des déplacements difficiles dans la neige. Le village compta jusqu'à trois écoles au début du siècle, celles de Belmont et de La Pile accueillaient les enfants venant des coins les plus reculés. Et puis un jour, faute d'élèves, l'école de Belmont dut fermer ses portes. Elle a repris vie en devenant la Maison de l'environnement des Vosges du Sud. Celle-ci, en collaboration avec le parc naturel régional des Ballons des Vosges, a conçu le « sentier des écoliers », un parcours de 6 km pour raconter la nature et l'histoire de ceux qui ont vécu et travaillé ici, un décor que pouvaient réciter par cœur les petits écoliers d'autrefois.

© Maison Environnement Vosges du sud/Denis Scmitt

Le balisage de l'itinéraire : des bornes, sur lesquelles se détache la silhouette d'un petit écolier.

Dans le Cantal, l'école de Clémence Fontille

C'est au sud de Saint-Flour, sur la commune de Ruynes-en-Margeride. Les premiers élèves arrivèrent en 1870 à l'école du hameau de Signalauze. D'abord école privée de filles, elle devint école publique en 1873, à la suite d'une demande des habitants des hameaux alentour se plaignant « de ce que leurs garçons ne peuvent recevoir aucune instruction jusqu'à un âge avancé, à cause d'éloignement de l'école communale et de la rigueur de certains hivers ». La scolarisation dans le Cantal connut des débuts difficiles du fait de la dispersion de l'habitat et de la configuration géographique et climatique. Les hivers cantaliens sont rigoureux et les enfants devaient parcourir de grandes distances dans la neige. L'achat d'un poêle pour l'école fut voté en 1887 par le conseil municipal… Dans les motifs de non-scolarisation dans les années 1863-1864, les distances trop considérables représentaient 20,4 % et les difficultés des chemins 5,3 %. Les écoles mixtes se multiplièrent heureusement dans les hameaux. L'école fermera en 1983, faute d'effectif. Elle fait maintenant partie de l'écomusée de Margeride Haute-Auvergne et a pris le nom de Clémence Fontille, qui y fut institutrice. Une surprise dans la salle de classe : des fusils scolaires en bois. Dans les années 1880-1890 les garçons apprenaient le maniement des armes…

Coïncidence : l'écomusée a mis en place en 1999 une exposition permanente sur « Le chemin des écoliers ». Photographies, dessins, témoignages sonores, objets, retracent l'évolution du chemin des écoliers de 1870 à aujourd'hui, des galopades en sabots au ramassage scolaire.

Le témoignage de Thérèse, une ancienne élève : « Nous faisions le chemin des écoliers du village du Morle à celui de Trailus. Nous coupions à travers les pâturages. On descendait jusqu'au ruisseau, puis on passait dans un champ de seigle. Au printemps, nous le traversions à la queue leu leu pour ne pas piétiner le seigle. En hiver, je me souviens qu'il nous arrivait fréquemment de descendre jusqu'au ruisseau, assis sur nos cartables en guise de luge. C'était très pratique ! Lorsque j'étais petite, en plein hiver, les grands m'ont convaincue de lécher la rambarde métallique du pont qui était gelée. Ma langue est alors restée collée à la rambarde. Enfin j'ai quand même réussi à me détacher et à aller jusqu'à l'école. »

En Côte-d'Or, le musée-école de Champagny

Champagny est un petit village situé à 3 km de Saint-Seine-l'Abbaye. Jusqu'au milieu du XIXe siècle, il était le seul du canton à ne pas avoir de salle de classe. Le conseil muni-

© Musée de l'Ecole d'Eure-et-Loir

Mauvaise rencontre sur le chemin de l'école…

©Ecomusée de Margeride, Haute-Auvergne

Neige sur le Cantal : l'école Clémence-Fontille va accueillir des écoliers avec des rêves de batailles de boules de neige…

cipal y remédiera en décidant en 1846 que « le nombre d'enfants [est] assez considérable pour que l'on ne les oblige pas à se déplacer pour aller chercher une instruction que le devoir de l'autorité est de leur rendre facile ». Le mobilier, installé en 1856 pour l'ouverture de l'école, est demeuré intact : la carte Vidal de La Blache apprenait la France, la leçon de morale journalière écrite sur le tableau noir : « Bien travailler. » Une curiosité : les ardoises sont incrustées dans les tables de bois. Madeleine Garnier fut l'institutrice qui ferma la porte… en 1954 pour la réouvrir en 1988. Ne pas laisser tomber dans l'oubli ce patrimoine architectural et pédagogique de la maison d'école : c'est le but de l'association « Les amis de l'école de Champagny ». Elle a réussi, les visiteurs viennent nombreux y retrouver leurs souvenirs teintés d'encre violette, de craie blanche et de buvards roses…

«Ceux qui travaillaient sur les hauteurs de Kernagoet n'avaient pas besoin de montre : quand ils entendaient le bruit des sabots cloutés, ils savaient qu'il était quatre heures et demie. Il y avait jusqu'à vingt-cinq enfants sur la route »

Témoignage recueilli par le musée école de Bothoa

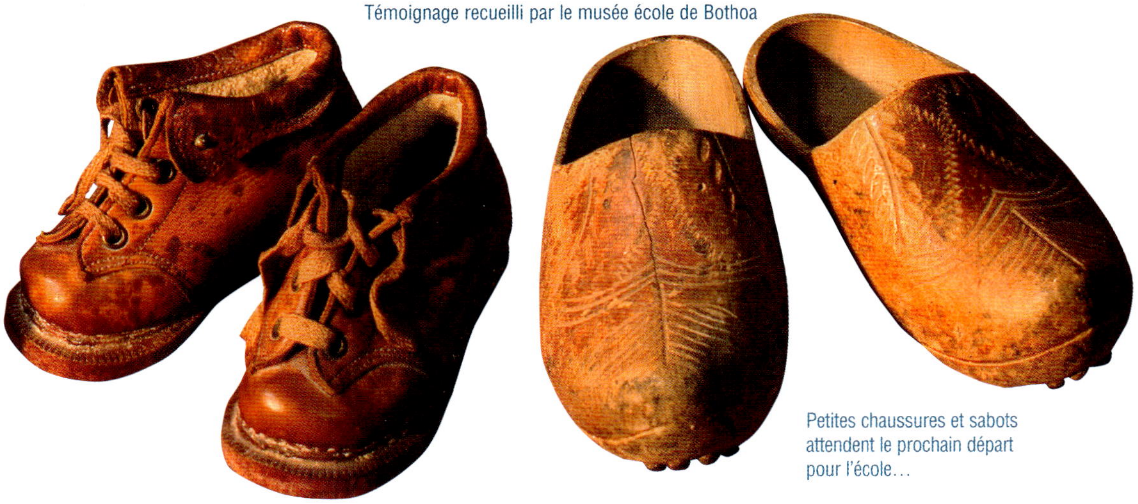
© Bertin/Courault

Petites chaussures et sabots attendent le prochain départ pour l'école…

gallé sur le chemin de l'Art

1901

création officielle de l'école de Nancy, alliance provinciale des industries d'art. Emile Gallé aime la nature, une randonnée dans les Vosges est pour lui source d'inspiration…

Harmonie florale d'un vitrail (Gruber).

1870 : l'Alsace et le nord de la Lorraine sont annexés à l'Allemagne… Nancy accueille de nombreux réfugiés et parmi eux toute une pléiade de familles d'artistes : Daum, Muller, Gruber, Herbst, etc. La capitale de la Lorraine comptait 50 000 habitants en 1871, elle en comptera 120 000 en 1921. L'élan patriotique va se doubler d'un formidable élan artistique. Emile Gallé et Louis Majorelle triomphent à l'Exposition universelle de Paris en 1889. L'« école de Nancy, alliance provinciale des industries d'art » sera fondée en 1901. Emile Gallé y pensait déjà depuis des années, c'est le succès rencontré à l'Exposition universelle de 1900 qui le conforta dans la création de l'école.

Architectes, verriers, céramistes, relieurs, ébénistes, sculpteurs, orfèvres, ferronniers, vont donner au fer, à la pierre, à la faïence, au bois, au verre, au bronze, des formes et des couleurs qui laisseront un patrimoine unique.

« Ma racine est au fond des bois », disait Emile Gallé. La nature sera en effet la principale source d'inspiration des artistes de l'école de Nancy. Adolescent, Gallé dessinait déjà des motifs floraux pour les verreries et les faïences de l'entreprise que dirige son père. Il fait des études en Allemagne : histoire de l'art, botanique, zoologie et dessin. La musique, la sculpture et le dessin l'intéressent aussi. Un stage dans une cristallerie de la vallée de la Sarre révèle déjà un talent extraordinaire pour le travail du verre.

C'est toujours dans la nature qu'il puise son inspiration. La campagne lorraine et les jardins lui fournissent ses modèles : colchiques, ombellifères, lys, iris, arums, dahlias, glycines. Il est secrétaire de la Société d'horticulture de Nancy. Il aménage un jardin autour de la propriété familiale avenue de la Garenne à Nancy et herborise dès qu'il se trouve dans la nature.

Verrier, céramiste, et pourquoi pas ébéniste ? Son ami d'enfance, Roger Marx, critique d'art, l'appellera « l'homo triplex » ! Le

voici donc lancé dans le meuble de luxe où il ne craint pas par exemple de marier les bois exotiques avec la nacre. Il réalise une table étonnante avec des pieds en forme de libellules dont les têtes supportent le plateau. Succès assuré à l'exposition de 1889.

Mais Emile Gallé n'est pas le seul à s'être illustré dans cet Art nouveau. Auprès de lui siégaient au comité directeur de l'alliance Louis Majorelle, Jean-Antonin Daum, l'ébéniste Eugène Vallin. C'est le peintre, sculpteur et designer Victor Prouvé qui prendra la présidence du comité à la mort de Gallé en 1904.

Louis Majorelle, qui rêvait d'être artiste-peintre, dut reprendre l'entreprise familiale de meubles et de céramiques de son père, décédé prématurément. Il ne le regrettera pas car ses créations vont connaître un immense succès et lui vaudront d'être surnommé le « Cressent de l'Art nouveau ». (Cressent fut le plus grand ébéniste de l'époque Régence et avait travaillé pour toutes les cours d'Europe). Sa salle de travail aux « nénuphars » compte parmi les plus belles réalisations de l'Art nouveau. On lui doit

nouveau

aussi la fameuse rampe d'escalier des Galeries Lafayette à Paris, avec un décor de monnaies-du-pape. Toujours le décor végétal !

Pour les frères Daum, il s'agissait d'« appliquer en industriels les vrais principes de l'art décoratif ». On leur doit, entre autres, des vases en forme de crocus, de narcisse et de coloquinte, etc. Dans leur équipe de verriers d'art Jacques Gruber, à qui l'on doit les vitraux de la salle de dégustation de la brasserie de Vézelise et le vitrail aux coloquintes et nymphéas. Il fait partie de l'impressionnante collection de chefs-d'œuvre de l'Art nouveau réunie au musée de l'Ecole de Nancy installé dans l'ancienne demeure d'Eugène Corbin, qui apporta soutien et promotion à l'alliance. Gruber a signé également l'immense verrière (plus de 230 m² !) qui illumine la grande salle du Crédit Lyonnais nancéen.

Parmi les architectes à qui l'on doit le renouveau architectural de Nancy, figurent Lucien Weissenburger, Henri Gutton, Emile André, Joseph Hornecker, Georges Biet.

Daum, vase aux raisins (vers 1905).

L'art du vitrail dans tout son éclat (Gruber).

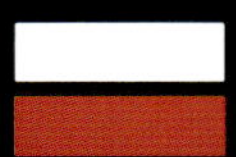

Rando de 8 km au départ de l'office de tourisme de Nancy, place Stanislas. Visites possibles avec un guide conférencier. Topo-guide FFRP De Metz à Nancy, réf. 541.

Emile Gallé en randonnée dans les Vosges

Gallé adhéra à la section vosgienne du Club alpin français en 1882. Les 17 et 18 mai 1891, il participa à une randonnée sur les crêtes vosgiennes. Il en fit la relation dans le bulletin du Club, où l'on retrouve son amour de la nature :

« Cependant, aux prés de Xéfosse, les coucous sont changés en perce-neige. Au lieu de pelotes jaunes, des pelotes blanches ; […] Les thyrses blancs des tussilages paraissent gris dans la neige, jaune l'écume de la petite Meurthe qui bondit en torrent. Les cardamines lilas et trimazos dégouttent d'eau froide […]. »

Le siège social du Club alpin français de Nancy s'honore d'avoir une façade due à l'architecte Emile André (1904). Dans le cadre de la commémoration du centenaire de l'école, le CAF de Nancy a organisé différentes manifestations, dont une randonnée reprenant l'itinéraire parcouru par Emile Gallé et ses compagnons à la Pentecôte 1891.

Texte établi d'après la documentation aimablement fournie par le Club alpin français de Nancy.

cézanne et la montagne

novembre

1901

cézanne achète un atelier sur le chemin des Lauves, d'où il peut voir la sainte-victoire...

La montagne Sainte-Victoire, aquarelle de Paul Cézanne.

Musée du Louvre © RMN, J.G. Berizzi

«... Au fur et à mesure que l'on peint, on dessine ; plus la couleur s'harmonise, plus le dessin se précise. Quand la couleur est à sa richesse, la forme est à sa plénitude. Les contrastes et les rapports de tons, voilà le secret du dessin et du modelé...»

cézanne

Paul Cézanne est un enfant d'Aix-en-Provence. Il y naît en 1839 et y fera toute sa scolarité, dont une partie au collège Bourbon où il se nouera d'amitié avec Emile Zola. Dès 1857, il s'inscrit à l'école municipale de dessin. Il y obtient un second prix pour une étude de figure peinte. Le rêve de devenir peintre est lancé...

Tout en continuant ses cours à l'école de dessin, il entame des études de droit. Ayant enfin vaincu la résistance de son père, il fait un premier séjour à Paris où il retrouve Zola et rencontre Pissarro à l'Académie Suisse. Il travaillera quelques années plus tard avec lui à Saint-Ouen-l'Aumône, Pontoise, Auvers-sur-Oise. C'est à l'Académie Suisse qu'il rencontre Hortense, qui deviendra sa compagne. Ses séjours à Paris sont coupés par de fréquents retours à Aix et à L'Estaque, près de Marseille. Dans ce Midi qu'il aime, il rencontre Renoir et Monet.

1886 : il épouse Hortense en avril, perd son père en octobre et rompt avec Zola, à la suite de la publication de *L'Œuvre*, où il a cru se reconnaître dans le personnage de Lantier.

Aix le retient désor-

© Eric Cattin

mais. « Sa » ville lui rend aujourd'hui un bel hommage avec un itinéraire mis en place par l'office de tourisme et qui ne manque pas d'originalité : pas moins de 2 500 clous de bronze marqués du « C » de Cézanne jalonnent l'itinéraire : sa maison natale, le musée Granet où sont exposées huit de ses toiles, l'école de dessin, la chapellerie que tenait son père, la maison du 23 de la rue Boulegon où il s'éteignit… Douze lieux rappellent combien il pouvait être attaché à Aix. Ensuite, direction le Jas de Bouffan, que le père de Cézanne acheta en 1859. Durant quarante ans, cette demeure sera pour le peintre un havre où il se sentait bien. Le voici maintenant sur la route qui porte désormais son nom. Jacqueline de Romilly, qui a si bien chanté ce pays dans son ouvrage *Sur les chemins de Sainte-Victoire**, écrit : «… Elle demeure une route étroite et sinueuse, presque comme elle devait l'être en son temps, quand il venait, en voiture à cheval, peindre la montagne depuis Châteaunoir. »

Châteaunoir : Cézanne avait loué deux pièces dans cette maison dont il a immortalisé les ogives dans un de ses tableaux. Non loin de Châteaunoir, les carrières de Bibemus qui inspirèrent aussi l'artiste (on ne peut y entrer). Plus loin, au carrefour avec la route de Beaurecueil, plaine et montagne vibrent sous la lumière, tout comme Cézanne lorsqu'il voyait et « sentait » l'impressionnante échine calcaire. A Saint-Antonin, c'est l'apothéose : « Regardez cette Sainte-Victoire. Quel élan, quelle soif impérieuse du soleil et quelle mélancolie, le soir, quand toute cette pesanteur retombe… »

Puis viendront les bords de l'Arc, où il flânait souvent avec Zola. Les deux amis gagnaient ensuite le pont des Trois-Sautets, ainsi nommé parce qu'il fallait sauter trois fois sur les pierres posées dans l'eau pour gagner l'autre rive. Les tableaux avec les baigneuses naîtront ici.

Retour sur Aix pour terminer sur le chemin des Lauves, d'où le panorama sur la Sainte-Victoire attirait tant Cézanne. Il y installa son atelier dans la bastide qu'il fit construire au milieu du jardin aux senteurs méditerranéennes…

**Éditions Julliard, 1987.*

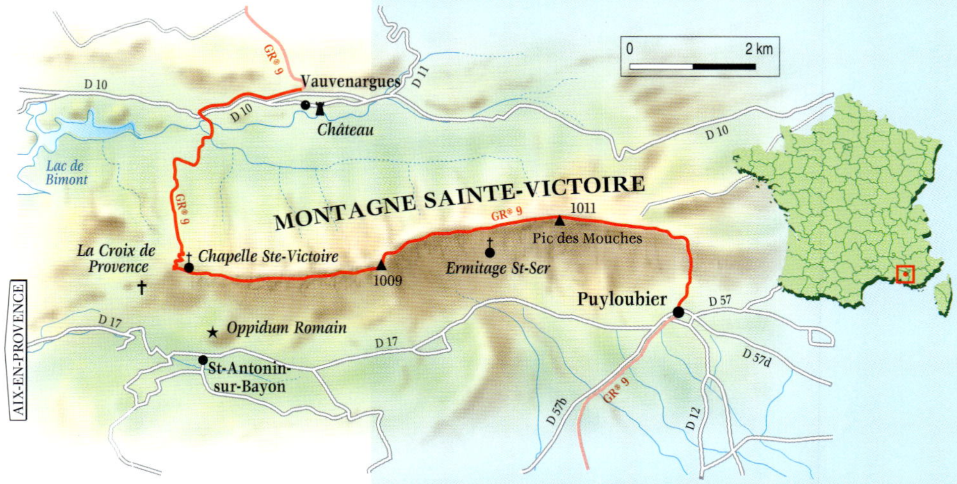

« avec une pomme, je veux étonner paris »

® Itinéraire pédestre dans Aix-en-Provence : 3 km environ. Itinéraire autour d'Aix : 40 km environ. Guide « Circuit Cézanne » publié par l'office de tourisme d'Aix-en-Provence. Il est suggéré de le faire en voiture et de réserver son temps rando à parcourir une partie du GR® 9 au départ de Vauvenargues ou de Puyloubier. Topo-guide FFRP Massifs provençaux, réf. 906.

L'atelier paul cézanne

Après le décès de sa mère, le Jas de Bouffan est vendu. L'artiste n'a pas les moyens d'acquérir Châteaunoir. Il emménage au 23 de la rue Boulegon. Mais en lui couve un désir secret : se rapprocher le plus possible de la Sainte-Victoire. Il se laisse séduire par un terrain situé sur le chemin des Lauves, entre la ville et les hauteurs d'Entremont. Le chemin de la Marguerite n'est pas loin et on y embrasse un panorama sur la montagne. Le cabanon va se transformer en une bastide dont l'atelier occupe le premier étage où la lumière pénètre à pleins flots. Beaucoup de dépouillement en ces lieux, mais tout y est harmonie. Peu de meubles, sur les murs quelques lithographies, posés çà et là les sujets de ses natures mortes : une carafe, un verre, une bouteille, etc. Les pas se font lents, le ton de la voix faiblit, l'atmosphère est presque religieuse. La porte va s'ouvrir, le maître va entrer. Il ne verra personne, hormis les objets nimbés de lumière qui vont capter son regard. Il va prendre sa palette, son pinceau. Les couleurs vont faire chanter la toile : jaune de Naples, vert Véronèse, bleu de Prusse, terre de Sienne, laque carminée…

L'âge gagne Cézanne avec ses tracas de santé, mais il continue à peindre. Il s'éteindra le 23 octobre 1906. Le 22 septembre, il écrivait encore à son fils Paul : « Je vais au paysage tous les jours, les motifs sont beaux et je passe ainsi mes jours plus agréablement qu'autre part. » Le Salon d'automne de 1907 lui consacrera une rétrospective posthume, avec 56 œuvres exposées. Il n'est resté en France qu'une seule Sainte-Victoire (huile sur toile)…

L'atelier de Paul Cézanne.

Et Péguy marcha vers

Juin 1912

Le fils de Charles Péguy est gravement malade. L'écrivain décide de marcher vers Chartres…

Vous nous voyez marcher
sur cette route droite,
tout poudreux, tout crotté,
la pluie entre les dents
nous savons ce que c'est
qu'un tronçon qui s'ajoute
au tronçon déjà fait, et ce
qu'un kilomètre
demande de jarret, et ce
qu'il faut en mettre…

Charles Péguy

Le labyrinthe de la nef, une des symboliques de la cathédrale.

Pierre, le fils de Charles Péguy, est atteint de la typhoïde. L'écrivain, désespéré, décide de partir en pèlerinage vers la cathédrale de Chartres. L'enfant fut sauvé…

Il raconta ainsi son cheminement à un ami : « Mon petit Pierre a été malade… Alors, mon vieux, j'ai senti que c'était grave. Il a fallu que je fasse un vœu. J'ai fait un pèlerinage à Chartres. Je suis beauceron. Charles est ma cathédrale. Je n'avais aucun entraînement. J'ai fait 144 kilomètres en trois jours ! […] On voit le clocher de Chartres à 17 kilomètres sur la plaine. […] Dès que je l'ai vu, ç'a été une extase. Je ne sentais plus rien, ni la fatigue, ni mes pieds. Toutes mes impuretés sont tombées d'un coup. J'étais un autre homme. »

Péguy disparaîtra au début de la Grande Guerre, le 5 septembre 1914. Quelques-uns de ses disciples tenteront de reprendre l'idée de son pèlerinage, mais il faudra attendre 1935 pour le voir renaître véritablement. Les œuvres de Péguy ont été rééditées, une nouvelle génération d'étudiants les découvrent. Un petit groupe d'étudiants de la Sorbonne s'organise et marche sur Chartres à l'occasion de la Pentecôte. Le pèlerinage des étudiants est né.

En 1999, c'est pendant le week-end des Rameaux que les jeunes ont pris les routes de Chartres (voir carte). Il y en avait 17, chacune avec un foulard de couleur différente, pour se reconnaître à la croisée des chemins. Pour chaque route, 150 à 500 pèlerins. La nuit s'est passée dans les granges, hangars, gymnases et églises mis à leur disposition. Point de rassemblement : la Croix-Bonnard d'où est

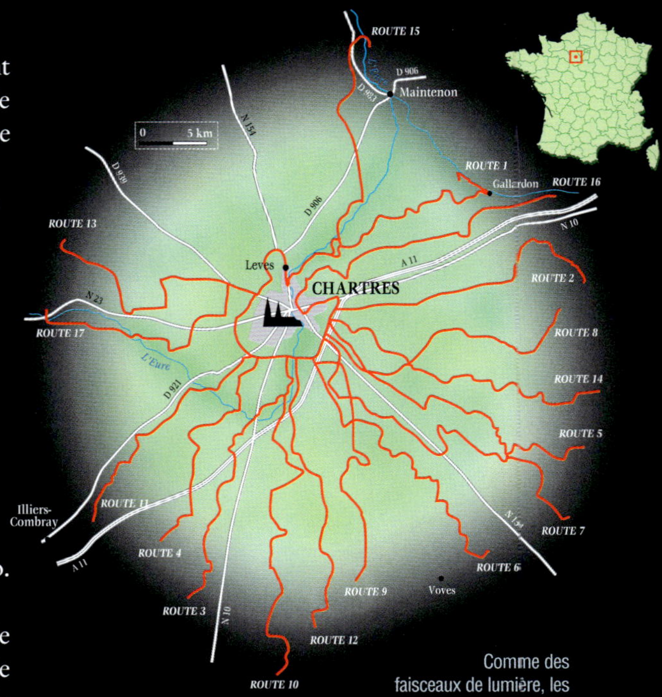

Comme des faisceaux de lumière, les routes des pèlerins rayonnent vers Chartres.

partie la marche vers la cathédrale, et quelle cathédrale !

« C'est au seuil des neuf portes, un peuple de statues, prodigue en inoubliables visages où s'explicite le cycle entier des Mystères, où des êtres incorporels, intemporels, rongés comme la muraille et droits comme des colonnes, portant au front la lumière des Voyants ou l'angoisse des Prophètes, voisinent avec la sérénité du Chevalier et du Docteur, la bonhomie du calendrier champêtre ou de l'âne musicien*. »

Ils sont tous là, figés dans leur habit de pierre et pourtant si expressifs : Jérémie, Siméon, saint Jean-Baptiste, Abraham, Moïse, sainte Modeste et son touchant visage. La vie est là dans les rameaux de framboisier, le peignage du lin, ou la scène de moisson…

Vient la découverte des vitraux. Ils illustrent la vie du Christ, et aussi les différents métiers qui ont tant animé le Moyen Age : les tisserands, les mégissiers, les portefaix, les changeurs, les porteurs d'eau (dits « éviers » au Moyen Age), les chaussetiers, etc. Certains corps de métiers se

artres

egroupaient quelquefois pour offrir des itraux. Un moyen détourné pour se faire paronner quelques écarts ?

Parmi ces métiers figurent bien sûr ceux à ui l'on doit la construction de cette Acropole de la France » disait Auguste odin : les maçons (le mot « maçon » désignait n fait au Moyen Age les tailleurs de pierre, les oseurs, les plâtriers, les mortelliers et les ymagiers », c'est-à-dire les sculpteurs), les harpentiers et les menuisiers.

Les maçons étaient gens considérés, ce qui eur valut des avantages mais aussi d'être dans es premiers à être soumis à des règles ! Les ailleurs marquaient d'un signe leurs pierres, igne que le père transmettait souvent à son fils.

Les bâtisseurs de cathédrales… Les pèlerins e Chartres leur rendent hommage à leur açon.

Le chemin a été long, mais le recueillement nveloppe chacun. Le temps est maintenant à a prière. Le moment de se séparer va venir. ophie, chef de route, témoigne : « J'ai pu vivre e pélé en véritable pèlerine : marcher au même ythme que les autres, participer à tous les moments forts, chanter, prier, partager… J'ai ppris ce que l'on peut apporter à d'autres par a simple présence, par un sourire, par l'écoute t la joie de vivre… Quel plaisir, des souvenirs lein le sac, des rencontres inoubliables. »

Jean Maury, « Le Secret de Chartres ». In promesses, n° XIX, p. 22-23.

Le « bleu de chartres »

Qui n'a entendu parler du « bleu de Chartres » ? Et pourtant ce n'est là qu'un mythe : nos vitraux ne diffèrent pas, dans leur essence, de ceux qui ont été réalisés ailleurs durant les mêmes périodes. Au reste, n'étaient-ce pas, sur divers chantiers, comme à Bourges, les mêmes artisans et les mêmes procédés ? Les bleus ne présentent donc ici aucun caractère spécial. Mais, parmi les cathédrales, celle de Chartres est la seule qui soit pourvue d'un tel ensemble de vitraux antérieurs au milieu du treizième siècle, et leur tonalité dominante, dans la moyenne des éclairages, apparaît bleue. Du moins, comme le remarque Viollet-le-Duc, « c'est sur le bleu que sont réglées les couleurs d'un vitrail et la foule ne s'y trompe pas, qui la juge la couleur essentielle ».
Jean Villette, « Les Vitraux de Chartres », Ed. Ouest-France, 1979.

Après la longue marche, l'heure de la prière…

Le chemin des Dames

16 avril
1917

offensive française sur le chemin des Dames…

« Créneaux de la mémoire, ici nous accoudâmes
Nos désirs de vingt ans au ciel en porte-à-faux
Ce n'était pas l'amour, mais le chemin des Dames
Voyageur, souviens-toi du moulin de Laffaux. »

Louis Aragon

Une aimable appellation pour un chemin qui devait devenir le théâtre d'une des plus sanglantes batailles de la guerre 1914-1918.

Le nom lui fut donné au XVIIIe siècle. Adélaïde et Victoire, filles du roi Louis XV et dames de France, empruntaient ce chemin de crête pour aller rendre visite à la comtesse de Narbonne-Lara, leur préceptrice, au château de La Bove. Le chemin était dur, on l'empierra. Elles ont donné leur nom au chemin.

Il s'étire sur une ligne de crête, haute de plus de 100 m, sur une vingtaine de kilomètres d'est en ouest, dominant les vallées de l'Aisne et de l'Ailette. Les falaises entaillées de ravins profonds forment une barrière naturelle dont la position ne pouvait manquer d'interpeller des militaires en période de guerre… Ironie de l'histoire : on tirait de la falaise calcaire de la pierre de taille. L'extraction finit par constituer un grand nombre de cavernes reliées par des couleurs. Les carriers ne se seraient jamais doutés que ces cavernes seraient des abris stratégiques et des lieux de repos pour les soldats.

C'est début septembre 1914 que les premières unités allemandes arrivent au chemin des Dames. Après la victoire française à la bataille de la Marne, les troupes allemandes se replient vers la rivière Aisne. Qui occupera le premier le chemin des Dames ? Des combats meurtriers ont lieu jusqu'au 21 septembre. Finalement, ce seront les troupes allemandes qui occuperont les hauteurs. La stabilité du front leur permet d'aménager les carrières.

© Bibliothèque Forney, Paris

Fin 1916 : le général Robert Nivelle, qui s'est illustré lors de la bataille de la Marne, devient généralissime. Il succède à Joffre. Le plan d'attaque se prépare et le lundi 16 avril 1917 c'est l'assaut. Le temps est mauvais, les hommes pataugent dans la boue, le relief surprend les hommes, les chars utilisés pour la première fois se révèlent être un échec, l'ennemi mitraille tant qu'il peut de ses positions bien abritées sur les hauteurs. Le général récidive début mai. Les troupes françaises reprennent Craonne, dont le nom est entré dans la légende avec la chanson des mutins… Mais le bilan est extrêmement lourd : plus de 100 000 hommes ont été tués, blessés ou disparus. Ceux qui survivront seront marqués à jamais.

Les assauts sanglants d'avril et mai ont fortement entamé le moral des troupes, sur le front depuis déjà trois années. Des mutineries s'organisent. Des condamnations à

Les croix s'alignent au cimetière de Berry-au-Bac…

© Jean-Pierre Gilson

mort sont prononcées mais toutes ne seront pas exécutées. Le commandement est confié au général Pétain. Une opération minutieusement préparée et cantonnée au secteur ouest du chemin des Dames, autour du fort de La Malmaison, en octobre, est un succès. Les troupes allemandes se replient au nord, dans la vallée de l'Ailette. Le moral revient car entretemps, le 15 juin, les troupes françaises ont déjà pu s'emparer de la caverne du Dragon. Réaménagée en musée du Souvenir, la caverne évoque la vie du soldat… Témoignages ô combien émouvants que ces sculptures et graffitis laissés par les combattants. Les images d'archives défilent sur les écrans…

Le 27 mai 1918, grande offensive allemande sur le chemin des Dames, qu'ils n'abandonneront que le 10 octobre 1918… Laon sera libéré le 13. Et le 7 novembre, à la Pierre d'Haudroy, les Allemands demanderont l'armistice qui sera signé le 11 novembre 1918 à Rethondes.

Sur le chemin des Dames, c'est la désolation. Les villages, les forêts, les terres agricoles ne sont qu'un immense champ de bataille. Comparer les photographies avant 1914 et en 1918 laisse incrédule. Comment a-t-on pu en arriver là ? Les villages seront reconstruits sur le site d'origine ou à proximité, d'où le nom double de certaines localités.

L'Aisne, c'est aussi, heureusement, un vaste terrain de découverte. L'histoire et les arts y ont rendez-vous avec les richesses naturelles où la randonnée est reine.

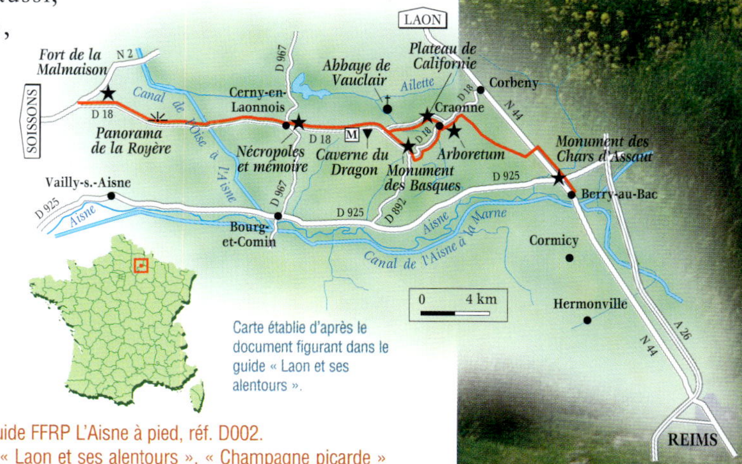

Carte établie d'après le document figurant dans le guide « Laon et ses alentours ».

® Topo-guide FFRP L'Aisne à pied, réf. D002.
Guides « Laon et ses alentours », « Champagne picarde » et « Entre Aisne et Vesle » (ces trois éditions comprennent des itinéraires sur le thème du chemin des Dames), Ed. Chamina/Comité de tourisme de l'Aisne.

© Jean-Pierre Gilson

Le village d'Ostel, dans un cadre verdoyant où les hommes s'affrontèrent…

promenade littéraire

1928

Louis Aragon rencontre Elsa Triolet... début d'une longue balade sur les chemins de l'amour.

© Hervé Champollion

Plaisir de chercher le livre rare au Quartier latin.

Comment Paris n'aurait-il pas inspiré les poètes et les écrivains ? Alors que dans les pays de langue d'oc des troubadours comme Bernard de Ventadour chantaient leurs vers, il faudra attendre le Moyen Age pour voir une vie littéraire poindre dans la capitale avec Rutebeuf et François Villon.

Mais Paris rattrapera vite son retard et au cours des siècles confirmera sa réputation de foyer littéraire. Rabelais, Montaigne, Ronsard, Boileau, Mme de Sévigné, Voltaire, Hugo, Balzac, Musset, Baudelaire, Zola, etc. Plus près de nous : Colette, Cocteau, Louise de Vilmorin, Prévert, Aragon, Eluard, etc.

Cap au nord pour gagner la butte Montmartre et le célèbre cabaret du Lapin agile, appellation née d'un jeu de mots avec le nom de André Gill, caricaturiste à qui le propriétaire du cabaret demanda de peindre une enseigne avec un lapin s'échappant d'une casserole. L'original de l'enseigne se trouve au musée du Vieux Montmartre. Le cabaret fut le rendez-vous de Pierre Mac Orlan, Roland Dorgelès, Guillaume Apollinaire, Francis Carco, Marcel Aymé.

Gérard de Nerval habita la Butte : « J'ai longtemps habité Montmartre ; on y jouit d'un air très pur, de perspectives variées, et l'on y découvre des horizons magnifiques, soit « qu'ayant été vertueux, l'on aime à voir lever l'aurore », qui est très belle du côté de Paris, soit qu'avec des goûts moins simples on préfère ces teintes pourprées du couchant. »

« La Seine m'a toujours fasciné ; sur sept domiciles que j'ai eus à Paris, j'en compte quatre le long du fleuve : quai d'Orléans, quai aux Fleurs, quai du Louvre, au-dessus des marchands d'oiseaux et de petits chiens tristes — et enfin quai d'Orsay. Pourquoi ne point en convenir ? C'est la Seine qui m'a le plus manqué durant l'Occupation »
(Francis Carco).

Tous les lieux parlent ici de peinture, de poésie ou de chanson. Bruant a immortalisé la rue Saint-Vincent, la maison du n°12 de la rue Cortot a vu passer bien des locataires et leur attirail de peintres : Renoir, Dufy, Suzanne Valadon et son fils Utrillo. Au n° 54 de la rue Lepic habitèrent Van Gogh et son frère. Quelle palette !

Avant de gagner la rive gauche, un petit arrêt sur le Pont-Neuf avant de traverser la Seine. C'est Henri III qui en posa la première pierre, le 31 mai 1578. Il avait, raconte-t-on,

c'est un jardin extraordinaire...

Un clin d'œil au poète Charles Trenet pour inviter à une promenade à travers les jardins et les parcs de Paris, oasis de verdure au cœur de la capitale.
Colette aimait aller se reposer au parc Monceau, espérant y retrouver un peu de la fraîcheur de sa chère Puisaye : « Le parc Monceau, aves ses pelouses tendres voilées de jets d'arrosage en rideaux vaporeux, m'attire comme quelque chose de bon à manger. »
Après le succès du topo-guide Paris à pied, la Fédération française de la randonnée pédestre, avec la Direction des espaces verts, parcs et jardins de la Ville de Paris, publie un topo-guide avec 23 itinéraires où tout ce qui est vert à Paris a été minutieusement recensé et décrit.
Comme Louis Aragon, Marcel Noll et André Breton, vous irez à la découverte des Buttes-Chaumont qui « levaient en nous un mirage, avec le tangible de ces phénomènes, un mirage commun sur lequel nous nous sentions tous trois la même prise » (Louis Aragon, « Le Paysan de Paris », Gallimard, 1926, Folio, 1987).

dans paris

les yeux bien rouges. Il venait d'enterrer ses deux mignons, tués en duel. Les mauvaises langues dirent qu'on aurait dû appeler le nouveau pont le « Pont-aux-Pleurs ». C'est Henri IV qui l'inaugura, vingt ans plus tard. C'était un lieu qu'affectionnaient les coupe-bourse et les tire-laine.

Un petit détour par Saint-Germain-des-Prés avant Montparnasse, où se sont retrouvées des générations d'artistes et du monde des lettres. On y a refait le monde, on discutait plus qu'on ne buvait dans les cafés du boulevard : le Dôme, la Coupole, la Rotonde… Max Jacob, André Breton, Blaise Cendrars, Léon-Paul Fargue, Ernest Hemingway, Henry Miller, Jean Cocteau, etc. Comme à Montmartre, les écrivains côtoient les peintres : Soutine, Modigliani, Chagall, Zadkine, Léger, Picasso, Foujita. Paul Fort animait des soirées poétiques à la Closerie des Lilas.

1999 célèbre le deuxième centenaire de la naissance d'Honoré de Balzac. Cela mérite bien de lui laisser le dernier mot : « Paris est un véritable océan. Parcourez-le, décrivez-le… il s'y rencontrera toujours un lieu vierge, un antre inconnu, des fleurs, des perles, des monstres, quelque chose d'inoui, oublié par les plongeurs littéraires. »

® Topo-guides FFRP Paris à pied, réf. 075 et Parcs et jardins de Paris à pied, réf. D075.

© Hervé Champollion

Reflets sur le canal Saint-Martin.

Les chemins de la liberté

9 mars 1944
le lieutenant Tom Morel, chef du maquis des Glières, n'est plus. « On n'a rien donné tant qu'on n'a pas tout donné », disait-il… Il donna tout pour la liberté…

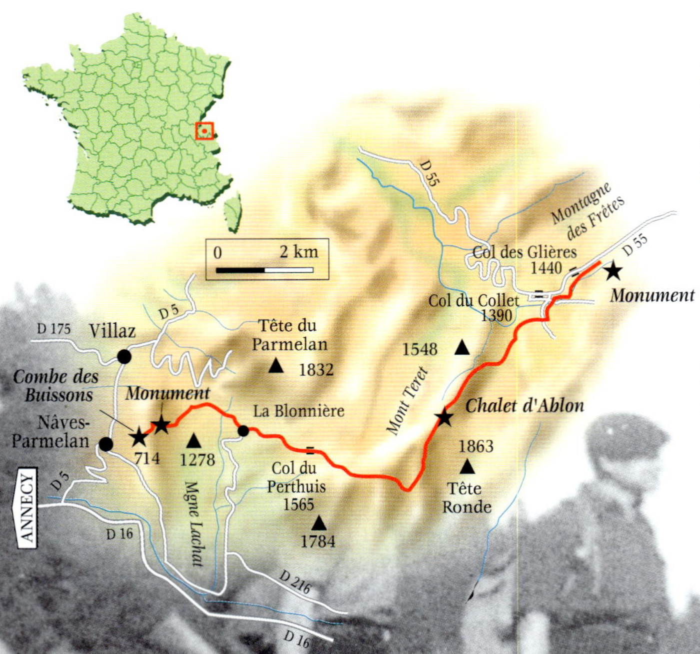

Sentier Capitaine Anjot (6h30). Topo-guide FFRP les Glières, massif des Bornes, réf. 076.

Il est des chemins et des sentiers où le pas se fait plus lent, ils mènent vers des lieux où des hommes ont combattu pour notre liberté, au péril de leur vie bien souvent. Tous ces paysages, paisibles aujourd'hui, ont été le théâtre d'affrontements tragiques. Le randonneur se souvient… dans le Vercors au col de La Chau, à Vassieux ; en Dordogne, dans l'Aube, le Morbihan, la Corrèze, etc. Impossible de citer tous ces lieux, la liste en serait, hélas, trop longue…

Les Glières

Un nom qui résonne douloureusement. Dans le massif des Bornes, en Haute-Savoie, à une dizaine de kilomètres au nord-est du lac d'Annecy, la région Glières-Parmelan suspend à plus de 1 000 m son territoire de moyenne montagne calcaire au-dessus d'un paysage où la vallée du Borne se faufile. C'est là que le bataillon des Glières s'est installé. Le capitaine Anjot en a pris le commandement, succédant à Tom Morel tué le 9 mars 1944. Ce jour-là les hommes avaient appris que le débarquement était proche…

L'état-major allemand de Paris a donné jusqu'au 12 mars aux Français de Vichy pour réduire Glières et remettre de l'ordre en Haute-Savoie. Le plateau est encore sous la neige, le ravitaillement se fait difficile, malgré la générosité des paysans et les réquisitions dans les fruitières (fromageries). Le pain va manquer et les maquisards devront se contenter de pommes de terre gelées.

Grenades, tirs d'artillerie, bombes, chalets brûlés, les combats redoublent. Les morts et les blessés se font de plus en plus nombreux dans les sections. Le dimanche soir 26 mars 1944, le capitaine Anjot, dit Bayart, après avoir appris la percée allemande sur Monthièvret, décide d'un repli. Consigne : se diriger vers le Parmelan. Les hommes vont vivre les jours à venir dans des conditions terribles. Ils ont faim, ils ne dorment plus, l'aviation allemande les harcèle. Le lundi matin 27, ils se retrouvent plus d'une centaine au col du Pertuis. La prudence oblige à se diviser en petits groupes. Certains traversent les eaux glacées du Fier et essayent de rejoindre Thônes. Le groupe Anjot (trois hommes) est rejoint par cinq hommes. Direction le chalet du Clu, où ils pensaient prendre un peu de repos. Les Allemands les ont aperçus dans leur descente et les attendent… Cinq hommes sont abattus.

1er août 1944 au col des Saisies en Savoie, file de résistants après un parachutage.

A la fonte des neiges, les maquisards remontèrent chercher les armes abandonnées et les corps de leurs camarades. Cent cinq victimes reposent à la nécropole de Morette. Ils n'auront pas vu refleurir le printemps sur la montagne, ils n'entendront plus les « snailles » des génisses dans les alpages… Le grand silence de la montagne les entoure à jamais…

Le 31 juillet 1944, la BBC annonce un parachutage sur le plateau des Glières (Code « Artichaut ») : « Sur mon balcon, je ferai pousser des volubilis. » 2 000 hommes gagnent aussitôt le Plateau, que Joubert (le lieutenant Jourdan, seul officier rescapé des Glières) entoure avec 800 hommes. La reconquête se met en marche. Les villes sont libérées les unes après les autres et le 19 août c'est le tour d'Annecy. La Haute-Savoie devient le premier département à s'être libéré par lui-même.

Les bénévoles du Comité de la randonnée pédestre FFRP de Haute-Savoie ont pensé que la meilleure façon de rendre hommage à tous ces hommes tombés en pleine jeunesse sur le plateau des Glières était de conduire les randonneurs vers les lieux encore tout empreints de leur mémoire. Sentier des patriotes, sentier de l'attaque, sentier du dernier assaut, etc., mais les hommes ne désespérant jamais, il y a aussi le sentier de l'espoir… ainsi nommé car des maquisards parvinrent à trouver des cheminements par le col du Freu les conduisant vers la liberté… et d'autres combats.

Les passeurs

Hommes et femmes de l'ombre, ils ont aidé bien des combattants et des civils à passer d'un pays à l'autre. Dans l'Ariège par exemple, un chemin conduisait de Saint-Girons à Esterri de Aneu, en Espagne. C'est devenu un itinéraire de randonnée. Il faut cinq jours aux randonneurs (expérimentés) pour relier les deux points. On peut imaginer qu'il en fallait plus à ceux qui, mal chaussés, n'avaient pas l'expérience des terrains de montagne.

Dans l'Est, le « sentier des passeurs » reliait Salm, en Alsace, à Moussey, en Lorraine. L'Alsace étant redevenue allemande dès juin 1940, l'ancienne frontière de 1871 avait été rétablie. Il fallait se méfier des patrouilles des douaniers allemands et bien connaître le labyrinthe des sentiers de la forêt, sous peine de revenir au point de départ. Il fallait six heures de marche pour parcourir les quatorze kilomètres. Le fils de Hubert Ledig, un des passeurs, accompagne ceux qui veulent refaire le cheminement. Plus de peur aujourd'hui… Mais ce n'était pas sans risque et la mort a surpris plus d'un fugitif et plus d'un passeur. « Si c'était à refaire, je le referais », déclare Hubert Ledig.

Kit d'évasion d'un parachutiste. Dans la housse en toile cirée : une carte de France imprimée sur soie, une boussole et une petite scie à métaux.

© François Bertin

© Hervé Champollion

Le chemin vers le monument des Glières…
« Glières ne sera pas une victoire : ce sera mieux que cela : un symbole. L'affirmation, scellée dans le sang, de la résistance à l'oppression. » (Capitaine Maurice Anjot.)

sur les plages du déb

6 juin 1944

c'est le jour « J » ou « D-Day » sur les plages de Normandie.

Le Mémorial de Caen

Créé par la ville de Caen, il a été édifié au-dessus d'un ancien poste de commandement souterrain allemand. Le chantier débuta en septembre 1986. Lors de la cérémonie donnée à cette occasion, les ambassadeurs des nations concernées apportèrent chacun une pierre de leur pays sur laquelle était gravé un message de paix et de réconciliation.
Tout est symbole ici. La façade nord est partagée par une fracture. Elle rappelle les destructions subies par la ville de Caen et la région. Sur la façade la ville de Caen dit sa reconnaissance à ceux qui l'ont délivrée : « La douleur m'a brisée, la fraternité m'a relevée, de ma blessure a jailli un fleuve de liberté. » A l'espace 1, un cheminement en spirale raconte comment les événements se sont enchaînés pour mener à la guerre. L'espace 2 évoque la France des années noires, la Résistance et la déportation… Puis c'est l'espace 3, celui de la guerre mondiale, de la guerre totale. L'évocation de l'holocauste juif est particulièrement frappant : carreaux de faïence et lumière blafarde évoquent Auschwitz… L'espace 4, c'est le jour J, avec la projection d'un film sur le débarquement du 6 juin. Tout simplement grandiose. La bataille de Normandie et la fin de la guerre composent l'espace 5. L'espace 6 a reçu pour thème, le plus beau, celui de l'espérance… Le film se termine sur un appel à la fraternité, à la justice et à la liberté. Une galerie est consacrée aux prix Nobel de la paix. Un centre de documentation complète l'ensemble.

Dehors, les drapeaux des pays dont les soldats participèrent à la dure bataille de l'été 1944 flottent dans le vent…

« 5 juin. Notre rencontre eut lieu à 4 heures. Une violente tempête soufflait sur la Manche… Les rapports de la météorologie indiquaient une diminution de la tempête et une période de temps convenable pour le 6 juin… Dans ces conditions, Eisenhower prit la décision de déclencher l'opération. Nous étions tous contents » (B. L. Montgomery).

Le 6 juin, les premières troupes américaines arrivèrent sur les plages de Saint-Laurent, Vierville et Colleville. Le code secret « Omaha Beach » devenait réalité et une dure réalité pour les soldats américains. Pour beaucoup, la Normandie ne dépassa même pas les limites de la plage… Pour les Américains, elle restera à jamais « Bloody Omaha » : le sable et l'écume des vagues avaient pris la sinistre couleur du sang… Le jour « J » (D-Day) fut la journée la plus lourde en nombre de morts. Les batteries allemandes eurent raison des chars amphibies, péniches, qui sombrèrent avec hommes, canons et munitions. Certains hommes du génie parviendront quand même à percer des brèches, ceux qui restaient des unités d'assaut s'étaient collés au sable. « Deux sortes d'individus resteront ici, ceux qui sont morts et ceux qui vont mourir. Foutons le camp ! » hurla le colonel Taylor. C'était sur la plage face au cimetière américain de Colleville…

© Richard Nourry

A la pointe du Hoc, la terre demeure meurtrie…

Un peu plus à l'est, c'était l'assaut de la pointe du Hoc. 225 rangers tentèrent d'escalader la falaise avec des échelles de corde, alors que pleuvaient sur eux grenades et tirs d'armes automatiques. Ils étaient attendus… Parvenus au sommet de la falaise, ils constatèrent que les canons de 155 mm dont la ligne de mire était Utah et Omaha, et qu'ils avaient pour mission de détruire, n'étaient pas à la place supposée. Les combats durèrent jusqu'au 8 juin, des renforts étant venus heureusement les délivrer. Il ne restait plus que 90 hommes…

Seurat était venu à la fin du siècle dernier planter ici son chevalet, voulant immortaliser sur sa toile la belle avancée sur la mer qu'est la pointe du Hoc. D'autres hommes sont venus après eux, l'immortalisant d'une façon bien plus cruelle. « Ici des combattants demeurent. La bataille, dans son chaos, les a unis pour l'éternité. » C'est ce que l'on peut lire sur le

arquement

monument élevé à l'emplacement du poste de tir. Une pointe de granit lance vers le ciel son appel à la mémoire... Le terrain alentour, concédé aux Etats-Unis depuis 1979, conserve les traces des bombardements. Le parcours est jalonné par les cratères...

D'autres assauts : Utah (Américains) Gold et Sword (Britannniques) Juno (Canadiens) avaient lieu sur d'autres parties du littoral de la Manche et du Calvados. Les pertes étaient lourdes mais le plus vaste débarquement de l'Histoire allait pouvoir commencer. L'opération Overlord avait réussi.

Cette randonnée souvenir conduit bien sûr jusqu'au cimetière américain de Colleville. 9 386 croix en marbre de Carrare sont alignées là sur un immense tapis de pelouse. Impossible de ne pas être saisi par l'émotion tant le site est impressionnant. Des hommes reposent là en surplomb de la mer et de la plage, des endroits où d'habitude c'est avec le bonheur que l'on a rendez-vous...

Leurs camarades survivants étaient partis dans la campagne normande avec la victoire pour objectif. Beaucoup d'entre eux sont revenus sur les lieux. La Normandie leur est apparue cette fois avec ses paysages riants, ses verts pâturages, ses maisons à colombages, un territoire de paix ou il faisait bon vivre.

Sur la butte dominant Arromanches.

®

Rando de 20 km entre Colleville-sur-Mer et Grandcamp-Maisy. Topo-guide FFRP Tour du Bessin, autour de Bayeux et des plages du débarquement, réf. 141.

6 juin 1944, débarquement à Omaha Beach.

Le sentier des douaniers

10 juillet
1975

création du conservatoire du littoral et des rivages lacustres

31 décembre
1976

la loi fixe la servitude de passage des piétons sur le littoral. Le sentier des douaniers est assuré d'une bonne protection.

N'en jetez plus ! l'assiette est pleine

Une pleine assiette de mégots, c'est ce qui est ramassé en une heure sur un kilomètre du sentier... Un mégot de cigarette met environ deux ans à se dégrader entièrement... Après un week-end de mai, il a été ramassé sur le sentier 4 sacs de déchets, de 100 litres chacun. Des poubelles de récupération pour chaque type de déchet (verre, papier, plastique) vont être installées. On veille aussi à éviter la cueillette des fleurs. Imaginons les 800 000 visiteurs annuels cueillant chacun une fleur... qui sera de toute façon fanée à la fin de la balade.

© Yannick Bourgault

Venu en voisin des Sept-Iles...

Sentinelles figées face à la mer, les guérites des douaniers sont toujours là, rappelant l'époque où, par leur meurtrière, s'opérait la surveillance de la côte.

L'impôt sur les « marchandises franchissant les frontières » ne date pas d'hier. Il existait déjà dans la haute Antiquité... En France, c'est Colbert qui institua un tarif national aux frontières.

La douane existe toujours, mais elle a bien changé.

Autrefois, le douanier arpentait le sentier trois fois par jour et selon un minutage bien précis. Il stationnait aux endroits favorables aux débarquements illicites. Il était bien sûr en uniforme avec une bande garance (rouge vif), marque des corps d'élite. Il se couvrait d'une pèlerine lorsqu'il était en observation. A la ceinture, la « ligne Brunel » qui permettait de sauver les gens de la noyage. Autres instruments spécifiques au douanier : « Le fusil lance-amarre pour empêcher les bateaux de couler ; une loupe permettant de repérer le nombre de fibres d'un tissu, le compte-fils ; un cercle de fer afin de mesurer le diamètre des tonneaux. »

Les randonneurs ont remplacé les douaniers sur le sentier. C'est un itinéraire particulièrement riche où l'air du large arrive à grandes bouffées : caps, récifs, rochers déchiquetés, falaises, plages blondes, pelouses littorales, criques, îles et îlots au large, vagues sages ou en colère, mer d'émeraude ou de turquoise... la gamme des paysages est infinie comme l'horizon qui fait alliance avec la mer.

Un des morceaux de choix du sentier des douaniers en Bretagne se situe sur la commune de Perros-Guirec, avec le site de Ploumanac'h (comme La Clarté, Ploumanac'h est un hameau de Perros-Guirec). Qui y est venu une fois, y reviendra à coup sûr pour revoir ces rochers qu'un géant gargantuesque aurait déposés là : la tortue, l'épagneul breton,

© Richard Nourry

« Ma Bretagne est natale, vivante, elle s'évade au gré des ciels qui magnifient l'élan des pierres versées par le chaos dans la mer. » (Yann Queffélec.)

la tête de dauphin, le caméléon, le lapin, la gueule de requin, la marmotte, la patte d'éléphant, etc. L'imagination n'est pas au pouvoir, les rochers ressemblent étrangement à ces animaux... Pour les romantiques, il y a aussi la guérite des amoureux, bien protégée des vents du large... Ce n'est pas tout, l'action du sel projeté pas les embruns a conduit à la formation de rigoles et de cuvettes qui, elles aussi, ont reçu des noms comme « bidets de la Vierge » ou « empreintes du diable ».

Ce paysage est une symphonie minérale unique bordée par un paysage de landes qui faisait jadis partie du quotidien des habitants. La fougère servait de litière, l'ajonc fournissait du bois pour le feu et les mottes de bruyère étaient aussi utilisées comme combustible. Aucune surface n'était perdue, on cultivait même les parcelles situées en retrait de mer. La société a évolué, les parcelles ont peu à peu disparu et les visiteurs sont devenus de plus en plus nombreux. Plus de 800 000 en 1998... ce qui n'est pas sans occasionner de graves dommages à la végétation qui finit par disparaître si le piétinement est trop intensif. C'est pourquoi un programme de restauration a été mis en place fin 1996.

Le bord de mer accueille les oiseaux habituels du littoral qui ont un lieu de nidification tout proche : l'archipel des Sept-Iles, bien visible du sentier. En fait il n'y en a que cinq. C'est une erreur de transcription qui aurait transformé le nom breton « Ar Jentilez » en « Sept Iles ». Pour faire bonne figure deux amas de rochers sont devenus des îles ! L'honneur est sauf !

Randonneurs et promeneurs trouveront intérêt à s'arrêter à la Maison du littoral pour mieux comprendre le site sur lequel ils ont plaisir à marcher. Propriété du Conservatoire du littoral, elle est gérée conjointement par la commune de Perros-Guirec et l'association Restauration et Animation du site de Ploumanac'h. On y apprend, entre autres, beaucoup sur le granit.

®

Rando de 43,5 km (y compris le tour de l'île Grande) entre Perros-Guirec et Trébeurden.
Topo-guide FFRP Côte de Granit rose, réf. 346 et brochure « A la découverte des sentiers piétonniers de Ploumanac'h » (Édition de la Maison du littoral).

Petit matin frisquet, les douaniers se sont emmitouflés.

En sillonnant la forêt

1977

La scierie à Haut-Fer de la Hallière est heureusement classée monument historique. Elle appartient à l'histoire des hommes qui ont travaillé dans la forêt vosgienne où courent chemins et sentiers.

« Les Vosges, c'est une chaîne de monts arrondis, couverts de sapins sombres, mais touffus, et de hêtres clairs, traversés de sentiers roses qui, après deux heures de pluie, deviennent d'un beau rouge, striés de ruisseaux clairs – vraiment innombrables – qui, après avoir cascadé le long des pentes, viennent former, au creux des vallées, des rivié-rettes au cours rapide, bonnes ouvrières qui, depuis des siècles, collaborent au travail vosgien*. »

© Collection Hermann Lersch

Le schlittage, une activité particulière au massif vosgien.

Dans un pays de forêts comme les Vosges, les scieries étaient nombreuses, et ont rythmé la vie de tous ceux qui en vivaient : ébrancheurs, bûcherons, schlitteurs, débardeurs (chortons en patois), scieurs de long, ainsi que charbonniers, sabotiers, fabricants d'essis ou bardeaux (pour la couverture des toits et des murs afin de les protéger de l'humidité), évideurs de tuyaux (ceux qui ont précédé les tuyaux de fonte produits par Pont-à-Mousson), cuveliers (pour les salaisons et le vin d'Alsace), charpentiers.

Tous ces métiers revivent à la scierie à Haut-Fer de la Hallière, dans la vallée de la Plaine, sur la route qui va de Raon-l'Etape au Donon, entre Celles-sur-Plaine et Allarmont. Elle a bien failli disparaître… mais quelques passionnés veillaient et se sont battus. L'association des Amis de la Hallière assure désormais son exploitation.

Elle fait partie des scieries hydrauliques, dites Haut-Fer, qui s'implantèrent au bord des cours d'eau pour l'utilisation de l'énergie et le flottage du bois. Le bois de chauffage destiné aux fours des verreries de Baccarat et des salines de Rosières était jeté à la Plaine par lots de 50 stères. Les « oualous » étaient chargés d'ouvrir et de fermer les vannes et aussi de décrocher des rives les bois qui avaient dévié, et ce jusqu'au « port aux planches » à Raon-l'Etape, sur la Meurthe. A la fin du XIXe siècle, le petit train remplaça le flottage.

Les troncs d'arbres (ou tronces) arrivaient à la scierie sur des chariots à bœufs. C'est le

© Camille Lievaux

Une curieuse découverte près de Gérardmer.

Le champ de roches

C'est à une dizaine de kilomètres de Gérardmer que se trouve ce champ de roches, de quelques hectares, sur la commune de Barbey-Seroux, entre Corcieux et Granges-sur-Vologne. Comment cet amoncellement de blocs, empilés sur sept mètres d'épaisseur, a -t-il pu arriver là, sur ce plateau en surplomb de la vallée de la Vologne ? « Il n'existe que deux ou trois champs de roches en France. Celui de Barbey-Seroux est le plus grand. Il s'agit d'une formation géologique née des variations climatiques glaciaires au cours des 50 000 dernières années*. » Les blocs ont des formes et des tailles différentes. Leurs arêtes sont peu émoussées et anguleuses, ils n'ont donc pas été roulés.

Comment un tel lieu pouvait ne pas avoir de légende ? Jadis, dès que le clocher du village avait égrené les douze coups de minuit, les roches s'en allaient rouler dans la Vologne pour faire toilette. A l'aube, elles remontaient.
Le diable surprit un jour leur escapade nocturne. Il eut l'idée de cacher son trésor, des pièces d'or, dans les cavités des boules. Le petit jour arriva et avec lui le retour des roches. Le diable leur annonça qu'elles devaient maintenant couver son trésor. Plus question d'aller se baigner dans la Vologne ! Leur vint l'idée, histoire de se distraire, de bouger un peu, découvrant ainsi le trésor qui dormait sous elles. Les pies, toujours attirées par ce qui brille, arrivèrent à tire-d'aile de partout. Il ne resta plus aucune pièce sous les roches et lorsque le diable voulut récupérer sa fortune, il en fut pour ses frais. Il mourut étouffé de colère.

La commune de Barbey-Seroux, en collaboration avec le parc des Ballons des Vosges, a aménagé un itinéraire de découverte de cette curiosité géologique. Des panneaux informatifs renseignent sur le site.

* Lignes bleues, *journal du parc naturel régional des Ballons des Vosges.*

vosgienne

« Homme ! Je suis la chaleur de ton foyer par les froides nuits d'hiver, l'ombrage ami lorsque brûle le soleil d'été. Je suis la charpente de ta maison, la planche de ta table. Je suis le lit dans lequel tu dors, et le bois dont tu fais tes navires. Je suis le manche de la houe et la porte de ton enclos. Je suis le bois de ton berceau et de ton cercueil. Je suis le pain de la bonté, la fleur de la beauté. Écoute ma prière, ne me détruis pas. »

Prière de la forêt, affichée dans l'une des salles du musée de la Schlitte à Muhlbach-sur-Munster, dans le Haut-Rhin.

sagard (du germanique « saegen » : scier) qui assurait tout le travail de la scierie : depuis l'écorçage jusqu'à la mise en pile des planches.

Parmi les différents métiers évoqués, celui du schlitteur. Le schlittage est un débardage spécifique au massif des Vosges. Il consistait à charger des troncs d'arbres sur le « bouc » ou des bois coupés sur des « schlittes » (traîneau en allemand) pour les transporter depuis le lieu de coupe. Si la glisse était rendue difficile par la nature du terrain, on recouvrait la pente avec des petites branches de sapin et on enduisait de suif les semelles du bouc ou de la schlitte. Lorsque la pente n'était pas suffisante, on aménageait un chemin de « raftons » constitué de traverses plus ou moins espacées. Dur travail que celui de schlitteur. Son dos calait l'avant de la schlitte tandis que ses jambes devaient retenir le poids du chargement.

** Louis Madelin, « A travers la France », Syndicat des éditeurs, Paris, 1933.*

Une scierie vosgienne au début du siècle.

en chemin pour l'estive

juin 1998

Montauroux, petit village du Var, est en fête, les troupeaux partent pour la transhumance.

« on peut faire des tas de métiers que l'on n'aime pas. Berger, non. »

Estive et transhumance composent des images d'autrefois, mais la tradition ne s'est pas perdue partout. Les notions de terroir, de pays, d'identité régionale, sont redevenues très fortes et avec elles sont nées des initiatives pour conserver la tradition, au lieu de transporter les bêtes par camion. Des troupeaux montent encore du Bas-Languedoc pour gagner les pâturages situés au-delà des Cévennes. C'est le cas aussi dans le Var, les Pyrénées-Atlantiques, le Cantal, l'Ain, le Vaucluse et les Bouches-du-Rhône d'où les troupeaux montent vers le Vercors. Le spectacle est toujours impressionnant : des centaines de bêtes ensonnaillées, les plus belles décorées de pompons. L'immense vague de laine va déferler vers les pâturages où elle trouvera herbe et fraîcheur.

Le pastoralisme continue à nourrir nos cultures, l'image du berger demeure forte dans nos mémoires et il faut se réjouir que des jeunes choisissent encore d'exercer ce métier.

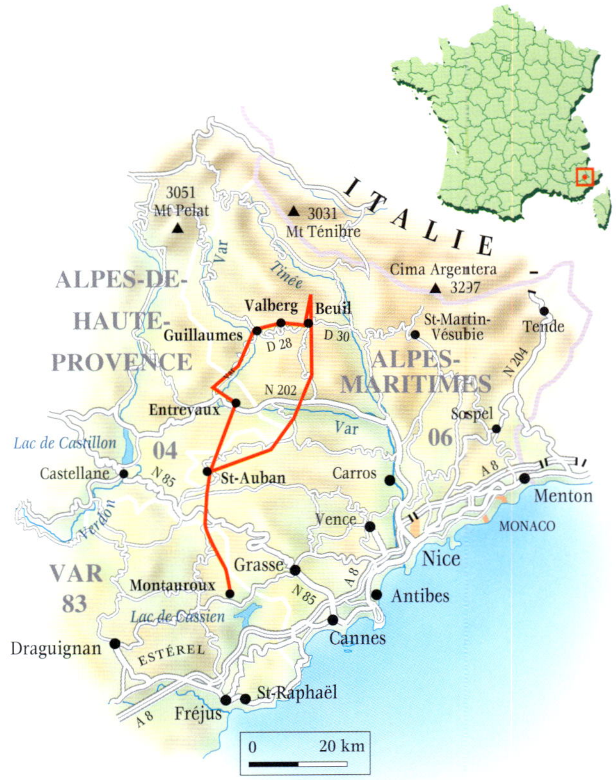

Transhumance du Var vers les Alpes-Maritimes

Avec les premiers jours de juin sont arrivées les autorisations administratives et le beau temps. A Montauroux, petit village du Var, le berger Jean-Pierre Thimoléon est très occupé. Le départ de la transhumance est tout proche. L'ânesse, Gamine, est impatiente, insensible à l'ambiance de fête qui règne dans le village : farandoles au son des fifres et tambourins, costumes provençaux.

1 200 bêtes ensonnaillées se mettent en route encadrées par le berger, ses compagnons et… les chiens. Le long ruban marche à deux ou trois kilomètres par heure, empruntant tantôt une route, tantôt un sentier, une draille ou une carrère.

Il faudra une semaine pour parvenir jusqu'au lieu d'estive situé au-dessus de Beuil, dans les Alpes-Maritimes. La vie s'est organisée : le matin, un café avalé rapidement, les bagages pliés vite fait, départ de bonne heure afin de faire marcher les bêtes à la fraîche. Une étape très prisée : celle du midi. Il fait chaud, les bêtes ont besoin de se reposer et les hommes aussi. Pause casse-croûte et ensuite la sieste. En Provence, c'est sacré. Flocon, Bill, Etoile et les autres chiens prennent la garde. Que personne ne bouge ! Le troupeau chaume. Il faut repartir quand même. Arrive le soir : soins aux bêtes, préparation du bivouac et du repas, et enfin repos réparateur.

Les paysages et les villages se succèdent : Saint-Auban et sa clue ; Entrevaux dominé par sa fière citadelle ; Daluis et ses gorges où le schiste rouge compose un décor flamboyant ; Guillaumes, au confluent du Var et du Tuébi ; Valberg et son cadre verdoyant ; et enfin Beuil, agrippé à sa colline.

Plus de route maintenant, seulement des sentiers en flanc de montagne. C'est enfin l'installation du troupeau. Le regard de Jean-Pierre s'illumine soudain. Ses yeux se ferment pour goûter le moment présent et

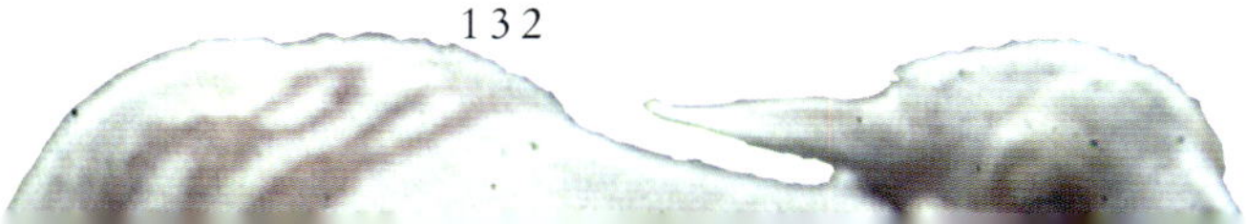

et la transhumance...

les odeurs nouvelles. On ôte les sonnailles. Quelques bêtes seulement vont les garder. Une nouvelle vie s'organise avec ses joies et ses peines. Une nuit, une brebis a mis bas, mais c'est un mort-né. Une autre mère a fait, elle, un beau petit mais n'a pas de lait. Que fait le berger en pareil cas ? Il dépèce le corps sans vie pour récupérer la peau dont on enveloppe l'agneau vivant. La mère reconnaît l'odeur de son petit mort-né et laisse téter le petit adopté. Sinon, il aurait fallu le nourrir au biberon. Et puis les nuits vont se faire plus fraîches, les jours raccourcir et le vent devenir plus froid. L'heure du retour est proche, entre le 28 septembre et le 15 octobre. Il va se faire avec quelques têtes nouvelles, par un itinéraire différent qui rejoindra la clue de Saint-Auban. Le passage des gorges du Cians, toujours redouté, s'est bien passé. Les pas se feraient-ils plus rapides à l'approche de Montauroux ? Les bêtes sentent la bergerie et les patûrages familiers, le berger l'odeur de la soupe familiale. C'est la fin de l'aventure. Demain le travail recommencera : remettre en état les mangeoires, préparer les litières, surveiller et aider à l'agnelage, tondre, marquer, etc. Le maquignon passera aussi, emportant une partie du cheptel...

Lorsque le berger se fait artiste... harmonieux témoignage d'art populaire.

Documents de cette double page © Gérard Joseph

Dans un décor grandiose, complicité de tous les instants entre le berger et ses bêtes.

En chemin pour l'estive

Indissociable du berger pyrénéen : le béret. Il a même son musée

Il a rendu et rend toujours bien des services au berger. Il le protège des ardeurs du soleil, des assauts de la pluie et du vent. Il peut même lui servir à rapporter une fricassée inattendue de champignons, ou à marquer son humeur du jour suivant la façon dont il l'aura posé sur sa tête !

Le béret demeure une tradition béarnaise et basque. Un texte de 1461 indique « de même, tout berettier qui posera ses bérets au marché, pour tout plaçage et droit de table, paiera un sol morlan ».

Sous le second Empire, pyrénéisme et thermalisme devinrent à la mode. C'est à Bétharram que M. Blancq, bonnetier à Nay, rencontra la duchesse d'Orléans, coiffée… d'un béret. Le déclic. M. Blancq s'associe avec M. Fouard, filateur à Baudreix. En 1832 naît la fabrique de bérets qui continue depuis cinq générations. Ce célèbre couvre-chef méritait bien un musée. C'est ce qui a été réalisé à Nay, dans le cadre de l'entreprise Blancq-Olibet. Le béret n'a donc pas cessé de n'en faire qu'à sa tête et de nous en faire voir de toutes les couleurs !

La draille est devenue soudain un long ruisseau de laine…

Fête de l'estive dans le Cantal

En cette fin du mois de mai, c'est la fête de l'estive à Allanche, ancienne place forte du Cézallier, là où les immenses pâturages composent un paysage où l'espace semble ne jamais finir. Ce sont des moines venus du Midi qui sont à l'origine de la vie pastorale du pays d'Allanche, où la transhumance (ou « montade ») remonte au XIIIe siècle. Depuis plusieurs années, sous l'impulsion de l'association « L'Estivade en Cézallier », plusieurs troupeaux de vaches salers délaissent les camions pour « monter à l'estive ». Les zones d'estives de la montagne cantalienne représentent 80 000 hectares. 100 000 bovins y pâturent chaque année. La vache de race salers a des pieds excellents, d'où sa bonne aptitude à la marche et aux longues périodes de stabulation. Elle a beaucoup d'élégance avec sa robe acajou et ses cornes harmonieuses. Son poil pousse fort bien en hiver, d'où sa résistance aux écarts de température des hauts plateaux. Sa viande est appréciée des amateurs et grande est la qualité de son lait, qui va donner les fromages du nom de : cantal, salers, bleu d'Auvergne, saint-nectaire et fourme d'Ambert. Un fameux plateau !

Transhumance cévenole

Trois drailles principales permettaient aux troupeaux d'ovins du Bas-Languedoc de franchir les Cévennes pour gagner les pâturages d'été au sud du Massif central : la draille d'Aubrac ou draille du Languedoc, la draille de Margeride et la draille du Gévaudan ou grande draille.

Evelyne et Allain Bastide ont suivi au cours de l'été 1998 une partie de la montée du troupeau (2 000 bêtes) de M. Chapon,

et la transhumance !

de Brouzet-les-Quissac, dans le Gard, jusqu'à l'Aubaret en Lozère. Quelques accompagnants pour cette montée, qui ont retenu l'année précédente ! Mais pas plus de 10 à 15 personnes, et sans chien, car il ne faut pas risquer des altercations avec les chiens qui encadrent le troupeau. Evelyne imaginait un rythme de marche plus rapide. En fait, le troupeau va lentement et il faut compter avec des journées de 10 à 12 h de marche. Le responsable du troupeau dort très peu, accaparé par les soins à donner aux bêtes et son œil reste toujours vigilant.

Estive dans la vallée d'Aspe

Début juin, à Lourdios-Ichère dans les Pyrénées-Atlantiques : les troupeaux vont partir pour la montagne. Moutons, vaches béarnaises, chèvres pyrénéennes, ont envahi la place du village. Les bergers ont décroché les sonnailles. Il va falloir choisir la brebis qui portera la plus grosse cloche, la « toupi ». Marquage des bêtes, pose des cloches, bénédiction des troupeaux et verre de l'amitié – convivialité oblige – et c'est le départ, pendant que la fête au village battra son plein toute la journée. Chants traditionnels et visite à l'écomusée où « un village se raconte » au rythme des saisons. Pendant ce temps, les bêtes ont déjà commencé à paître dans les herbages aux odeurs de serpolet et de réglisse qui parfumeront si délicieusement les fromages. A Accous, près de Lourdios, les fermiers vous accueillent à la fromagerie. Un bien beau rendez-vous avec le pastoralisme.

La fête de la transhumance en Aubrac

25 mai à Saint-Côme-d'Olt dans l'Aveyron, c'est la Saint-Urbain, jour de la fête de la transhumance. Une dizaine de troupeaux et les attelages (ils montaient jadis les vivres) vont gagner les monts d'Aubrac, pays des grands espaces aux confins des départements de l'Aveyron, de la Lozère et du Cantal.

© Jean-Paul Rickelin/les Amis du Vieil Allanche

A Allanche, dans le Cantal, montée du troupeau pour l'estive.

Les vaches ont fait toilette : rubans, feuillages, pompons et bien sûr la cloche tenue par un large collier de cuir. En tête du cortège : la « reine » qui arbore un rameau imposant et une « queue » tricolore. Elle a, dit-on, « la transhumance dans le sang ». Pas question de céder sa place de première. Terme de la montée : le village d'Aubrac. De là elles vont gagner leurs pâturages respectifs et retrouver leurs veaux acheminés par camions.

Le printemps a déjà envahi les herbages. Les vaches vont rester là jusqu'à la mi-octobre. La descente aura lieu à partir du 13 octobre, jour de la Saint-Géraud. Quelques buronniers vivent encore ici pendant la saison. Ils vont fabriquer les savoureuses fourmes de « laguiole » ou de « cantal ».

© Allain Bastide

L'étape est longue, le soutien du bâton n'est pas superflu.

Bibliographie

AMOUROUX Henri, MEFRET Jean-Pax, *1944*, Hors série *Le Figaro Magazine.*
ANTOINE Mathieu et Serge, *Le Queyras*, 1995.
ARABEYRE Patrick, *Atlas de Cîteaux* (Conseil général et Archives départementales de Côte-d'Or), Ed. de l'Armançon, 1998.
AVRIL Marie-France, *Itinéraires d'Hannibal en Gaule*, Les éditions de Paris, 1996.
BERTE-LANGEREAU Philippe, *Les Galvachers et charretiers du Morvan,* Ed. Nourrices du Morvan, 1996.
BESSON André, *Contrebandiers et gabelous*, Ed. France-Empire, 1989.
BOISLEVE Jacques, *Pêcheurs de Loire entre Anjou et Bretagne*, Ed. Siloë, 1995.
BORREL Albert, *Les Pieds en Queyras, le coeur dans les étoiles*, Ed. Groupe Verneuil-Calade, 1997.
BOUTIN Emile, *La Baie de Bretagne et sa contrebande*, Ed. Siloë, 1993.
BOUYER Victor, *Les Potiers du Fuilet,* 1992.
Brochure *Le Sel et l'homme en pays narbonnais*, Ed. Salins/Agence méditerranéenne de l'environnement.
Brochure *Scierie à haut fer de la Hallière*, Ed. Les Amis de la Hallière, 1998.
CENTRE DE DOCUMENTATION PEDAGOGIQUE DU VAUCLUSE, *La Peste*, 1983.
Cézanne, documentation de l'Atelier Paul Cézanne à Aix-en-Provence.
CHAMBRE DEPARTEMENTALE DE TOURISME EN VAUCLUSE, *Route historique des Vaudois en Luberon.*
Chartres 27/28 mars 1999, Mission étudiante catholique d'Ile-de-France.
CHEVALLIER Raymond, *Les Voies romaines*, Ed. Picard, 1997.
CLEMENT Pierre *A., La Voie domitienne*, Presses du Languedoc/Max Chaleil Editeur, rééd.1992.
Cîteaux, nature sauvage, nature maîtrisée, musée de Nuits-Saint-Georges, 1998.
COLENO Annonciade, *Sainte Odile*, Ed. du Rocher, 1998.
D'ANTIN de VAILLAC Arnaud, *Connaissance du canal du Midi*, Ed. France-Empire, 1997.
DE CONINCK Francis, *La Traversée des Alpes par Hannibal,* Ediculture, 1992.
DARAS Charles, *Les Templiers en Charente*, Société archéologique et historique de la Charente, 1981.
DAHM Hjalmar, LEMARIE Dominique, PALLARO Pierre, *Petit Guide des marais salants de Guérande*, Groupement des producteurs de sel de Guérande, 1995.
DAVY Christian, JUHEL Vincent, PAOLETTI Gilbert, *Les Peintures murales romanes de la vallée du Loir*, Ed. du Cherche-Lune, 1997.
DE LUMLEY Henry, *Le Mont Bego*, ministère de la Culture, Imprimerie nationale, 1992.
Douane et contrebande, catalogue de l'exposition du musée de Pontarlier, Ed. Les Amis du musée de Pontarlier, 1992.
DE VAISSIERE Pierre, *Henri IV,* Ed. Arthème Fayard, 1928.
FAHR-BECKER Gabrielle, *L'Art nouveau*, Ed. Konëmann (Cologne).
FONTAINE-BAYER Lucette, *Le Chasse-Marée de Picardie sur la route du poisson*, Ed. Dumarchez, 1993.
Gallé, le magicien du verre, revue *Beaux-Arts.*
Guide du musée archéologique de Dijon - Guide du musée du Compagnonnage de Tours, 1995.
Guide du musée Philandrier à Châtillon-sur-Seine - Guide de Paris mystérieux, Ed. Tchou Princesse, 1978 - *Guides verts Michelin.*
Guide la Thiérache, Edition Chamina/CDT Aisne.
GUILLAUME A., *Le Queyras*, Société d'études des Hautes-Alpes, 1985.
GUILLET Jacques, CEBRON Jean-Pierre, GUYOMARD Emile, *La Batellerie bretonne*, Le Chasse-Marée, Ed. de l'Estran, 1988.
JEMINET Marie-Noëlle, *Raconte-moi l'école…* Les Cahiers de l'écomusée de la Margeride, n° 3/juillet 1987.
ICHER François, *Les Compagnons ou l'amour de la belle ouvrage*, Découvertes Gallimard et *La France des Compagnons*, Ed. de la Martinière, 1994.
JOFFROY, ROLLEY Claude, *La Tombe princière de Vix*, Musée archéologique de Châtillon-sur-Seine.
La Berlinguette, Bulletin de l'Association pour la protection du patrimoine historique de Redon.
LABORDE-BALEN Louis, *Somport, des Romains au tunnel*, 1996.
LAGRAVE Roger, *La dernière randonnée de Bertrand Du Guesclin*, Ed. Gévaudan-Cévennes, 1996.
LAVIGNES Bernard, *Saint-Junien, Soixante-neuvièmes ostensions*, 1995.
Le Fort du Portalet (revue Association Mémoire collective en Béarn).
Les Chemins du baroque en Savoie (coll. Musée dauphinois), Ed. Le Dauphiné, 1996.
Les Chemins de la soie, Ed. Espaces écrits, 1993.
LE ROY Florian, *Vieux Métiers bretons,* Ed. Coop Breizh, 1992.
LOCQUIN Jean, *Vauban, sa vie et ses œuvres*, Ed. La France active, 1933.
MATHIEU BETTY, *A la Martinique*, Guides Visa Hachette, 1996.
MAZON Albin, *Muletiers, postes et diligences en Vivarais et au-delà*, Ed. Fédération des Œuvres laïques de l'Ardèche, 1997.
MERCIER Gilbert, *Pays de Sion*, coll. Guides de la Lorraine, Editions de l'Est, 1995.
MEURET Jean-Paul, *Guide des églises fortifiées*, Syndicat mixte pour le développement de la Thiérache.
MONTRIAND Isabelle, *Sel de Guérande, l'or blanc du marais*, Ed. Connaissance et mémoires européennes, 1998.
MORISSET Pierre, *Une salle de classe dans la campagne bretonne sous la IIIe République*, Groupe d'étude de l'association des Amis du musée de l'Ecole rurale en Bretagne, Trégarvan.
MULLER Robert, Allix C. et A., *Les Colporteurs de l'Oisans*, Presses Universitaires de Grenoble, 1979.
PARC NATIONAL des CEVENNES, *Désert et Pays camisard*, n° 29-30, 1985 - *Architectures et paysages de la soie*, n° 53-54, 1997.
Paris des Rêves, Ed. Clairefontaine/Lausanne 1950
PEZET Maurice, *L'Epopée des Camisards*, Languedoc Vivarais Cévennes, Ed. Seghers, 1978 et *L'Epopée des Vaudois*, Ed. Fernand Lanore, François Sorlot, 1985.
PIERRE SECHE en VAUCLUSE, LES ALPES de LUMIERE, *La Muraille de la peste*, 1993.
PILET André, *Un Normand qui bouge*, Editions Bertout, 1997.
POUZOL Marcel, *Les Foires de Champagne à Lagny au Moyen Age*, Cercle d'études archéologiques et historiques du Pays de Lagny, bull. 7, 1968.
QUEFFELEC Yann, *Bretagne, le soleil se lève à l'ouest*, Ed. Robert Laffont, 1994.
RENAULT Jean-Michel, *Bonjour la Martinique*, Ed. Les Créations du Pélican, 1998.
Revue *Chemins* - Revue *La Vie en Champagne*, numéro spécial sur les foires de Champagne.
Revue *Le Chasse-Marée*, n° 18 - Revue *Pays de Bourgogne.*
ROBERT Bruno, *Randonnées sur les chemins de paradis*, Ed. Charles Corlet, 1984.
ROGERE Claude, *Sur une route d'autrefois, le chasse-marée, voiturier de poisson de mer.*
RUFINO Patrice Georges, *Le Pastel, or bleu du Pays de Cocagne*, Ed. Daniel Briand, 1990.
SALETTA Patrick, *Voyage dans la France des troglodytes*, Ed. Sides, 1992 et *Sanctuaires souterrains, aux origines de l'église en France*, Ed. Alternatives, 1994.
SALTEL Jean, *Terre des Vosges*, Ed. J.-P. Syss, 1997.
SAUVANON Jeanine, *Les Métiers au Moyen Age*, Ed. Houvet, 1993.
SHORT Ian, *La Chanson de Roland*, Ed. Le Livre de poche, 1997.
Sur les bornes de la principauté de Montbéliard, Ed. La Randonnée hérimoncourtoise, 1995.
VOUVE J., BRUNET J., VIDAL P., MARSAL J., *Lascaux en Périgord Noir*, Ed. Pierre Fanlac, 1982.
WACKENHEIM Charles, *Le Mont Sainte-Odile*, Editions du Signe, 1997.

Editions Ouest-France

AUBARBIER Jean-Luc, BINET Michel, *Chemins de la préhistoire en Périgord*, 1997, *Les Sites templiers de France*, 1997.
BELY Lucien, *Aimer le Mont Saint-Michel*, 1999.
BENFERHAT Kader, AUBERT Sandra, *Le Canal de Nantes à Brest*, 1999.
BERTIN François, COURAULT Pascal, *Vive la récré !*, 1995.
BERTRAND Simone, LEMAGNEN Sylvette, *La Tapisserie de Bayeux*, 1996.
BRANGLIDOR Simone, CRABOT Christian, *Martinique*, 1995, *Guadeloupe*, 1998.
DECENEUX Marc, *Mont Saint-Michel, histoire d'un mythe*, 1997.
DE PERSON Françoise, *Contrebandiers du sel*, 1999.
DESQUESNES Rémy, *Normandie 1944*, 1993 (Ed. avec Mémorial de Caen).
GANCEL Hippolyte, *Au temps de l'encre violette, l'écolier*, 1999.
GUIGNY Alain, *Les Chemins du Tro Breiz*, 1996.
HUCHET Patrick , *Les Chemins de Compostelle en terre de France*, 1997, *Les Chemins de Compostelle en terre d'Espagne*, 1999, *Georges Cadoudal et les chouans*, 1998.
IRVOAS-DANTEC Dominique, *Sentier des douaniers de Bretagne*, 1995.
JOURDAA Frédérique, *La Route du sel de la côte atlantique*, 1999.
LEBEDEL Claude, *Comprendre la tragédie des Cathares*, 1998.
LECOUTURIER Yves, *Les Plages du débarquement*, 1999.
MAZATAUD Pierre, *Le Limousin*, 1998.
RENAUD Jean, *Les Vikings et la Normandie*, Ed. Ouest-France, 1989.
VILETTE Jean, *Les Vitraux de Chartres*, 1979.

La fédération française de la randonnée pédestre

FFRP

L'ouvrage a repris au fil des pages la marque de balisage blanc-rouge, bien connue des randonneurs qui cheminent sur les sentiers de Grande Randonnée, les fameux GR. S'y ajoutent la marque jaune-rouge, pour les GR de Pays et la marque jaune pour les sentiers de promenade et de randonnée, les PR, si bien adaptés à la randonnée en famille. Cette signalétique est l'aboutissement du travail des milliers de bénévoles regroupés sous la houlette de la Fédération française de la randonnée pédestre. Une œuvre désintéressée au service des randonneurs. Repérages sur les cartes, reconnaissances sur le terrain, démarches auprès des communes, services du cadastre, propriétaires privés, débroussaillage, balisage... et entretien ensuite, car il faut maintenir les itinéraires (180 000 km !) en état.

La FFRP participe ainsi sur le terrain à la sauvegarde du patrimoine des chemins et sentiers. Avec le soutien de la Fondation d'entreprise Gaz de France elle a lancé, il y a quelques années, la grande opération « Sauvons les chemins et sentiers de France ». De nombreux itinéraires liés à notre histoire ont pu être réhabilités. Et l'action continue !

La FFRP, c'est aussi une représentation dynamique sur l'ensemble de l'Hexagone à travers ses Comités régionaux et départementaux. Les 2 000 associations qu'elle regroupe offrent aux randonneurs des programmes de randonnées adaptés à tous les goûts, tous les niveaux, tous les âges, dans une sympathique ambiance où la convivialité est reine. La licence fédérale (individuelle ou familiale) est assortie de nombreux avantages.

Et pour randonner dans les pays de France, un compagnon indispensable : le topo-guide FFRP. Catalogue des 180 titres auprès du Centre d'information. Pas de rando sans topo ! En vente dans les librairies, magasins d'articles de sport, offices de tourisme et syndicats d'initiative, points de vente IGN et au Centre d'information de la FFRP (VPC et Minitel 3615 Rando - 2,23 F/min).

CENTRE d'INFORMATION DE LA FFRP :
14 rue Riquet 75019 PARIS
(métro Riquet - Ligne 7), tél. 01 44 89 93 93, fax 01 40 35 85 67. E-mail : ffrp.paris@wanadoo.fr
Site Internet : http ://www. ffrp. asso. fr.
Ouvert du lundi au samedi de 10 h à 18 h.

Suivez le balisage
pour rester sur le bon chemin

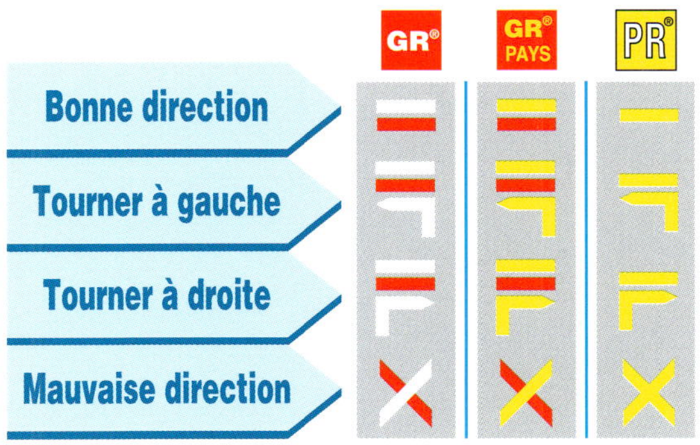

Le jalonnement des sentiers consiste en marques de peinture sur les rochers, les arbres, les murs, les poteaux. Leur fréquence est fonction du terrain.

Les itinéraires de randonnée pédestre connus sous le nom de "GR", jalonnés de marques conformes au modèle reproduit ci-contre, sont une création de la FFRP-CNSGR. Ils sont protégés au titre du Code de la propriété intellectuelle. Les marques utilisées sont déposées à l'INPI. Nul ne peut en disposer sans autorisation expresse. Sentier de Grande Randonnée, GR, GR Pays, PR, GR, GR PAYS, PR, «...à pied», «les environs de... à pied» sont des marques déposées ainsi que les marques de couleur blanc-rouge et jaune-rouge.

pour en découvrir

Page 8 - Randonnée troglodytique en Dordogne : Grottes du Roc de Cazelle, route de Sarlat, 24620 LES EYZIES, tél. 05 53 59 46 09 fax 05 53 59 46 11 - La Roque Saint-Christophe 24620 PEYZAC-LE-MOUSTIER, tél. 05 53 50 70 45, fax 05 53 51 03 21.
Page 10 - Bestiaire préhistorique du Périgord : Office de tourisme, place du Centre, 24620 LES EYZIES-DE-TAYAC, tél. 05 53 06 97 05.
Page 12 - La vallée des Merveilles : Parc national du Mercantour, 23 rue d'Italie, BP 1316, 06006 NICE Cedex 1, tél. 04 93 16 78 88 et 04 93 04 67 00, fax 04 93 88 79 05 - Musée des Merveilles, av. du 16-Septembre-1947, 04630 TENDE, tél. 04 93 04 32 50 - OT de la Haute-Roya, av. du 16-Septembre-1947, 06430 TENDE, tél. 04 93 04 73 71.
Page 16 - Pèlerins et ex-voto aux sources de la Seine : Musée archéologique, 5 rue du Docteur-Maret, BP 1510, 21033 DIJON Cedex, tél. 03 80 30 88 54 et 03 80 30 86 23, fax 03 80 30 71 57 - Musée du Châtillonnais, rue du Bourg 21400 CHATILLON S/SEINE, tél. 03 80 91 24 67, fax 03 80 91 50 59 - OT, parvis de l'Abbatiale 21440 SAINT-SEINE-L'ABBAYE, tél./fax 03 80 35 07 63.
Page 18 - Sur la via Domitia : brochure disponible auprès du Comité régional du tourisme Languedoc-Roussillon 29 rue de la République 34000 MONTPELLIER, tél. 04 67 22 81 00, fax 04 67 58 06 10, Internet : http://www. viadomitia. org.
Chemin de Saint-Hilaire : Comité FFRP, 31 rue Romaine 79370 CELLES S/BELLE.
Page 20 - La chaussée Jules César : Info sur rando auprès du Comité FFRP : BP 3, 95270 VIARMES, tél. 01 30 35 81 82, fax 01 30 35 34 91, Parc régional du Vexin, 95450 THEMERICOURT, tél. 01 34 66 15 10.
Page 22 - Les roches gravées en Guadeloupe : Parc archéologique des Roches gravées, tél. 05 90 92 91 88.
Page 24 - Le pèlerinage de la Sainte-Baume : OT, 2 cours du Général-de-Gaulle 83860 NANS-LES-PINS, tél. 04 94 78 95 91, fax 04 94 78 60 07 - Ecomusée de la Sainte-Baume 83640 Plan d'Aups Sainte-Baume, tél. 04 42 62 56 46, fax 04 42 62 57 31.
Page 26 - Le mont Sainte-Odile : Hostellerie du mont Sainte-Odile 67530 OTTROTT, tél. 03 88 95 80 53, fax 03 88 95 82 96. Sentiers viticoles : Maison du tourisme : 1Grand'Rue 68150 RIBEAUVILLE, tél. 03 89 73 62 22, fax 03 89 73 23 62 et 2 rue de la 1re-Armée 68340 RIQUEWIHR, tél. 03 89 49 08 40, fax 03 89 49 08 49.
Page 28 - Les chemins du Mont Saint-Michel : Association « Les chemins du Mont Saint-Michel », Abbaye aux Dames, place de la Reine-Mathilde, BP 523, 14035 CAEN, tél. 02 31 06 97 70, fax 02 31 95 12 81.
Page 30 - Sur les pas de Charlemagne et de Roland : Information tourisme : mairie 64250 ITXASSOU, tél. 05 59 29 75 36.
Page 34 - Le Tro Breiz : Route historique du Tro-Breiz, 22 boulevard Hérault 22000 SAINT-BRIEUC, tél./fax 02 96 33 10 22. E-mail : routetrobreiz@lemel.fr. Internet : www.trobreiz.com
Page 36 - Les chemins de l'or blanc : Info sur possibilités de randos : Maison des paludiers 44350 SAILLE, tél. 02 40 62 21 96, fax 02 40 15 03 46 - Musée des Marais salants 44740 BATZ-SUR-MER, tél. 02 40 23 82 79, fax 02 40 23 71 51 - Maison du sel, Pradel 44350 GUERANDE, tél. 02 40 62 08 80, fax 02 40 24 79 84 -
Page 38 - Le pèlerinage de Sion : Info sur rando : Les Randonneurs du Saintois, route d'Haroué 54116 TANTONVILLE, tél. 03 83 52 48 78.
Page 40 - Paroisses ostensionnaires en Limousin : CDT de la Haute-Vienne, 4 place Denis-Dussoubs 87000 LIMOGES, tél. 05 55 79 04 04, fax 05 55 10 88 61. Pays des feuillardiers : site de la Monnerie 87150 CUSSAC, tél./fax 05 55 70 96 35. Internet : http://www.feuillardiers.wanadoo.fr. E-mail : feuillardiers@wanadoo.fr.
Page 42 - Et les moines fondèrent Cîteaux : Info sur circuit rando auprès de l'OT, 3 rue Sonoys 21703 NUITS-SAINT-GEORGES Cedex, tél. 03 80 61 22 47, fax 03 80 61 30 98.
Page 44 - Sur les traces des Templiers : Randos en Charente : Comité FFRP, 22 boulevard de Bury 16000 ANGOULEME, tél./fax 05 45 38 94 48.
Page 46 - En route pour les foires de Champagne : OT, 16 boulevard Carnot, BP 4082, 10014 TROYES Cedex, tél. 03 25 82 62 70, fax 03 25 73 06 81 - OT, 1 place de la Fontaine 77400 LAGNY-SUR-MARNE, tél. 01 64 02 15 15, fax 01 64 30 42 52 - Maison du visiteur, cité médiévale, BP 44, 77482 PROVINS, tél. 01 64 60 26 26, fax 01 64 60 11 97 - OT, 3 rue du Théâtre 10200 BAR-SUR-AUBE, tél. 03 25 27 24 25.
Page 48 - La Thiérache des églises fortifiées : Maison de la Thiérache, 43 rue du Général-de-Gaulle 02260 LA CAPELLE, tél. 03 23 97 51 63, fax 03 23 97 21 44.
Page 50 - Les chemins de Compostelle : Info sur rando Vézelay-Nevers auprès Comité FFRP 12 boulevard Gallieni 89000 AUXERRE et Comité FFRP 11 rue Roger-Salengro 58640 VARENNES-VAUZELLES. CDT de la Nièvre, 3 rue du Sort 58000 NEVERS, tél. 03 86 36 39 80, fax 03 86 36 36 63. Randonièvre, 3 rue du Sort 58000 NEVERS, tél. 03 86 36 92 98.
Page 56 - Sous les couverts des bastides landaises : Info sur rando auprès du Comité FFRP, mairie 40180 NARROSSE, tél. 05 58 90 12 84.
Page 58 - Les chemins de la soie dans les Cévennes : Musée de la Soie, place du 8-Mai 30170 SAINT-HIPPOLYTE-DU-FORT, tél./fax 04 66 77 66 47. Parc national des Cévennes, BP 15, 48400 Florac, tél. 04 66 49 53 00, fax. 04 66 49 53 02.
Page 62 - La dernière randonnée de Du Guesclin : musée Du Guesclin, 48170 CHATEAUNEUF-DE-RANDON.
Page 64 - Le chemin des potiers : La Maison du potier 49270 Le Fuilet, tél. 02 41 70 90 21, fax 02 41 70 26 22 - Musée de la Poterie des Hospices de la Madeleine, rue André-Loiseau 33330 SAINT-EMILION, tél. 05 57 55 51 65, fax 05 57 55 51 61 - Maison de la potière, c/o mairie 56350 SAINT-JEAN-LA-POTERIE, tél. 02 99 71 19 03.
Page 66 - Des chemins couleur pastel : Musée du Pastel/Route historique du circuit du pastel, Château de Magrin, 81220 SAINT-PAUL-CAP-DE-JOUX, tél. 05 63 70 63 82, fax 05 63 70 51 80 - SARL Bleus de pastel de Lectoure, Pont de Pile 32700 LECTOURE, tél./fax 05 62 68 78 30.
Page 68 - Le tour de France des Compagnons : Musée du Compagnonnage, 8 rue Nationale 37000 TOURS, tél. 02 47 61 07 93.
Page 70 - Traces vaudoises en Luberon : Plaquette Route historique des Vaudois en Luberon en vente à l'OT, rue du Four, 84360 MERINDOL, tél. 04 90 72 88 50.
Page 72 - Sur les pas d'Henri IV en Val d'Albret : Info rando auprès du CDT du Lot-et-Garonne, 4 rue André-Chénier, BP 158, 47005 AGEN Cedex, tél. 05 53 66 14 14, fax 05 53 68 25 42. Info sur chemin Henri IV Pau/Lourdes : OT, place Peyramale, 65000 LOURDES, tél. 05 62 42 77 40.
Page 74 - Les routes galantes d'Ile-de-France : Guide « La rivière du Roi-Soleil », contacter le SMAGER, 82 bis avenue de Paris 78000 VERSAILLES, tél. 01 39 51 87 95.
Page 76 - Le canal du Midi, chemin d'eau occitan : Voies navigables de

plus en chemin...

France, 2 Port Saint-Etienne, 31073 Toulouse Cedex 7, tél. 05 61 36 24 24, fax 05 61 54 66 50.
Page 78 - Les chasse-marée au grand trot vers Paris : CDT de Seine-Maritime : BP 60, 76420 BIHOREL-LES-ROUEN, tél. 02 35 12 10 10. ESTRAN-Cité de la mer, 37 rue de l'Asile-Thomas 76200 DIEPPE, tél. 02 35 06 93 20, fax 02 35 84 68 50.
Page 80 - Les villes du Pré Carré de Vauban : Fiches disponibles auprès des OT des villes concernées. Association pour la mise en valeur des espaces fortifiés de la région Nord Pas-de-Calais, hôtel de ville, 59530 LE QUESNOY, tél. 03 27 49 50 05.
Page 82 - Les chemins des Camisards : musée du Désert, Le mas Soubeyran 30140 MIALET, tél. 04 66 85 02 72, fax 04 66 85 00 02. Sur Internet : http ://museedudesert. com. E-mail : musee@museedudesert. com.
Page 84 - Or, pourpre, azur... du baroque savoyard : Haute-Maurienne Informations 73480 LANSLEBOURG-MONT-CENIS, tél. 04 79 05 91 57, fax 04 79 05 80 96. Espace baroque Maurienne, Grande Rue (ancienne église) 73480 LANSLEBOURG, tél. 04 79 05 90 42. Association Pierres-Fortes de Savoie : FACIM, Hôtel du Département 73018 CHAMBERY Cedex, tél. 04 79 96 74 19, fax 04 79 62 16 42. Forts du site de l'Esseillon : Maison d'Aussois, tél. 04 79 20 30 80.
Page 86 - Le mur de la peste : Info sur rando auprès de la mairie 84800 LAGNES, tél. 04 90 20 30 19. Association « Pierre sèche en Vaucluse » La Cornette 84800 PLAN-DE-SAUMANE. « Val de Provence », mairie, 13870 ROGNONAS, tél. 04 90 94 99 24, fax 04 90 90 33 15.
Page 88 - Le chemin de la mâture : Maison du Parc national des Pyrénées 64880 ETSAUT, tél. 05 59 34 88 30 ou 05 59 34 70 87.
Page 90 - En Martinique, mystère au château Dubuc : Château Dubuc, tél. 05 96 47 45 48. Parc régional de Martinique, Domaine de Tivoli, BP 437, 97234 FORT-DE-FRANCE Cedex, tél. 05 96 64 42 59.
Page 92 - Les bornes de la principauté de Montbéliard : Info sur rando auprès de « La Randonnée hérimoncourtoise », 14 rue des Sources, 25310 HERIMONCOURT.
Page 96 - Les sentiers des muletiers du Vivarais : Musée vivarois César-Filhol, 07100 ANNONAY, tél. 04 75 67 67 93 - Musée Crozatier 43000 LE PUY- EN-VELAY, tél. 04 71 09 38 90 - Musée d'Art populaire, 43140 SAINT-DIDIER-EN-VELAY, tel. 04 71 66 22 61 - Musée de la Châtaigneraie 07260 JOYEUSE, tél. 04 75 39 90 66, fax 04 75 39 91 28.
Page 98 - Sur le canal de Nantes à Brest : Musée de la Batellerie, quai Jean-Bart 35600 REDON, tél./fax 02 99 72 30 95 - Comité de promotion des canaux bretons Bretagne Pays de la Loire c/o office de tourisme, place de la République 35600 REDON, tél. 02 99 71 06 04, fax 02 99 71 01 59.
Page 100 - Fresques et peintures enluminent la vallée du Loir : Info rando auprès du Comité FFRP, 5 rue de la Voûte, BP 149, 41005 BLOIS Cedex, tél. 02 54 78 55 50, fax 02 54 74 81 79. OT, 47-49 rue Poterie, 41100 VENDOME, tél. 02 54 77 05 07.
Page 102 - Chemins et tournées de facteurs : OT, 26390 HAUTERIVES, tél. 04 75 68 86 82, fax 04 75 68 92 96. Palais idéal du facteur Cheval 26390 HAUTERIVES, tél. 04 75 68 81 19, fax 04 75 68 88 15.
Page 106 : Les chemins des colporteurs : Musée dauphinois, 30 rue Maurice-Gignoux 38000 GRENOBLE, tél. 04 76 85 19 01. Maison natale de Claude Gellée 88130 CHAMAGNE, tél. 03 23 38 86 07.
Page 108 - Les galvachers par monts et par vaux : Maison des galvachers 71550 ANOST, Parc régional du Morvan, 58230 Saint-BRISSON, tél. 03 86 78 79 00, fax 03 86 78 74 22.
Page 110 - Le chemin des écoliers : Ecomusée de Margeride Haute-Auvergne, La Tour, 15320 RUYNES-EN-MARGERIDE, tél./fax 04 71 23 42 96 - Musée de l'Ecole rurale en Bretagne 29560 TREGARVAN, tél. 02 98 26 04 72, fax 02 98 26 06 46 - Musée rural de l'Education des Côtes-d'Armor, Bothoa, 22480 SAINT-NICOLAS-DU-PELEM, tél. 02 96 29 73 95 - Ecole-musée de Champagny 21440 CHAMPAGNY - Musée de l'école d'Eure-et-Loir, 1 rue du 14-Juillet 28000 CHARTRES, tél. 02 37 30 07 69 - Maison de l'environnement des Vosges du Sud, 70440 LE HAUT-DU-THEM - CHATEAU-LAMBERT, tél. 03 84 20 46 76, fax 03 84 20 48 77.
Page 114 - Gallé sur le chemin de l'Art nouveau : OT, place Stanislas, BP 810, 54011 NANCY Cedex, tél. 03 83 35 22 41 - Club Alpin Français, 5 rue Saint-Julien, BP 281, 54005 NANCY Cedex, tél./fax 03 83 32 37 73.
Page 116 - Cézanne et la montagne Sainte-Victoire : OT, 2 place du Général-de-Gaulle, BP 160, 13605 AIX-EN-PROVENCE Cedex, tél. 04 42 16 11 61, fax 04 42 16 11 62.
Internet :http://www.aixenprovencetourism.com.
E-mail : infos@aixenprovencetourism.com.
Atelier Paul Cézanne, 9 avenue Paul-Cézanne 13090 AIX-EN-PROVENCE, tél. 04 42 21 06 53, fax 04 42 21 90 34.
E-mail : atelier.cezanne@wanadoo.fr
Page 118- Et Péguy marcha vers Chartres... : OT, place de la Cathédrale, BP 289, 28005 CHARTRES Cedex, tél. 02 37 21 50 00, fax 02 37 21 51 91 - Mission étudiante catholique d'Ile-de-France, 5 rue de l'Abbaye, 75006 PARIS, tél. 01 43 25 55 33, fax 01 44 07 30 63.
Page 120- Le chemin des Dames : CDT de l'Aisne, BP 116, 02005 LAON Cedex, tél. 03 23 27 76 76, fax 03 23 27 76 89 - Caverne du Dragon 02860 OULCHES-LA-VALLEE-FOULON, tél. 03 23 25 14 18.
Page 126 - Sur les plages du débarquement : Mémorial, Esplanade Eisenhower, BP 6261, 14066 CAEN Cedex, tél. 02 31 06 06 44, fax 02 31 06 01 66.
Page 128 - Le sentier des douaniers : Maison du littoral, chemin du Phare, BP 147, 22700 PERROS-GUIREC, tél. 02 96 91 62 77, fax 02 96 91 23 84.
Page 130- En sillonnant la forêt vosgienne : Scierie Haut-fer de la Hallière 88110 CELLES S/PLAINE, tél. 03 83 74 49 71, fax 03 83 73 26 62. OT, 2 place des Anciens-Combattants-d'Indochine, 88640 GRANGES-SUR-VOLOGNE, tél. 03 29 51 48 01. Parc régional des Ballons des Vosges, 1 cour de l'Abbaye 68140 MUNSTER, tél. 03 89 77 90 20, fax 03 89 77 90 30.
Page 132 - En chemin pour l'estive et la transhumance : Transhumance Aubrac, mairie 12470 SAINT-CHELY-d'AUBRAC, tél. 05 65 44 27 08 - L'Estivade en Cézallier, OT 15160 ALLANCHE, tél./fax 04 71 20 48 43 - Ecomusée de la vallée d'Aspe 64570 LOURDIOS-ICHERE, tél. 05 59 34 44 84 et 05 59 34 41 58, fax 05 59 34 45 55 - Musée du Béret 64800 NAY, tél. 05 59 61 01 32, fax 05 59 61 29 05.

remerciements

L'auteur et les Editions Ouest-France remercient chaleureusement celles et ceux qui ont bien voulu enrichir la documentation nécessaire à la rédaction et à l'illustration de cet ouvrage. Leur concours actif montre combien les chemins de France et leur histoire sont source d'intérêt, voire de passion !

Merci à Henri Viaux, Président d'honneur de la Fédération française de la randonnée pédestre, la Bibliothèque Trocadéro et la Bibliothèque Forney (Ville de Paris), Simone Branglidor, Jean Calbrix (CDRP FFRP Orne), Hippolyte Gancel, Patrick Huchet, Nicole Lazzarini (CRT Lorraine), Claude Lebédel, Armand Le Bloas, Samuel Sadaune.

et dans l'ordre des thèmes de l'ouvrage : Jean-Marc Touron, Patrick Zaletta • Parc national du Mercantour, musée des Merveilles à Tende, OT de la Haute-Roya • Céleste Fournier, Librairie des Alpes à Grenoble, Bibliothèque municipale d'étude et d'information de Grenoble • Henri Métin, ancien Conseiller général canton Saint-Seine-l'Abbaye, Michel Beaucaire (Sentiers FFRP Bourgogne), Musée archéologique de Dijon et Musée du Châtillonnais à Châtillon-sur-Seine • CRT Tourisme Languedoc-Roussillon Association Via Domitia, O.T pays de Lunel • Jean Ferlier (Foyer rural de Vigny), Rémy Chardon, Editions des Etannets, Constantin Angeloglou (Sentiers FFRP Val-d'Oise), Dominique Bonnet (CDRP FFRP Deux-Sèvres), SIVOM Pays Thouarsais, Centre initiation à l'environnement pays de Gâtine poitevine • Archives départementales Guadeloupe • Yves Audoli (Chemin faisant à Callian), OT de Nans-les-Pins, CDT Var, « La Provence verte », écomusée de la Sainte-Baume • M. le Chanoine Diss (Hostellerie du Mont Sainte-Odile) SI d'Ottrott, CRT Alsace, Maison du tourisme Pays de Ribeauvillé et Riquewihr, Michel Malet (Administrateur FFRP) • Association « Les chemins du Mont Saint-Michel » • Institut culturel basque, Hautes-Pyrénées Tourisme Environnement, Agence de tourisme du Pays basque • OT de Lillebonne, Dives-sur-Mer, Saint-Clair-sur-Epte • Nicole Bain (CDRP FFRP Loire-Atlantique) • Charles Perraud (Groupement Producteurs Sel de Guérande) • Père Jean Goulard, Jean-Pierre Deswarte (Randonneurs du Saintois) • OT de Saint-Junien et autres paroisses ostensionnaires, Henri Capredon (Pays des Feuillardiers), CDT Haute-Vienne • SIVOM Pays de Nuits-Saint-Georges, frère Luc (abbaye Notre-Dame de Cîteaux), Frère Thomas (la Trappe), ONF Côte-d'Or • Société archéologique et historique de la Charente, PNR Grands Causses • OT de Troyes, Lagny-sur-Marne, Provins et Bar-sur-Aube, Dominique Hermet • Valérie Ruel (Maison de la Thiérache), Danièle Delassus, Syndicat fabricants et affineurs fromage Maroilles • Jacky Reverchon (Sentiers FFRP Nièvre), CDT Nièvre, Randonièvre • Michel Darregert (CDRP FFRP Landes), Henri Dubos (Comité Sport en milieu rural Landes) • Ch. Brun (musée de la Soie à Saint-Hippolyte-du-Fort), Parc national des Cévennes, Nelson Cazeils • Mairie et musée Du Guesclin à Châteauneuf-de-Randon • Mickaël Audouin (Maison du potier au Fuilet), Alain Querre (musée de la Poterie des Hospices de la Madeleine à Saint-Emilion), Maison de la potière à Saint-Jean-la-Poterie, Dominique Drouet (Photographe), Claudette Trébosc • Jacques Batigne (Société d'histoire de Revel Saint-Ferréol), Denise et Henri Lambert (SARL Bleus de pastel à Lectoure), CDT Tarn, mairie d'Albi, Robert Daydé (OT Saint-Félix-Lauragais), CDRP FFRP Tarn • Musée du Compagnonnage à Tours • Serge Bec, « La Muse », OT de Mérindol, Daniel Locci (CDRP FFRP Vaucluse) • Joël Macé (CDT Lot-et-Garonne), Florence Prédonzan (CDRP FFRP Lot-et-Garonne), Jean-Claude Morlais et Pierre Lebeau (CDRP et Sentiers FFRP Hautes-Pyrénées), Guy Cassagnet • Syndicat mixte aménagement et gestion étangs et rigoles (Yvelines), Editions Ardea • Gilles Jérôme, Voies navigables de France à Toulouse • André Pilet, Jacqueline Hedouin (CRRP FFRP Haute-Normandie), CDT Seine-Maritime, Eric Tavernier (ESTRAN à Dieppe), mairies d'Auffay et d'Offranville • Association pour la mise en valeur des espaces fortifiés de la région Nord-Pas-de-Calais • Michel Caby (musée du Désert à Mialet) • Pierre Huart (Haute-Maurienne Information) • Rémy Briole (Mairie de Lagnes), Pierre sèche en Provence, Bureau intercommunal de tourisme Val de Provence, Centre documentation pédagogique Vaucluse • André Berrotte (CDRP FFRP Pyrénées-Atlantiques), Parc national des Pyrénées • Jacky Tessier (La Randonnée hérimoncourtoise), musée de Pontarlier • Musée Crozatier au Puy-en-Velay, musée d'Art populaire à Saint-Didier-en-Velay, Musée vivarois César-Filhol à Annonay, musée de la Châtaigneraie à Joyeuse • Charly Bayou (musée de la Batellerie à Redon) • Michel Bodin et Pierre Brunel (CDRP FFRP Loir-et-Cher), Laure Savard (OT de Vendôme) • Claude Galley, Alain Ripaux (PTT Cartophilie), Colette Gouts (Direction de la Communication La Poste), les directions régionales La Poste, bureaux de poste de Saint-Omer et Partinello, Association des amis du musée de la Poste et des Techniques de communication de Basse-Normandie, OT de Hauterives, Palais idéal du facteur Cheval, Mémoire de la Drôme, Archives départementales Haute-Corse • Musée dauphinois à Grenoble, Les Amis de Claude Gellée à Chamagne • Philippe Berte-Langereau • Maison du Parc naturel régional du Morvan à Saint-Brisson • Ecomusée de Margeride-Haute-Auvergne, musée de l'Ecole rurale en Bretagne à Trégarvan, Musée rural de l'Education des Côtes-d'Armor à Saint-Nicolas-du-Pélem/Bothoa, musée-école de Champagny en Côte-d'Or, Musée départemental de l'Ecole à Chartres, Maison de l'environnement des Vosges du Sud au Haut-du-Them • Christian Micot (CRRP FFRP Lorraine), Raymonde et Guy Chavey (CDRP FFRP Meurthe-et-Moselle), Claude Varroy (Club Alpin Français de Nancy) • Office de Tourisme de Nancy • OT d'Aix-en-Provence, Atelier Paul Cézanne • OT de Chartres, Mission étudiante catholique d'Ile-de-France • Stéphane Rouziou (CDT Aisne) • Patrick Dauphin (CRRP FFRP Ile-de-France) • Georges Hyvernat (CRRP FFRP Rhône-Alpes), Claude Besson et Michel Dumercq (CDRP FFRP Haute-Savoie) • Mémorial de Caen, Jean Simon (L'Essor à Schimerck), Groupement touristique de la Haute-Bruche • Maison du littoral à Perros-Guirec • Camille Liévaux, Alain François (Mairie de Barbey-Seroux), Pierre Poncet (Association des Amis de La Hallière). PNR Ballons des Vosges, Mme Grossier (Médiathèque de Gérardmer), musée de la Schlitte à Muhlbach-sur-Munster • Gérard Joseph (Photographe), Bernard Santerre (CDRP FFRP Alpes-Maritimes), Evelyne et Allain Bastide (CDRP FFRP Lozère), Estivade en Cézallier, Ecomusée Vallée d'Aspe, Transhumance Aubrac, musée du Béret à Nay, Jean Masson (Photographe), Centre formation professionnelle et promotion agricole à Salon-de-Provence.

Sigles : CDT : Comité départemental de Tourisme - CRT : Comité régional de Tourisme - CDRP et CRRP FFRP : Comité départemental et Comité régional de la randonnée pédestre de la Fédération française de la randonnée pédestre - OT : Office de Tourisme - PNR : Parc naturel régional.

Table des matières

On ne voit bien qu'avec ses pieds 6
Randonnée troglodytique en Dordogne 8
Bestiaire préhistorique du Périgord 10
La vallée des Merveilles 12
Hannibal et ses éléphants à l'assaut des Alpes 14
Pèlerins et ex-voto aux sources de la Seine 16
Sur la Via Domitia 18
La chaussée Jules César 20
Les roches gravées en Guadeloupe 22
Le pèlerinage de la Sainte-Baume 24
Le mont Sainte-Odile 26
Les chemins du Mont Saint-Michel 28
Sur les pas de Charlemagne et de Roland 30
Les Normands remontent la Seine 32
Le Tro Breiz 34
Les chemins de l'or blanc 36
Le pèlerinage de Sion 38
Paroisses ostensionnaires en Limousin 40
Et les moines fondèrent Cîteaux... 42
Sur les traces des Templiers 44
En route pour les foires de Champagne 46
La Thiérache des églises fortifiées 48
Les chemins de Compostelle 50
Le long chemin des Cathares 54
Sous les couverts des bastides landaises 56
Les chemins de la soie dans les Cévennes 58
Les gabelous pistent les faux sauniers 60
La dernière randonnée de Du Guesclin 62
Le chemin des potiers 64
Des chemins couleur pastel 66
Le tour de France des compagnons 68
Traces vaudoises en Luberon 70
Sur les pas d'Henri IV en Val d'Albret 72
Les routes galantes d'Ile-de-France 74
Le canal du Midi, chemin d'eau occitan 76
Les chasse-marée au grand trot vers Paris 78
Les villes du Pré Carré de Vauban 80
Les chemins des Camisards 82
Or, pourpre, azur... du baroque savoyard 84
Le mur de la peste 86
Le chemin de la mâture 88
En Martinique, mystère au château Dubuc 90
Les bornes de la principauté de Montbéliard 92
Chemins des Chouans 94
Les sentiers des muletiers du Vivarais 96
Sur le canal de Nantes à Brest 98
Fresques et peintures enluminent la vallée du Loir 100
Chemins et tournées de facteurs 102
Les chemins des colporteurs 106
Les galvachers par monts et par vaux 108
Le chemin des écoliers 110
Gallé sur le chemin de l'Art nouveau 114
Cézanne et la montagne Sainte-Victoire 116
Et Péguy marcha vers Chartres... 118
Le chemin des Dames 120
Promenade littéraire dans Paris 122
Les chemins de la liberté 124
Sur les plages du débarquement 126
Le sentier des douaniers 128
En sillonnant la forêt vosgienne 130
En chemin pour l'estive et la transhumance ! 132
Bibliographie 136
FFRP 137
Pour en découvrir plus en chemin 138
Remerciements 140

Conception graphique et mise en pages
Kate Fletcher

Photogravure
Scann' Ouest, Cesson-Sévigné (35)

Cet ouvrage a été achevé d'imprimer par Pollina S.A à Luçon (85) - n° 79044

I.S.B.N. 2.7373.2474.2 - N° d'éditeur : 3862.02.03.11.99
Dépôt légal : octobre 1999

Montgomery
Orbec
Bernay
Beaumont le Roger
Louuiers
Gaillon
Andely
Vernon
S. Quentin
Lyre
Eureux
Conche
Passy
XXXIII
Breteuil
l'Aigle
Maubrisson
Seez
Yuri
Danuille
Dommartin
Verneuil
Iliers
Anet
But
S. Lubin
Chenebrun
Ferte au Vidame
S. Aubin
Mortagne
les maisons Rouges
Dreux
Beauche
Brezelles
Belesme
Verrieres
Preaux
Nogent le Rotrou
la Cloche
les Forges
Ferte Benard
Ceaux
Coudray
les Autels
Tuboeuf
CHARTRES
Tinas
Auneau
Brou
Illiers
BEAUCE
M. Mire
S. Calais
Aluye
Danne Marie
Braye
Mont Doubleau
Bois de Fugere
la Maladerie d'Orgere
Bonneual
Cloye
Cormenon
Nautonuille